# Arbeit Begrenzen Entgrenzen

WERKSTATT*GESCHICHTE 70*
24. Jg., Januar 2016, 2/2015



ANFRAGEN AN DIE REDAKTION
Silke Törpsch
toerpsch@gmx.de





REZENSIONSREDAKTION
Dietlind Hüchtker
Geisteswissenschaftliches Zentrum
Geschichte und Kultur Ostmitteleuropas e. V.
an der Universität Leipzig
Specks Hof (Eingang A)
Reichsstraße 4–6
D-04109 Leipzig

FILMKRITIK
Ulrike Weckel
ulrike.weckel@uni-giessen.de

HOMEPAGE
www.werkstattgeschichte.de

TITELBILD
Dorothea Lange, »Migrant Worker on a California Highway«, LC-USF347-003801-ZE; Farm Security Administration – Office of War Information Photograph Collection; Prints and Photographs Division, Library of Congress, Washington, DC.

Klartext Verlag
Jakob Funke Medien Beteiligungs GmbH & Co. KG
Friedrichstr. 34–38, D-45128 Essen
Tel.: +49 (0)201/804-8240
Fax: +49 (0)201/804-6810
info@klartext-verlag.de
www.klartext-verlag.de



Verlag: Klartext Verlag, Essen
Umschlag- und Innengestaltung:
Michael Herold, Itzehoe
Realisation: Satzzentrale GbR, Marburg
Druck: Majuskel Medienproduktion, Wetzlar
1. Auflage Januar 2016

ISBN 978-3-8375-1614-2
ISSN 0942-704X


WERKSTATT*GESCHICHTE*
erscheint dreimal im Jahr und
kostet im Abonnement
37,00 € (drei Hefte im Jahr bei 10,25 € pro Heft)
14,00 € Einzelheft

# Editorial

## Arbeit Begrenzen Entgrenzen
## Beiträge zu einer transnationalen Alltagsgeschichte

Ein Mann ist unterwegs, sein Gepäck auf den Rücken geschnallt. Zunächst bleibt das Motiv seiner Reise unsichtbar. Erst mithilfe der Bildbeschriftung wird der gesichtslose Wanderer als *Migrant Worker on a California Highway* eindeutig identifizierbar. Weiterhin unklar ist, welchem Beruf der Wanderarbeiter nachgeht. Darüber hinaus verbleibt auch das Ziel seiner Reise unscharf. Was auf den ersten Blick wie ein klassisch heroisierendes Motiv eines männlichen Arbeiterideals wirken könnte, ist bei genauerem Hinsehen und zusätzlicher Kontextualisierung weitaus vieldeutiger und ambivalenter: Die Fotografie entstand 1935 im amerikanischen Westen, der zu dieser Zeit von Umweltkatastrophen und Wirtschaftskrisen gebeutelt war. Damit dokumentiert das Bild politische, ökonomische und soziale Instabilitäten von Erwerbsarbeit; es verweist auf erfahrene Unsicherheit und gleichzeitig auf Versuche, sich durchzuschlagen und nicht aufzugeben. Wir sehen im Titelbild und insbesondere in der Figur des Wanderarbeiters wichtige Anknüpfungspunkte zum Themenschwerpunkt dieses Heftes wie auch zu unserer eigenen Forschungspraxis. Die Alltagsgeschichte hat, als parallele Perspektive zur Struktur- und Gesellschaftsgeschichte, die namenlosen »Vielen« ins Zentrum ihrer Aufmerksamkeit gerückt. Arbeit betrifft nicht alle, aber doch einen entscheidenden Teil der Gesellschaft. In ihrer mikrohistorischen Ausrichtung und Konzentration auf die sozialen Praktiken spürt Alltagsgeschichte anhand des Forschungsgegenstands ›Arbeit‹ den vielschichtigen Aneignungen historischer AkteurInnen nach. Aus dieser Perspektive betrachtet, ist Arbeit in erster Linie soziale und kulturelle Praxis. 

Als akteurszentrierte und praxisorientierte Geschichtsschreibung erkundet die Alltagsgeschichte das konkrete Tun.[1] Sie lotet das Ineinanderwirken von strukturellen Gegebenheiten bzw. Zwängen (Arbeitsvertrag, Arbeitszeit, Arbeitsteilung, Arbeitspensum, Arbeitsvorschrift, Kontrolle, Spezialisierungsanforderungen etc.) und individuellen bzw. kollektiven Aneignungsdynamiken (Arbeitseinteilung, Bummeln, Sich-ins-Zeug-Legen, Gestaltung des Arbeitsplatzes, Pausen, Freizeit, Streik, etc.) aus. Die Praktiken des Mitmachens und Abtauchens erlauben einen kritischen Blick auf Macht- und Herrschaftsdynamiken, der Arbeit auch als Kooperation oder Abgrenzung nach ›außen‹ und ›oben‹ konzipiert. Ziel und Herausforderung alltagsgeschichtlichen Forschens ist es, die »historische (Re-)Konstruktion so anzulegen, daß Individuen und Gruppen nicht isoliert, sondern in Konfigurationen sozialer Kräftefelder gezeigt werden [konnten]«[2]. Es ist nicht zuletzt ein Verdienst der Alltagsgeschichte, die vielschichtigen Bedeutungsebenen und ambivalenten Praktiken von Arbeit herausgestellt zu haben. Am Arbeitsplatz fließen unterschiedlichste Gemütslagen zusammen, es geht nicht nur darum, das Pensum zu erfüllen und die Obrigkeiten zufrieden zu stellen. Zentral ist auch, sich gegenüber den KollegInnen zu behaupten. Im konkre-

1 Paul Steege/Andrew Bergerson/Maureen Healy/Pamela E. Swett, The History of Everyday Life. A Second Chapter, in: The Journal of Modern History 80 (2008) 2, S. 358–378; Michaela Christ, Die Dynamik des Tötens. Die Ermordung der Juden in Berditschew, Frankfurt a. M. 2011, Josie McLellan, Love in the Time of Communism: Intimacy and Sexuality in the GDR, Cambridge 2011; Leonard Schmieding, »Das ist unsere Party«. HipHop in der DDR, Stuttgart 2014.

2 Alf Lüdtke, Alltagsgeschichte: Aneignung und Akteure. Oder – es hat noch kaum begonnen, in: WerkstattGeschichte 17 (1997), S. 83–92, hier S. 84.

ten Arbeitsalltag, ob nun Fabrikarbeit, Gefängnisarbeit oder »Tötungsarbeit«, wirken Zwang und Selbstverwirklichung, Langeweile und Stress, Spiel und Spaß ineinander.[3]

In den letzten Jahren lassen sich jedoch gegenläufige Tendenzen in der Geschichtswissenschaft feststellen: Die Beschäftigung mit Arbeit sowie ArbeiterInnengeschichte, aber auch die Relevanz der Untersuchungskategorie Klasse ist in der deutschen und englischsprachigen Forschung in den Hintergrund getreten. Demgegenüber haben kulturwissenschaftlich ausgerichtete Studien an Gewicht gewonnen.[4] Andere Gesellschaftswissenschaften, wie z. B. die Soziologie, versuchen schon länger neu zu bestimmen, was Arbeit in einer (trans)nationalen Perspektive ist bzw. welche Tätigkeiten überhaupt als Arbeit verstanden werden.[5] Ähnlich wie in der Alltagsgeschichte steht hier die Arbeitssituation mit ihren individuellen Aneignungsweisen, konkreten Praktiken und sozialen Dynamiken im Zentrum. Transnational angelegte Studien erlauben es, die sozialen, materiellen und lokalen Zusammenhänge und Austauschprozesse sowie auch Brüche und Differenzen regional zu vergleichen und Verflechtungen auszuloten, die Kooperationen bedingen und möglicherweise Konflikte nach sich ziehen. Vor dem Hintergrund von (globaler) Politik, Firmen und Institutionen kann mit Blick auf AlltagsakteurInnen gezeigt werden, wie Erfahrungen und Imaginationen von Arbeit transnational entstehen und tradiert werden – wie sie in Politiken und Instrumente übersetzt werden und als solche wiederum Alltagspraktiken informieren. Erst aus einer alltagsgeschichtlichen Perspektive erhalten Begriffe wie »Glokalisierung« (Roland Robertson) und Transnationalisierung ihre Tiefenschärfe und verdeutlichen, wie Arbeit immer auch lokal angeeignet und ausgestaltet wird.

Den Kontinent Europa haben AlltagshistorikerInnen schon seit längerem verlassen bzw. provinzialisiert.[6] Im letzten Jahrzehnt setzten sie sich beispielsweise verstärkt mit Kolonialgeschichte auseinander, die sie auf ihre regionalen Verflechtungen hin untersuchten, um u. a. auf die Brechungen der kolonialen Macht von Seiten der lokalen AkteurInnen hinzuweisen.[7]

3 Alf Lüdtke, »Mein Arbeitstag – mein Wochenende«. Arbeiterinnen berichten von ihrem Alltag 1928, Göttingen 1991; Alf Lüdtke (Hg.), Herrschaft als soziale Praxis. Historische und sozialanthropologische Studien, Göttingen 1991 (Neuauflage in Vorbereitung); Elissa Mailänder Koslov, Gewalt im Dienstalltag. Die SS-Aufseherinnen des Konzentrations- und Vernichtungslagers Majdanek, Hamburg 2009; Maren Büttner/Christine Hartig/Tilmann Siebeneichner (Hg.), Montagen zur Herrschaftspraxis in der Klassischen Moderne: Alltagshistorische Perspektiven und Reflexionen, Essen 2013.

4 Zum Forschungsstand exemplarisch: Jürgen Kocka (Hg.), Work in a Modern Society. The German Historical Experience in Comparative Perspective, Oxford 2013; Marcel van der Linden (Hg.), Humanitarian Intervention and Changing Labor Relations. The Long-Term Consequences of the Abolition of the Slave Trade, Leiden 2011; Christine von Oertzen, Teilzeitarbeit und die Lust am Zuverdienen. Geschlechterpolitik und gesellschaftlicher Wandel in Westdeutschland 1948–1969, Göttingen 1999; Maria S. Rerrich, Die ganze Welt zu Hause. Cosmobile Putzfrauen in privaten Haushalten, Hamburg 2006; Encarnacion Gutiérrez Rodríguez, Haushaltsarbeit und affektive Arbeit: über Feminisierung und Kolonialität von Arbeit, in: Prokla 174 (2014),S. 71–92.

5 Zur Einführung Christelle Avril/Marie Cartier/Delphine Serre, Enquêter sur le travail. Concepts, méthodes, récits, Paris 2010; Fritz Böhle/G. Günter Voß/Günther Wachtler (Hg.), Handbuch Arbeitssoziologie, Wiesbaden 2010.

6 Dipesh Chakrabarty, Provincializing Europe, Princeton, NJ 2000.

7 Claudia Kraft/Alf Lüdtke/Jürgen Martschukat (Hg.), Kolonialgeschichten. Regionale Perspektiven auf ein globales Phänomen, Frankfurt a. M. 2010; zu einem akteurszentrierten Blick auf Kulturkontakte Sebastian Jobs/Gesa Mackenthun (Hg.), Agents of Transculturation: Border-Crossers, Mediators, Go-Betweens, Münster 2013 sowie dies. (Hg.), Embodiments of Cultural Encounters, Münster 2011; Bildende Kunst e.V., N. N. G. (Hg.), Shared Divided United: Deutschland-Korea: Migrationsbewegungen im Kalten Krieg (Katalog zur gleichnamigen Ausstellung), Berlin 2009.

Die in diesem Heft versammelten Beiträge sind im Kontext des DFG-geförderten wissenschaftlichen Netzwerks *Welt aneignen* entstanden. In ihren aktuellen Forschungsprojekten, von denen hier vier vorgestellt werden, verbinden die Mitglieder des Netzwerks den Blick auf das Situative der Alltagsgeschichte mit transnationaler Geschichte und nehmen dabei Erfindungen, Herkünfte und Brechungen historischer Praktiken der Ver- und Entflechtungen, Be- und Entgrenzungen in den Blick.[8]

Die Beiträge zeigen zum einen, wie transnationale Arbeitsverhältnisse die Handlungsräume von Akteuren und Aktricen begrenzen. *Christine Hartigs* Text beschäftigt sich mit Sozialarbeiterinnen in den USA und Deutschland, die während der nationalsozialistischen Herrschaft versuchten, jüdische Kinder vor der Verfolgung zu retten. Ihre Analyse nimmt am Beispiel einer akuten Notlage – wie wir heute wissen, eine Frage von Leben oder Tod – einen transnationalen Aushandlungsprozess in den Blick. Mit ihrem Tun drückten die Sozialarbeiterinnen auf beiden Seiten des Atlantiks unterschiedliche Vorstellungen über professionelle Hilfe aus. Gleichzeitig ermächtigte das Projekt einer transnationalen Hilfe die Sozialarbeiterinnen in beiden Ländern, gemeinsam und in Abgrenzung zueinander neue Richtlinien abzustecken, die mitunter darüber entschieden, welche Kinder auswandern durften und welche nicht.



*Leonard Schmieding* analysiert deutsche Restaurants als Arbeitsplatz in Kalifornien um 1900. Die »kulturelle Arbeit« der Köche, Kellner und Gäste war beständiger Versuch, deutsche Küche als exotisches und gleichzeitig auch als ein lokal vermittelbares Produkt zu vermarkten. Zugleich macht Schmiedings Text die zweite Bewegung transnationaler Arbeit sichtbar: wie transnationale Arbeitsverhältnisse sich in und durch die Praktiken der Akteure konstituieren und dabei *entgrenzen.* In seinem Fall erlaubte das Setting *in-between* Akteuren und Aktricen, ihre eigenen Grenzen und Kategorien von Kultur, Ethnizität und, nicht zuletzt, von Professionalität in Frage zu stellen bzw. eigensinnig zu verschieben. Hier ging es nicht nur um Erfahrungen, sondern auch um Fantasien. Kochen und Essen waren wichtige Momente von Selbst- und Fremddeutung, die gerade deshalb so wertvoll sind, weil sie nicht in Diskursivität aufgehen.

Dieses ›Dazwischen‹ der Praktiken und Akteure spielt auch in *Tilmann Siebeneichners* Beitrag über den Einsatz britischer Söldner zu Beginn des Angolanischen Bürgerkriegs (1975) eine zentrale Rolle. Er zeigt, wie diese Männer gerade das transnationale Arbeitssetting nutzten, um ethische und professionelle Grenzen zu überschreiten und ihre gewaltsamen Enthemmungen zu rechtfertigen. Für die auf Zeit angeheuerten Briten bot Angola Arbeit, die ihnen in der Heimat nicht möglich war, und damit Räume für individuelles wie kollektives Ausleben von Kriegs- und Gewaltfantasien.

Schließlich erlaubt *Alexandra Oesers* Beitrag einen Blick auf eine vermeintlich grenzenlose, globale Arbeitsgesellschaft, in der der lokale Arbeitskontext zur Konfliktzone wird. Im Kampf französischer Fabrikarbeiter gegen amerikanische Manager mobilisieren beide Seiten nationale Stereotype: hier störrische Gallier – dort gierige Raubtierkapitalisten. Oeser lotet die konfliktreiche Gemengelage von sozial, national, transnational und geschlechtlich geprägten »Bildern der Arbeit« aus und erkundet be- wie entgrenzende Praktiken transnationalen Arbeitens in Frankreich und den USA.

Die Texte verweisen auf gemeinsame Motive und Kategorien, die es ermöglichen, transnationalen Arbeitskontexten auf einer konkreten Alltagsebene nachzuspüren. Die Verbindung von

8 Netzwerk *Welt aneignen. Alltagsgeschichte in transnationaler Perspektive*, siehe http://tinyurl.com/kb9j84f. (letzter Zugriff 24.11.2015). Wir verwenden »Herkunft« als genealogisches Konzept in Abgrenzung zu »Ursprung«, vgl. Michel Foucault, Nietzsche, die Genealogie, die Historie, in: ders., Geometrie des Verfahrens. Schriften zur Methode, Berlin 2009, S. 181–205.

Konzepten der Alltagsgeschichte mit denen der Transfer- und Verflechtungsgeschichte hilft dabei, Formen und Praktiken der Aneignung in einer transnationalen Welt besser zu verstehen. Indem die AutorInnen anhand konkreter Arbeitspraktiken von AkteurInnen wie Köchen, Soldaten, Fabrikarbeitern und Sozialarbeiterinnen Wechselbeziehungen und Formen des Austauschs in den Blick nehmen, erweisen sie die Untauglichkeit etablierter Binaritäten (z. B. professionell und dilettantisch oder zivilisiert und wild). Die AutorInnen fragen vielmehr danach, wie die konkreten Praktiken des Aneignens und des Nutzens von Dingen, Werte und Wahrnehmung der AkteurInnen vor Ort bestimmten und veränderten. Sichtbar werden damit die alltäglich-gleichzeitigen Ambivalenzen und Widersprüchlichkeiten des Mitmachens, Sich-Entziehens und Sich-Widersetzens, die ohne das mikroskopische Heranzoomen unbeachtet bleiben. Darin sehen wir die konstruktiven Impulse, die eine Alltagsgeschichte zur transnationalen Debatte liefern kann. Erst der Fokus auf die Praxis und auf das »Unspektatkulär-Materiale« erlauben eine angemessene Erkundung der »Grenzenlosigkeit und Unaufhebbarkeit von Alltäglichkeit«[9].



Wie repräsentiert sich nun eine transnationale Alltagsgeschichte der Arbeit jenseits der täglichen Anschauung? Yasemin Ural beschreibt in ihrer Expokritik das Pariser Musée nationale de l´histoire de l´immigration. Im Gebäude der Kolonialausstellung von 1931 wird der Versuch unternommen, Immigration – der Arbeit und aus politischen Gründen – als historisch gewachsene Realität, ja Normalität zu zeigen. Die Ausstellung zielt dabei auf die Sozialgeschichte ebenso, wie auf die Verarbeitung von Migration in der französischen Gesellschaft. Ural deutet dabei an, das das Transnationale weniger in der Ausstellung als in den Erfahrungen der BesucherInnen existiert.

In der Rubrik Werkstatt diskutiert Jan Taubitz einen Wandel in der narrativen Struktur von *Oral History*-Interviews mit Holocaust-ZeitzeugInnen in den USA. Während frühere Interviews mit dem Holocaust begannen und den Schwerpunkt auf die Nachkriegserfahrungen und das Leben in den USA legten, nahm der Holocaust den zentralen Raum späterer Interviews ein. Im Anschluss an Hayden Whites »Metahistory« setzt Taubitz die Interviews in Beziehung zu populärkulturellen Erzählungen, hier zur NBC-Miniserie *Holocaust*, und zeigt, wie sich die narrative Modellierung beider angeglichen haben.

Jan-Henrik Friedrichs widmet sich in seinem Beitrag Karten, die im Umfeld der Berliner Hausbesetzungsszene in den früher 1980er Jahren entstanden. Eindrücklich zeigt Friedrichs mit Rückgriff auf Michel Foucault, Michel de Certeau sowie aktuelle raumtheoretische Arbeiten, wie sich die Hausbesetzungsbewegung über geographische Räume identifizierte. Die Prozesse des Kartierens halfen dabei nicht nur, den lokalen Nahraum zu organisieren, sondern strukturierten die Besetzungsbewegung insgesamt in spezifischer Weise.

*Sebastian Jobs, Elissa Mailänder und die Redaktion*

9 Alf Lüdtke, Alltagsgeschichte – ein Bericht von unterwegs, in: Historische Anthropologie 11 (2003) 2, S. 278–295, hier S. 279.

■ Christine Hartig

# Grenzen ziehen durch professionelle Hilfe? Transnationale Flüchtlingsarbeit am Beispiel der Immigration unbegleiteter jüdischer Kinder in die USA 1934–1941*

*»Our job may be not only the solution of the problem of refugee children, but to raise the whole standard of foster care.«*[1]



## 1. Einleitung

Zwischen 1934 und 1940 erreichten rund 430 jüdische Kinder aus dem nationalsozialistischen Deutschland und dem angegliederten Österreich die USA, europaweit konnten 1.035 Kinder mit einem transnationalen Hilfsprogramm von jüdischen Hilfsorganisationen in verschiedenen Städten Europas und in New York in die USA einreisen.[2] Ihre Eltern nahmen die Trennung in Kauf, um sie vor Verfolgung und Gewalt zu schützen, und nicht wenige Kinder drangen selbst auf bessere Zukunftsmöglichkeiten jenseits des Atlantiks.[3] Der Beitrag untersucht die vielfältigen transnationalen wie lokalen Arbeitspraxen von zwei Hilfsorganisationen sowie die Einstellungen, Normen und Werte ihrer Mitarbeiterinnen, die die »Kinderunterbringungen«[4] organisierten: Der Berliner *Abteilung Kinderauswanderung*, 1933 als Unterabteilung der *Reichsvertretung der Deutschen Juden* gegründet, oblag die Auswanderung aller unbegleiteten Kinder aus dem Deutschen Reich.[5] Auf der amerikanischen Seite war die *German Jewish Children's Aid* (GJCA) 1934 in New

* Die Recherchen wurden mir durch ein Fitz Halbers Fellowship des Leo Baeck Instituts, New York ermöglicht. Ich danke Sebastian Jobs, Jan Lambertz und Elissa Mailänder für ihre kritische Lektüre früherer Versionen dieses Texte.

1 »Protokoll vom 17. März 1940«, American Jewish Historical Society (AJHS), P–511, Marion Kentworthy Papers 3/16, S. 22.

2 Maurice R. Davie, Refugees in America. Report of the Committee for the Study of Recent Immigration from Europe, New York/London 1947, S. 210f. Das Hilfsprogramm wurde zunächst auf die vom Deutschen Reich eroberten Gebiete ausgedehnt und umfasste schließlich auch solche Kinder, denen die Flucht in unbesetzte Länder gelang.

3 Gudrun Maierhof, ›Es ist hier, mit einem Wort gesagt: Wonderful‹. Die Geschichte von Ruth Calmon und die Abteilung Kinderauswanderung, in: dies./Chana Schütz/Herman Simon (Hg.), Aus Kindern wurden Briefe. Die Rettung jüdischer Kinder aus Nazi-Deutschland, Berlin 2004, S. 203–233, hier S. 206f.

4 »Brief an Leo Baeck, 15. Juni 1934«, Institute for Jewish Research, New York (YIVO), RG 249/69.

5 Gudrun Maierhof, »Wir hatten gehofft, mehr Kinder zu retten.« Die Abteilung Kinderauswanderung in der Reichsvertretung/Reichsvereinigung der Juden in Deutschland 1934 bis 1941, in: Inge Hansen-Schaberg (Hg.), Als Kind verfolgt. Anne Frank und die Anderen, Berlin 2004, S. 53–63, hier S. 53. Eine Ausnahme war die Auswanderung nach Palästina, die sogenannte Jugendalija. Siehe hierzu: Recha Freier, ›Wurzeln schlagen‹. Die Gründung der Jugend-Alija und ihre ersten Jahre, in: Maierhof/Schütz/Simon (Hg.), Aus Kindern, S. 263–313.

York City mit dem Ziel geschaffen worden, Pflegeeltern für diese Kinder zu finden und ihnen so die Einreise in die USA zu ermöglichen.[6]

Dort wurde zunächst davon ausgegangen, dass nur wenige Kinder an einem solchen Programm teilnehmen würden: »[I]f the needy and neglected children were being taken, those who are now being cared for by old grandmothers or aunts, possibly two to three thousand children could be secured.«[7] Im Allgemeinen wurde die Trennung von den Kindern in den USA als Ausdruck instabiler Familienverhältnisse betrachtet, wie ein Vertreter der jüdischen Loge B'nai B'rith im Vorfeld eines Koordinierungstreffens zum Ausdruck brachte:



> *»There are not very many Jewish families of any stamina who are willing to give children away for adoption or for permanent care. We do find such situations in widowed families and then on a lower economic strata but the social worker always considered the willingness of parents to part with children as evidence of considerable demoralization.«*[8]

Vor dem Hintergrund der angesprochenen sozialen Ängste, dass vor allem Kinder aus gesellschaftlichen Randgruppen von dem Programm profitieren würden, ist der Vorschlag zu sehen, nur solche Kinder zu akzeptieren, deren Eltern sich unter anderen Umständen niemals von ihren Kindern getrennt hätten: »children of such families who are really victims of the present Hitler regime.«[9] Da die genauen Lebensumstände lediglich den lokalen Hilfsorganisationen bekannt waren, sollten erfahrene Sozialarbeiterinnen vor Ort über die Auswahl der Kinder entscheiden[10], dazu gehörte auch Käte Rosenheim, die die Abteilung Kinderauswanderung in Berlin leitete. Cecilia Razovsky sowie ab 1937 Lotte Marcuse waren auf amerikanischer Seite für die Unterbringung der Kinder verantwortlich. Die drei zwischen 1886 und 1892 geborenen Frauen hatten mehr als 20 Jahre im Wohlfahrtssektor gearbeitet.

Diese Generation von Sozialarbeiterinnen partizipierte an einem transnationalen Dialog über die Professionalisierung der Sozialen Arbeit und setzte die *Case-Work-Methode*, die im Deutschen Reich als *Soziale Diagnose* bekannt geworden war, als Standard moderner Sozialarbeit um. Im zeitgenössischen Verständnis sollten damit vermeintlich objektive, nach genauer Beobachtung der jeweiligen Herkunfts- und Pflegefamilien entwickelte Kriterien die bisher auf ›Intuition‹ und ›Erfahrung‹ gegründete Wohlfahrtsarbeit ablösen.[11] Obwohl beide Organisationen in Reaktion auf die Verfolgung und damit in einer außergewöhnlichen Situation entstanden waren, wurden die Prämissen der modernen Sozialarbeit paradoxerweise kaum auf ihre Anwendbarkeit in der Flüchtlingshilfe überprüft.

6 Judith Tydor Baumel, Unfulfilled Promise. Rescue and Resettlement of Jewish Refugee Children in the United States 1934–1945, Juneau, AK 1990. Eine andere Unterbringungsmöglichkeit, beispielsweise in Heimen, widersprach den damaligen Standards von Kinderplatzierung (Ernst Papanek/Edward Linn, Out of the Fire. New York 1975, S. 220f.).

7 »Protokoll vom 3. Januar 1934«, Joint Distribution Archives, New York (JDCA), German Jewish Children's Aid AR 33/44, 233.

8 »Brief an Max J. Kohler, 10. Oktober 1933«, YIVO, RG 249/3.

9 »Protokoll vom, 3. Januar 1934«, JDCA, AR 33/44–233.

10 Ebd.

11 Adriane Feustel, Amerikanische Methoden in Deutschland. ›Case Work‹ und Familienforschung, in: Ariadne. Forum für Frauen- und Geschlechtergeschichte 49 (2006), S. 42–48; Anja Schüler, Frauenbewegung und Soziale Reform. Jane Addams und Alice Salomon im transatlantischen Dialog 1889–1933, Stuttgart 2004. Zur amerikanischen Sozialarbeit: Daniel J. Walkowitz, Working with Class. Social Workers and the Politics of Middle-Class Identitiy, Chapel Hill, NC 1999.

Aus dem untersuchten Material geht hervor, dass keine vorab definierten Richtlinien für die Auswahl der Kinder existierten.[12] Vielmehr bot die Neugründung der GJCA einen transnationalen Rahmen, über Hilfsbedürftigkeit und die Bedingungen, unter denen Hilfe zu gewähren sei, neu zu verhandeln. Lotte Marcuse wies beispielsweise den Vorschlag entschieden zurück, nur die »geeignetsten« Kinder auszuwählen. Stattdessen kam man überein: »to eliminate those who are fairly ineligible.«[13] Der Historiker Alf Lüdtke hat gezeigt, wie allgemeine Regelungen und Vorschriften (und ihre Leerstellen) vor Ort jeweils spezifisch ausgelegt und erst damit zu konkreten Handlungsanweisungen werden.[14] In ihrer täglichen Arbeit übersetzten die Mitarbeiterinnen der an der Rettungsaktion beteiligten Organisationen allgemeine Gesetze und Vorschriften zur Einwanderung in die USA in konkrete Auswahlkriterien der Kinder. Die beruflichen Erfahrungen der Mitarbeiterinnen und ihre spezifischen Normen und Werte spielten für diese Aufgabe eine wesentliche Rolle.[15] Die Korrespondenz der beteiligten Organisationen kreist hauptsächlich um zwei Fragen: Wer war hilfsbedürftig und wer erschien besonders für das Programm geeignet? Waren Kinder in der größten Not besonders prädestiniert für Hilfe oder jene, die eine möglichst gute Anpassung in die amerikanische Gesellschaft versprachen?



Die Resonanz auf das Hilfsprogramm war entgegen aller Erwartungen hoch. Bis Dezember 1934 gingen 785 Bewerbungen aus dem Deutschen Reich bei der *Abteilung Kinderauswanderung* in Berlin ein. Die Auswanderung in die USA eröffnete Zukunftschancen, die jüdischen Kindern im Deutschen Reich durch die Verarmung der Eltern und die geringen Ausbildungsmöglichkeiten verschlossen blieben, und bot zugleich die Möglichkeit, der ständig zunehmenden Ausgrenzung, mitunter auch Gewalt an öffentlichen Schulen, zu entgehen.[16] Der hohen Zahl an Bewerbungen standen insgesamt 250 Visa zur Verfügung, die das *State Department* 1934 für die Einwanderung unbegleiteter Kinder genehmigt hatte. Die amerikanischen Immigrationsgesetze unterschieden nicht zwischen Einwanderung und Asylbegehren. Mit dem Beginn des 20. Jahrhundert orientierten sich die Bestimmungen immer enger an biopolitischen Maßstäben und seit der Depression der 1930er Jahre mussten Immigrantinnen und Immigranten den Nachweis erbringen, den Lebensunterhalt selbst bestreiten zu können, oder einen Bürgen vorweisen.[17]

Da weniger amerikanische Familien als gedacht einen Pflegeplatz anboten, durften 1934 lediglich 53 Jungen und Mädchen aus dem Deutschen Reich emigrieren, 1935 folgten 103 weitere Kinder. Dies bedeutet, dass nicht einmal die wenigen zur Verfügung stehenden Visa ausgeschöpft werden konnten.[18] Obgleich die Lage in Deutschland als dramatisch zu bezeichnen war und sich

12 Christine Hartig, Zwischen Emigrationshilfe und Amerikanisierungserwartung. Die Arbeit der German Jewish Children's Aid, in: Adriane Feustel/Inge Hansen-Schaberg/Gabriele Knapp (Hg.), Die Vertreibung des Sozialen, München 2008, S. 130–151, hier S. 140.

13 »Meeting of the Board of Directors of the German Jewish Children's Aid, 24. Juli 1934«, JDCA AR 33/44–233.

14 Alf Lüdtke, Einleitung: Herrschaft als soziale Praxis, S. 9–63 in: ders, (Hg.): Herrschaft als soziale Praxis, Historische und sozialanthropologische Studien, Göttingen 1991.

15 Siehe hierzu: Alexandra Oeser, Alltagsgeschichte und Soziologie. Ein ›Pas de deux‹ oder Tanz ins neue Jahrtausend? Oder: Wie französische Soziologen Alf Lüdtke lesen (und umgekehrt), in: Maren Büttner/Christine Hartig/Tilmann Siebeneichner (Hg.), Montagen zur Herrschaftspraxis in der klassischen Moderne. Alltagshistorische Perspektiven und Reflexionen, Essen 2013, S. 173–189, hier S. 179.

16 »Briefe von Eltern, weitergeleitet von Bernhard Kahn, 23, Juni 1934«, JDCA 33/44–233. Siehe zur Verfolgungssituation von Kindern und Jugendlichen: Marion Kaplan, The School Lives of Jewish Children and Youth in the Third Reich, in: Jewish History 11 (1997) 2, S. 41–52.

17 David S. Wyman, Paper Walls. America and the Refugee Crisis, Amherst, MA 1968, S. 4.

18 Davie, Refugees, S. 211.

zunehmend verschlechterte, wurde das Programm Anfang 1935 sogar vorübergehend ausgesetzt, weil die Initiatorinnen und Initiatoren des Programms die Auffassung vertraten, dass der Aufwand im Vergleich zur allgemein in Deutschland notwendigen Hilfe zu groß sei.[19]

Aus heutiger Sicht erscheinen die detaillierten Diskussionen über Auswahlkriterien angesichts der späteren millionenfachen Vernichtung jüdischen Lebens unverständlich. Für die jüdischen Hilfsorganisationen in den 1930er Jahren trifft umso stärker zu, was der Historiker Dan Diner für die späteren Judenräte der Ghettos in den von den Deutschen eroberten Gebieten konstatiert: das Gefühl, über ›gestaltbare Zeit‹ zu verfügen.[20] Die Sozialarbeiterinnen dies- wie jenseits des Atlantiks konnten sich über einen großen Zeitraum nicht vorstellen, dass sich die Ausgrenzung und Verfolgung in Deutschland bis hin zur physischen Vernichtung verschlechtern könnte. Erst die Rekonstruktion der zeitgenössischen Deutungs- und Erwartungshorizonte auf beiden Seiten des Atlantiks zeigt, wie alltägliche Arbeitspraktiken angesichts der nationalsozialistischen Judenverfolgung nicht immer in der Rettung der Kinder mündeten, sondern Ausgrenzung (re)produzierten.



Nicht die in der transnationalen Geschichtsschreibung häufig im Vordergrund stehenden Aspekte des Transfers und des *entanglement* von Normen, Werten und Praktiken[21] stehen in diesem Aufsatz im Mittelpunkt, sondern die immer stärker hervortretenden Brüche in einem zuvor gemeinsamen amerikanisch-deutschen Dialog über Soziale Arbeit. Eine transnationale Herangehensweise heißt in diesem Kontext nicht allein, die unterschiedlichen Perspektiven der jüdischen Sozialarbeiterinnen im Deutschen Reich und den USA zu beleuchten, sondern ebenso jene Handlungsräume und Machtbeziehungen zu untersuchen, die in der transatlantischen Rettungsarbeit erst entstanden.

## 2. Sozialarbeit und Frauenarbeit in transnationaler Perspektive

Die Lebensgeschichten der an der Kinderrettung beteiligten Frauen stehen mit ihren spezifischen Ähnlichkeiten und Unterschieden exemplarisch für die nationalen Entwicklungen und transnationalen Verflechtungen der Sozialen Arbeit im ersten Drittel des 20. Jahrhunderts, die ganz wesentlich von der erfolgreichen Professionalisierung, einer zunehmenden staatlichen Regulierung und von ökonomischen Krisen geprägt war. Einerseits spielte der Wunsch nach »höchstmögliche[r] Steigerung der Volkskraft«[22] eine große Rolle, andererseits hatte ein reger Austausch zwischen deutschen und amerikanischen Sozialarbeiterinnen über ihre Arbeitsbedingungen und -methoden stattgefunden. Die nationalsozialistische Verfolgung veränderte die Grundlage des zuvor gemeinsamen Dialoges dramatisch.

Zwei der Protagonistinnen, Käte Rosenheim und Lotte Marcuse, stammten aus assimilierten jüdischen Familien der Reichshauptstadt. Sie orientierten sich im ausgehenden Kaiserreich in ihren Ausbildungsentscheidungen nicht mehr an dem für bürgerliche Frauen gültigen Ideal der *geistigen Mutterschaft,* das die ‚wesensmäßige‹ Eignung von Frauen anstelle erworbener Qualifika-

19 Jehuda Bauer, My Brother's Keeper, A History of the American Jewish Joint Distribution Committee 1929–1939, Philadelphia, PA 1974, S. 122f.

20 Dan Diner, Jenseits des Vorstellbaren – der ›Judenrat‹ als Situation, in: Hanno Loewy, Gerhard Schoenberger (Hg.), ›Unser einziger Weg ist Arbeit‹. Das Getto in Łódź, 1940–1944, Frankfurt a.M. 1990, S. 32–40.

21 Vgl. die Hinweise in: Margit Pernau, Transnationale Geschichte, Göttingen 2011, S. 41ff und S. 56; Sebastian Conrad, Globalgeschichte. Eine Einführung, München 2013, S. 9.

22 Alice Salomon, Leitfaden der Wohlfahrtspflege, Berlin 1928, S. 5. Siehe zu Alice Salomon, die auf deutscher Seite maßgeblich an der Konzipierung einer modernen Ausbildung für Sozialarbeiter beteiligt war: Schüler, Frauenbewegung.

tionen betonte. Käte Rosenheim besuchte von 1909 bis 1912 die von Alice Salomon gegründete *Soziale Frauenhochschule*. Diese Einrichtung zielte auf die Ausbildung professioneller Sozialarbeiterinnen, um sie für gehobene Tätigkeiten in der staatlichen Verwaltung zu befähigen.[23] Lotte Marcuse nahm zum Wintersemester 1908/09, als Frauen das Studium in Preußen erlaubt worden war, an der Berliner Universität ein Studium an der Philosophischen Fakultät auf.[24]

Während des Ersten Weltkriegs professionalisierte sich die Soziale Arbeit. Eine zentrale Rolle spielten die *Hilfskommissionen des Nationalen Frauendienstes*. Sie organisierten die Wohlfahrtsarbeit an der Heimatfront und waren »eine einzigartige Chance [...], Sozialarbeit als (bezahlten) Frauenberuf zu etablieren.«[25] Die gut ausgebildete Käte Rosenheim leitete eine solche Gruppe in Berlin. Lotte Marcuse erwarb durch ihre Mitarbeit in einer der Hilfskommissionen einen staatlichen Qualifikationsnachweis und setzte ihr Studium nach 1917 nicht weiter fort.[26]



Die Schließung des Arbeitsmarktes für Frauen nach dem Ersten Weltkrieg bedeutete für Käte Rosenheim und Lotte Marcuse, die beide das dreißigste Lebensjahr bereits vollendet hatten, einen scharfen Bruch. Lotte Marcuse wanderte Ende 1921, kurz vor ihrem 34. Geburtstag, in die USA aus. Dort wollte sie sich durch ein Studium der »Amerikanischen Methoden in der [...] Wohlfahrtspflege«[27] besser für eine Position im Deutschen Reich qualifizieren. Aus deutscher Perspektive boten die USA Frauen größere Aufstiegschancen in der Sozialarbeit und im Unterschied zum Deutschen Reich war der Anteil von Immigrantinnen und Immigranten in diesem Berufsfeld hoch.[28] Dazu gehörten auch Frauen wie Cecila Razovsky, die 1886 in St. Louis, Missouri als Tochter mittelloser jüdischer Immigranten aus Litauen geboren wurde. Ihr gelang es, an der renommierten *Chicago School of Civics and Philanthropy* in Bosten zu studieren. Cecila Razovsky erhielt 1917 mit 34 Jahren eine Stelle im *United States Children's Bureau* in Washington, DC. Als Delegierte des *National Council of Jewish Women* nahm sie am ersten *Weltkongress der Jüdischen Frauen* in Wien 1923 teil[29] und auch als Mitglied im *Committee on Contact with European Communal Work* suchte sie den transnationalen Austausch.[30] Zu diesem Zeitpunkt waren professionelle Standards Sozialer Arbeit auf beiden Seiten des Atlantiks weder allgemein durchgesetzt noch staatlich anerkannt. In den USA intensivierte sich das staatliche Engagement in die Wohlfahrtspflege erst während des *New Deals* in den 1930er Jahren.[31] Nun konnte sich auch Lotte Marcuse auf dem

23 Siehe zu Käte Rosenheim: Gudrun Maierhof, Wege der Rettung. Recha Freier und Käte Rosenheim, in: dies./Schütz/Simon (Hg.), Kindern S. 49–69, hier S. 52. Siehe zur *Sozialen Frauenhochschule*: Adriane Feustel/Gerd Koch (Hg.), 100 Jahre Soziales Lehren und Lernen. Von der Sozialen Frauenschule zur Alice Salomon Hochschule Berlin, Berlin 2008.

24 AZ 2015, Archiv der Humboldt-Universität Berlin.

25 Sabine Hering/Richard Münchmeier, Geschichte der sozialen Arbeit. Eine Einführung, 4.Aufl., Weinheim/Minden 2007, S. 88.

26 »Lebenslauf Lotte Marcuse«, YIVO, RG 249 (German Jewish Children's Aid)/162.

27 Alice Salomon, Amerikanische Methoden in der Ausbildung für Wohlfahrtspflege, in: Die Fürsorge 18 (1925) 2, S. 275–277.

28 Schüler, Frauenbewegung, S. 171 und 181; Walkowitz, Class, S. 37f. 1910 besaßen fast 50% aller Sozialarbeiterinnen und Sozialarbeiter einen Migrationshintergrund, in Metropolen wie New York war ihr Anteil noch höher (ebd.).

29 »Biographical Sketches and Resumes«, AJHS: P-290, Cecilia Razovsky Papers, 1/2.

30 Siehe die Übersicht der *Committees of the National Conference of Jewish Social Service 1931–1932*, http://www.bjpa.org/Publications/downloadFile.cfm?FileID=12643 (letzer Zugriff 22.5.2014). In dieser Vereinigung war auch Lotte Marcuse Mitglied.

31 Walkowitz, Class, S. 232, Tab. A.1 und S. 115.

Arbeitsmarkt etablieren. Sie war seit 1934 bei der neugegründeten *Jewish Child Welfare Association* in Boston für die Unterbringung von Kindern in Pflegefamilien verantwortlich.

Im Deutschen Reich sollte hingegen schon das am 1. April 1924 in Kraft getretene Reichjugendwohlfahrtsgesetz (RJWG) die Kinder- und Jugendfürsorge vereinheitlichen und professionalisieren. Historikerinnen und Historiker wie beispielsweise Detlev Peukert heben das damit einhergehende engmaschige Netz staatlicher Intervention hervor.[32] Kommunale Einrichtungen und konfessionelle Verbände hatten aber im Vorfeld erfolgreich Kritik an dem Gesetz geübt. Schließlich trug der Gesetzgeber dem Widerstand Rechnung: Wo bereits kommunale oder konfessionelle Einrichtungen existierten, sollten keine Jugendämter neu geschaffen werden, sondern die bestehenden Einrichtungen der freien (d. h. auch der konfessionellen) Wohlfahrtspflege setzten ihre Arbeit fort. Dies galt besonders für die Unterbringung von Kindern bei Pflegefamilien, da hier Rücksicht auf das konfessionelle Bekenntnis genommen werden sollte.[33] Die Arbeiten von Michelle Mouton und David F. Crew zeigen die Begrenzungen der staatlichen Kontrolle und Intervention im Pflege- und Adoptionswesen und betonen die Gegensätze zwischen professioneller staatlicher und traditioneller zumeist konfessioneller Wohlfahrtsarbeit. Professionell ausgebildete Frauen, die an die Stelle von Pastoren, Polizeibeamten oder angesehenen Gemeindemitgliedern traten, waren aber in den neu geschaffenen Einrichtungen auf der untersten Hierarchieebene angesiedelt. Aus diesen Gründen verliefen nach Crew und Mouton die Arbeitsabläufe in der öffentlichen Wohlfahrtspflege oftmals in gewohnten Bahnen.[34]



Allerdings kann die klare Unterscheidung zwischen moderner staatlicher Sozialarbeit und privaten, an traditioneller Wohlfahrtspflege orientierten Einrichtungen, die organisatorische Vielfalt der Weimarer Republik nicht erfassen, wie die Beispiele der *Zentrale für jüdisches Pflegestellenwesen* aus Wuppertal und des *Jüdischen Wohlfahrts- und Jugendfürsorgeamts* in Berlin exemplarisch verdeutlichen. Beide Einrichtungen reagierten auf einen Mangel an Pflegefamilien innerhalb der jüdischen Bevölkerung. Ursächlich waren eugenische Vorstellungen von der Vererbbarkeit moralischer ›Minderwertigkeit‹.[35] Dabei beschritten die beiden Einrichtungen aber unterschiedliche Wege. Ziel der 1926 von Clara Samuel (1878–1962) gegründeten *Zentrale für jüdisches Pflegewesen und jüdische Adoptionsvermittlung*, die zu den oft traditionellen Hilfseinrichtungen des *Jüdischen Frauenbundes* gehörte,[36] war es »uneheliche und elternlose Kinder in eine in wirtschaftlicher und jüdischer Hinsicht befriedigende Umgebung«[37] zu versetzen. Um dies zu gewährleisten, wurde

32 Detlev Peukert, Grenzen der Sozialdisziplinierung. Aufstieg und Krise der deutschen Jugendfürsorge von 1878–1932, Köln 1986.

33 Verena Hennings, Jüdische Wohlfahrtspflege in der Weimarer Republik, Frankfurt a. M. 2008, S. 26.

34 Michelle Mouton, Rescuing Children and Policing Families. Adoption Policy in Weimar and Nazi Germany, in: Central European History 38 (2005) 4, S. 545–571, hier S. 550 und S. 553f; David F. Crew, Germans on Welfare. From Weimar to Hitler, New York/Oxford 1998.

35 Prestel, Judentum, S. 362f.

36 Wie Lotte Marcuse hatte Clara Samuel keine berufliche Ausbildung genossen, sammelte aber während des Ersten Weltkrieges Erfahrungen in der Sozialarbeit als Leiterin einer *Hilfskommission des Nationalen Frauendienstes*. Siehe zur Biografie Clara Samuels: E. G. Lowenthal, Der Tod hielt Ernte, Nachrufe, in: Jüdische Allgemeine, 04.02.1962. Lowental, Tod. Siehe zur Sozialarbeit des *Jüdischen Frauenbundes*: Claudia Prestel, ›Praktisches Judentum‹, ›Fürsorgliche Belagerung‹ und moderne Sozialarbeit. Die Versuche der Integration von Randgruppen (1901–1933), in: Stefi Jersch-Wenzel (Hg.), Juden und Armut in Mittel- und Osteuropa, Wien/Köln/Weimar 2000, S. 357–381, hier S. 367.

37 Alice Guttman, Zentralstelle für jüdisches Pflegestellenwesen und jüdische Adoptionsvermittlung, in: Zeitschrift für jüdische Wohlfahrtspflege 1 (1929) 4, S. 257–258, hier S. 257.

ein großes Spektrum potenzieller Pflegeeltern akzeptiert, darunter auch solche, die die Aufnahme eines Kindes angesichts der Weltwirtschaftskrise als »Nebenverdienst«[38] betrachteten.

Strengere Maßstäbe legte zur selben Zeit das Berliner *Jüdische Wohlfahrts- und Jugendfürsorgeamt* an. Um »gute jüdische P f l e g e s t e l l e n zur Verfügung zu haben«[39], überprüfte es potenzielle Pflegeeltern bei der Vermittlung von Kindern unter 14 Jahren. Die Einrichtung nahm den pronatalistischen Diskurs der Weimarer Republik auf und berücksichtigte für eine Adoption nur solche Kinder, bei denen »keine Belastung von seiten [sic!] der Mutter oder des Erzeugers vorliegt.« Zu diesen »Belastungen« gehörten »gesundheitliche und sittliche«[40] Faktoren. Nach 1933 konnten Verwandte der aufnehmenden Familie Einspruch gegen die Adoption von Kindern nehmen. Rassistische und eugenische Kriterien gewannen durch die Ausführungsbestimmungen des neugefassten *Gesetz gegen Mißbräuche bei der Annahme an Kindesstatt* an Bedeutung. Aufgrund der zu diesem Zeitpunkt bereits freiwillig erfolgenden Kontrolle möglicher erblicher Belastungen bei Kindern sah sich das *Jüdische Wohlfahrts- und Fürsorgeamt* nicht zu einer Revision der Auswahlpraxis von Kindern gezwungen.[41]



Die Beispiele aus Wuppertal und Berlin zeigen, dass einige private Wohlfahrtseinrichtungen, wie das Berliner *Jüdische Wohlfahrts- und Jugendfürsorgeamt* über staatliche Regelungen hinaus gingen und die Kooperation mit städtischen Einrichtungen suchten. Innovation und Beharrung standen daher auch in der Weimarer Republik – oft unabhängig von der Trägerschaft – nebeneinander. Die Grenzen staatlicher Einflussnahme mögen aber dazu beigetragen haben, dass für Leitungspositionen ausgebildete Frauen wie Käte Rosenheim in Berlin erst 1930 als *Regierungsrätin Wohlfahrtsdezernentin* im Hauptquartier der Berliner Polizei eine ihrer Ausbildung entsprechende Position einnehmen konnte. Schon kurze Zeit später, 1933, wurde sie aufgrund des Gesetzes zur Wiederherstellung des Berufsbeamtentums entlassen und engagierte sich nun für die *Reichsvereinigung der deutschen Juden* in der *Abteilung Kinderauswanderung*.[42]

Folgt man der Historikerin Julie Berebitsky brachten die 1940er Jahre in den USA eine Wende in der Adoptionspraxis.[43] Wie schon zuvor in der Weimarer Republik erlangten in den USA die Ideale der (weißen) Mittelklasse Priorität. Das *United States Children's Bureau* formulierte erst jetzt spezifische Vorgaben für Pflegeeltern.[44] Bereits zuvor hatten sich private Organisationen für die Etablierung einheitlicher Standards eingesetzt, die weitaus strenger als staatliche Vorschriften waren.[45]

38 O. A., Adoptionsvermittlung, in: Zeitschrift für jüdische Wohlfahrtspflege und Sozialpolitik NF 1(1930), S. 417–418, hier S. 417.

39 O. A., Adoptionsvermittlung, S. 417.

40 Prestel, Judentum, S. 361.

41 Irene Eger, Die Bedeutung des Gesetzes gegen Mißbräuche bei der Annahme an Kindes statt vom 23. Nov. 1933 für die Adoptionsvermittlung, in: Zeitschrift für jüdische Wohlfahrtspflege und Sozialfürsorge NF 4(1933/34), S. 158–159, hier S. 158f.

42 Maierhof, Wege, S. 55.

43 Julie Berebitsky, Like Our Very Own. Adoption and the Changing Culture of Motherhood, 1851–1950, Lawrence, KS 2000, S. 2f.

44 United States Department of Labor/Children's Bureau 1941, S. 3f. Siehe zum traditionellen Familienbild dieser Einrichtung: Kriste Lindemeyer, A Right to Childhood. The U.S. Children's Bureau and Childwelfare 1912–1946, Champaign, IL 1997, S. 47.

45 Edmund J. Butler, Standards of Child Placing and Supervision, in: US Department of Labor Children's Bureau (Hg.), Standards of Child Welfare. A Report of the Children's Bureau Conferences May and June 1919. Washington 1919, S. 353–362.

Zu den spezifischen Techniken einer professionellen Kindervermittlung gehörte auf beiden Seiten des Atlantiks das Wissen um die Fallgeschichten der Kinder, die *ChildHistory*, die die Sozialarbeiterinnen befähigen sollte, eine wissenschaftlich begründete Auswahl von Pflegekindern und ihren Pflegefamilien zu treffen. Ein solches *scientific matching* unterschied sich nach professionellem Verständnis von der als zufällig erachteten Auswahl traditioneller Wohlfahrtsorganisationen.[46] Die Rettungsaktion der Berliner *Abteilung Kinderauswanderung* und der New Yorker GJCA wurde daher auf amerikanischer Seite nicht nur durch das engmaschige amerikanische Immigrationsgesetz und die von den Hilfsorganisationen hervorgehobene Rücksichtnahme auf antisemitische Strömungen bestimmt, sondern ebenso von den Bemühungen privater Organisation, die Entwicklung des Pflege- und Adoptionswesens durch staatliche Anerkennung voranzutreiben. Dies hatte, so wird dieser Beitrag zeigen, erhebliche Folgen für die Erfolgschancen jener Kinder, die für das Hilfsprogramm registriert worden waren.



## 3. Die Beurteilungen der Kinder – Strategien der Einwanderungssteuerung

Dass die Frage, welche Kinder zur Einreise in die USA vorgeschlagen werden sollten, bereits vor der offiziellen Gründung der GJCA 1934 aufgeworfen wurde, zeigt, wie wichtig dieser Punkt für die an der Gründung der GJCA beteiligten Personen war.[47] Sie beeinflusste den von Gudrun Maierhof wie folgt rekonstruierten Ablauf des Auswahlprozesses: Die Bewerbungen gingen bei den lokalen jüdischen Hilfsorganisationen des Deutschen Reichs ein. Eine Sozialarbeiterin oder ein Sozialarbeiter überprüfte, wie schon in der Weimarer Republik üblich, die geistige und körperliche Gesundheit der Kinder und ihr Lebensumfeld. Ferner zeichnete diese Person ein Bild von der Persönlichkeit des Kindes und bewertete die Priorität der Auswanderung. Diese Angaben fanden Eingang in einen Fragebogen, der mit der Bewerbung an die von Käte Rosenheim geleitete *Abteilung Kinderauswanderung* in Berlin geschickt wurde.[48] Käte Rosenheim war auf die Mithilfe einer oft nicht ausreichenden Zahl von (ehrenamtlichen) Helferinnen angewiesen. Die Entscheidungen über die Auswahl der Kinder wurden offenbar gemeinsam getroffen,[49] wenngleich in der Korrespondenz mit der GJCA zumeist Käte Rosenheim aufscheint.

Nachdem die erste Gruppe der Kinder in den USA angekommen war, wurden vor allem zwei Punkte von der GJCA als problematisch eingeschätzt: Einige der Kinder litten unter Heimweh und mitunter wurden gegenseitige Erwartungen von Kindern und Pflegeeltern enttäuscht. Die GJCA interpretierte die meisten dieser Schwierigkeiten als Anpassungsprobleme. Die Case-Work-Methode aber sah Anpassungsfähigkeit als Voraussetzung dafür, eine soziale Rolle adäquat zu erfüllen.[50] Mit der Erwartung, dass sich die ausgewählten Kinder leicht in die USA einfügen sollten, gewannen Konzepte Sozialer Arbeit zur Integration marginalisierter Gruppen in nationale Gemeinschaften Einfluss auf die Arbeit transnational tätiger Hilfsorganisationen und damit auf die Immigrationschancen der Kinder. Im März 1935 hob die GJCA hervor: »It must not occur that children are only selected to go to America because the social and economic conditions of

46 Berebitsly Adoption, S. 137f.

47 Siehe zur Gründung der GJCA: Tydor Baumel, Promise.

48 Siehe hierzu: Maierhof, Kinder.

49 Helen J. Breslauer, Frieda Heilberg und ihre Mitarbeit in der Abteilung Kinderauswanderung 1936 bis 1938, in: Maierhof/Schütz/Simon (Hg.), Aus Kindern, S. 225–235 hier S. 231.

50 Anna Mathew, Theorien Sozialer Arbeit, http://www.ignou.ac.in/upload/bswe-02-block1-unit-2-small-size.pdf (letzter Zugriff 28.1.2014).

their families make it desirable; but it is much more important that their personal adaptabilities are stressed.«[51]

Um diese Daten erfassen zu können, kam der Entwicklung, dem Ausfüllen und der Interpretation eines Fragebogens besondere Bedeutung zu. Ein erster Entwurf von dem Juristen Bernhard Kahn, der sich seit Jahrzehnten an prominenter Stelle in der Hilfsarbeit für jüdische Flüchtlinge engagiert hatte, fand aus diesem Grund keine Zustimmung. Der Mitinitiator und Vorsitzender der GJGA und Vorsitzender einer der größten Arbeitgeber im Feld der Sozialarbeit, der *Federation of Jewish Philanthropies of New York,* Solomon Lowenstein kritisierte Kahns Entwurf folgendermaßen:

> *»I regret to say that I find these records absolutely inadequate and furnishing so little information that we could not possible proceed on any such basis to place these children with any degree of intelligence or satisfaction. [...] You have in most instances given us merely the age, the name of his parents, his residence, the occupation of the parent or parents and in some instance a brief school record.«*[52]



Eine Gruppe von Sozialarbeiterinnen, darunter Cecilia Razovsky, entwickelte daraufhin einen neuen Fragebogen, der detaillierte Informationen über die Kinder und ihre Familien bereitstellte.[53]

Als 1937 weitere 120 Visa für unbegleitete Kinder zur Verfügung standen, differenzierte die *Abteilung Kinderauswanderung* den Fragebogen erneut, so dass er nun »viel eingehender als bisher sowohl das Kind, als seine Umgebung schildert«[54] und schulte die lokalen Mitarbeiterinnen und Mitarbeiter in dessen Handhabung.[55]

Weniger leicht ließen sich die Wünsche potentieller Pflegeeltern regulieren. Als 1938 aufgrund des Anstiegs der Arbeitslosenquote in den USA die Bereitschaft zurückging, unentgeltlich ein Pflegekind aufzunehmen,[56] konnten potentielle Pflegeeltern ihren eigenen Wünschen besonderen Nachdruck verleihen. Das auch im Sinne des Kindes formulierte wissenschaftliche Prinzip des *matching*, das eine Übereinstimmung der Potentiale der Kinder und der Möglichkeiten der Pflegeeltern gewährleisten sollte, verlor demgegenüber an Bedeutung. Die GJCA kritisierte, dass »potentielle Pflegeeltern [...] ihre Entscheidung oft nach selbstsüchtigen Gründen [treffen] und nicht danach, welche Fälle die dringendsten sind.«[57] Vor diesem Hintergrund wurden die lokalen Hilfseinrichtungen innerhalb des nationalsozialistischen Herrschaftsgebietes daran erinnert »noch mehr als bisher dem Wunsch des *Committees* Rechnung«[58] zu tragen. Tatsächlich rekurrierte die Kritik der GJCA aber auf allgemeine Schwierigkeiten von Pflege- und Adoptionsstellen. Auch jenseits des Hilfsprogramms waren professionelle Standards in diesem Bereich nur schwer durchzusetzen. Die potentiellen Pflege- und Adoptionseltern gehörten oftmals derselben oder einer höheren sozialen Schicht an wie die oftmals weiblichen Sozialarbeiterinnen. Sie erwarteten, an-

51 »Zentralwohlfahrtsstelle an Entsendestellen, 25. März 1935«, YIVO, RG 249/64. Zitiert nach der englischen Übersetzung.

52 »Solomon Lowenstein an Bernhard Kahn, 15. März 1934«, JDCA, AR 33/44–233.

53 »Solomon Lowenstein an Bernhard Kahn, 15. März 1934«, JDCA, AR 33/44–233.

54 »Zentralausschuss an GJCA, 18. Februar 1937«, YIVO, RG 249/63.

55 YIVO, RG 249/45, nach: Breslauer, Frieda Heilberg, S. 231 f.

56 A. Labor Force, Employment, and Unemployment, 1929–1939. Estimating Methods, in: Monthly Labor Review, Juli 1948.

57 »GJCA an Zentralwohlfahrtsstelle, 30. August 1938«, YIVO, RG 249/331.

58 »Rundschreiben Zentralwohlfahrtsstelle,11. April 1938«, YIVO, RG 249/327.

ders als die Klientinnen und Klienten der Sozialarbeiterinnen, keine Leistungen, sondern traten, da sie mit dem Pflegeplatz etwas bereithielten, selbstbewusst auf. So wurden die sonst üblichen professionell erzeugten Machtbeziehungen in Frage gestellt und den Sozialarbeiterinnen und Sozialarbeitern fiel es schwerer, sich den Wünschen der Pflegeeltern zu entziehen.[59] Diese Situation existierte unabhängig von der Verfolgung der jüdischen Kinder im Deutschen Reich, beeinflusste aber die Auswahlpraxis der am Hilfsprogramm beteiligten Organisationen, da die Wünsche potentieller Pflegeeltern in diese Entscheidungen Eingang fanden.

In den Augen der Fallbearbeiter und Fallbearbeiterinnen wurde die von ihnen besonders wichtig erachtete Fähigkeit eines Kindes, sich ohne Schwierigkeiten an die Lebensumstände in den USA anzupassen, von verschiedenen Faktoren beeinflusst: Der familiären Herkunft, der sozialen und ökonomischen Situation der Familie, ihren emotionalen Bindungen sowie dem ›Wesen‹ und dem ›Charakter‹ des Kindes.[60] Damit wurde das Verhalten der Kinder auf individuelle und familiäre Ausgangslagen zurückgeführt. Der *Jüdische Frauenbund* hatte hingegen 1938 die Verfolgung als ausschlaggebend für Veränderungen im Verhalten von Kindern angesehen. Sie litten:



> *»unter der Nervosität und Reizbarkeit der Eltern und werden daher zuweilen unsachgemäß und ungerecht behandelt. Sie haben Kenntnis von Vorgängen und Zusammenhängen, die weit über die Kapazität ihrer Altersstufe hinauszugehen scheinen und sind Teilnehmer oder Ohrenzeugen von Überlegungen und Gesprächen, von denen sie mehr behalten und verstehen, als die Eltern annehmen.«*[61]

Die unterschiedliche Bedeutung, die der Verfolgung gegenüber der familiären Herkunft von den beteiligten Organisationen zuerkannt wurde, spiegelt sich in den folgenden Beispielen aus den Jahren 1937/38 wider. Sie beleuchten den in dieser Periode vor dem Novemberpogrom besonders starken Einfluss der Wünsche potentieller Pflegeeltern sowie die Bedeutung von allgemeinen migrationspolitischen Überlegungen auf die Auswahl der Kinder.

Im Frühjahr 1938 offerierte eine amerikanische Familie einen kostenlosen Pflegeplatz. Die Bewerbung eines Geschwisterpaares aus Braunschweig hatte bereits die Untersuchung durch das Hilfskomitee vor Ort und die Auswahl in der Berliner Zentrale erfolgreich durchlaufen und war an das Büro in New York weitergeleitet worden. Dort kritisierten sowohl die potenziellen Pflegeeltern als auch die GJCA die unbefriedigenden Informationen zum familiären Hintergrund der Kinder:

> *»If you will look over the questionnaire you will see that the only data we have on the father is that he was a commercial employee and that he is intelligent and especially interested in Jewish questions. Could someone tell us a bit about the status of the home before the father became so seriously ill? What was their income then and how did they live, really. What were the early impressions of the children, were they always deprived of material things or did they have the average core while there father was well? What is the mother's background? Did this family, in other words, have a stable home life and did the father's illness and the present situation break all of that down? If they were always on the verge of destitution, can someone let us know*

59 Berebitsky, Adoption, S. 136.

60 »Rundbrief, 2. März 1936«, YIVO, RG 249/64.

61 Käte Silber, Wie nehme ich am Leben meiner Eltern teil? in: Blätter des Jüdischen Frauenbundes 14 (1938), S. 8.

*whether that was due to the insecure position of Polish Jews in the post-war period, or lack of training or personality difficulties?«*[62]

Aus unserer heutigen Perspektive und mit dem Wissen um die nationalsozialistische Judenverfolgung scheinen die Fragen von Unwissen und menschlicher Härte zu zeugen. Im Kontext alltäglicher Arbeitsabläufe im New Yorker Büro behinderten fehlende Angaben Routinen und wirkten vielleicht sogar unprofessionell. Die erhaltenen Akten der GJCA geben keine weitere Auskunft über die erfragten Informationen. Erst die Verknüpfung der lokalen Verfolgungserfahrung der Familie mit den transnationalen Arbeitspraxen der Hilfsorganisationen erhellt, warum die Bewerbung der Geschwister scheiterte. Der aus Galizien stammende Vater der Kinder eröffnete in Braunschweig nach einer Ausbildung als Buchhalter zusammen mit seinem Cousin ein Kleidungsgeschäft auf Abzahlungsbasis. Boykotte und das Werbeverbot in Zeitungen führten nach dem Beginn der nationalsozialistischen Herrschaft zu erheblichen Gewinneinbußen. Die Situation verschlechterte sich weiter, nachdem der Familienvater seinem Cousin seinen Pass zur Flucht aus dem Deutschen Reich überlassen hatte. Nach der Inhaftierung des Vaters wurde das Geschäft 1934 geschlossen. In der Haft musste der Mann schwere körperliche Arbeit leisten und erlitt Misshandlungen durch seinen Vorarbeiter. An den Folgen dieser Verletzungen starb der Ehemann und Vater im April 1938.[63]



Die aus Sicht der GJCA so problematische Leerstelle im Fragebogen lässt sich mit diesem Wissen auf verschiedene Weise füllen. Die Braunschweiger Hilfsorganisation mag geneigt gewesen sein, die Verhaftung des Vaters und dessen Passvergehen in der Bewerbung für die Auswanderung der Kinder zu verschweigen, sei es, um die Familie in einem besseren Licht erscheinen zu lassen, sei es, da Passvergehen und Inhaftierung als direkte Folgen der Verfolgung interpretiert worden sind. Ferner konnte die Sorge eine Rolle gespielt haben, die Familie durch eine detaillierte Beschreibung zusätzlich zu gefährden. In einem anderen Fall wurde auf amerikanischer Seite folgende Strategie empfohlen: »Of course, she doesn't have to say the father is in a concentration camp. She can merely say he is away on a trip.«[64] Solche Erwägungen und Ängste kollidierten aber mit den Richtlinien zur Auswahl der Kinder. Das Auslassen von Informationen konnte, wie das Braunschweiger Beispiel zeigt, folgenreich sein, da sie den formalen Anforderungen eines vollständig ausgefüllten Fragebogens widersprachen, der eine Vereindeutigung und Übertragbarkeit von Entscheidungen suggerierte. Die Forderung nach weiteren Angaben verweist ferner auf das schwindende Vertrauen in die Expertise der deutsch-jüdischen Hilfsorganisationen und auf die Exklusion von Kindern, die den normativen Erwartungen der weißen Mittelschicht vielleicht nicht entsprachen. Vielmehr hatte die Verfolgung sukzessive die Voraussetzungen für eine geschützte Kindheit in einem behüteten Elternhaus ausgehöhlt und damit zugleich die Fluchtchancen der Kinder minimiert. Im Fall des Braunschweiger Geschwisterpaares ermöglichte erst ein Kindertransport nach Großbritannien, die nach den Novemberpogromen mit weniger strikten Kriterien durchgeführt wurden, die erfolgreiche Rettung der Kinder.[65]

Eine Bewerbung aus Frankfurt zeigt am Beispiel eines Jungen, wie das von der Immigrationsgesetzgebung vorgesehene Kriterium der geistigen Gesundheit seitens der beteiligten Orga-

62 »GJCA an Zentralwohlfahrtstelle, 19. April 1938, YIVO, RG 249/327.

63 Reinhard Bein, Sie lebten in Braunschweig. Biografische Notizen zu den in Braunschweig bestatteten Juden (1797 bis 1983), Braunschweig 2009, S. 549f.

64 »Protokoll vom 29. Juni 1939«, AJHS, P-511 2/20, S. 16.

65 Siehe zu den Kindertransporten: Claudia Curio, Verfolgung, Flucht, Rettung. Die Kindertransporte 1938/39 nach Großbritannien, Berlin 2006.

nisationen in das Kriterium der Anpassungsfähigkeit übersetzt wurde. Erneut geriet dabei die Lebenswirklichkeit der Kinder zugunsten der Erfassung vermeintlich individueller Dispositionen in den Hintergrund. Im April 1938 hatte die *Jüdische Wohlfahrtstelle Frankfurt* die Bewerbung für einen Jungen unterstützt, der sich fürchtete, die elterliche Wohnung zu verlassen, nachdem er von anderen Kindern auf seinem Weg zur Schule gequält worden war. Ein von der Wohlfahrtsstelle beauftragter Nervenarzt attestierte, dass die Nervosität des Jungen in der Unsicherheit der Eltern begründet lag.[66] Zunächst wies die *Abteilung Kinderauswanderung* in Berlin die Bewerbung des Jungen zurück, da sie seine Angst als Indikator auf mögliche Anpassungsschwierigkeiten in den USA interpretierte:



> *»Wir können es nicht verantworten, Kinder die unter solchen Schwierigkeiten zu leiden haben, in eine für sie so völlig fremde Umgebung zu bringen, in der doch für sie neue Schwierigkeiten durch das Einleben in das veränderte Milieu entstehen. Es wäre erzieherisch für den Jungen weit besser, ihn hier in eine gut geleitete Anstalt zu geben.«*[67]

Die *Abteilung Kinderauswanderung* stellte aber in Aussicht, die Bewerbung zu einem späteren Zeitpunkt erneut zu prüfen. Die Feststellung, dass die Angst des Jungen auf die Unsicherheit der Eltern zurückzuführen sei, legt nahe, dass, wie schon in der Weimarer Republik bei der Vermittlung von Kindern in Pflegestellen praktiziert, eine erbliche Belastung oder psychische Beeinträchtigung des Jungen ausgeschlossen werden sollte.

Schon nach kurzer Zeit leitete die *Abteilung Kinderauswanderung* die Unterlagen im Juni desselben Jahres an die GJCA in New York weiter. Die Überprüfung des Jungen, so lässt sich schlussfolgern, hatte ein positives Urteil über dessen Anpassungsfähigkeit erbracht. Die GJCA kritisierte nun aber die ebenfalls bestehenden Auswanderungspläne der Eltern, die den Jungen für manche Pflegeeltern unattraktiv werden ließen.[68] Der Familie gelang die Flucht schließlich ohne die Unterstützung der GJCA im Sommer 1939.[69]

In einem anderen Fall legte die GJCA der *Abteilung Kinderauswanderung* im Juli 1937 nahe, die Bewerbung von zwei Schwestern fallen zu lassen, da »[d]iese Familiengruppe […] soviele Merkmale des Verfalles und so ausgesprochene Symptome koerperlicher und geistiger Minderwertigkeit [zeigt], dass wir als Organisation sie nicht einbeziehen können.«[70] Das gewählte Vokabular verstört heutige Leserinnen und Leser, entsprach aber, wie gezeigt, einem zeitgenössischen Verständnis von Sozialarbeit, das bis in die Weimarer Republik zurückreichte. Entscheidend ist an dieser Stelle die exemplarische Verbindung von Sozialarbeit und Einwanderungspolitik in der ausführlichen Begründung:

> *»Wir haben der Regierung gegenueber die Verpflichtung, in unsere Aktion Material einzubeziehen, das fuer die Zukunft die Zahl der als ›desirable‹ zu bezeichnenden vergroessert; fernerhin wuerde unsere Aktion gelaehmt werden, und das Interesse der anderen Kinder geschaedigt,*

66 »Jüdische Wohlfahrtstelle Frankfurt an Zentralwohlfahrtsstelle, 13. April 1938«, YIVO, RG 249/331.
67 »Jüdische Wohlfahrtstelle Frankfurt an Zentralwohlfahrtsstelle, 20. April 1938«, YIVO, RG 249/331.
68 »GJCA an Zentralwohlfahrtsstelle, 6. September1938«, YIVO, RG 249/331.
69 »List or Manifest of the Passenger for the United States Immigration officer at Port of Arrival, No. 64, July 20, 1939«, National Archives and Records Administration, Washington, DC, Records of Vessels Arriving at New York, New York, 1897–1957, 6366, S. 6.
70 »GJCA an Arbeitsgemeinschaft, 13. Juli 1937«, YIVO, RG 249/65.

> *wenn wir Kinder aus einem solche Milieu, mit solcher Belastung und mit solchen Persoenlichkeiten aufnehmen wuerden.«*[71]

Die Überlieferung ist erneut zufällig und die Angaben des lokalen Hilfsbüros im Deutschen Reich sind in den Akten der GJCA nicht festgehalten. Eine transnationale Perspektive ist aber auch in diesem Fall lohnenswert. Dabei wird deutlich, wie in der Kommunikation zwischen den beiden Einrichtungen Informationen umgedeutet und neu bewertet worden sind. Auf diesem Wege entstanden Normierungen für die Einwanderung von Kindern, wie sie zuvor in keinem der beiden Länder existiert hatten. Eine Krankenakte der Mutter der Kinder und die Angaben in der Datenbank zu den Wormser jüdischen Opfern des Nationalsozialismus ermöglichen einen Einblick in die Vorgeschichte der Bewerbung. Beide Elternteile stammten aus Osteuropa.[72] Die Untersuchung der Historikerin Barbara Lüthi legt nahe, dass die amerikanischen Einwanderungsbehörden diese Gruppe von Immigranten routinemäßig verdächtigten, von »poor physique«[73] zu sein. Der Vater und Ehemann war Analphabet und sprach jiddisch. Er besaß einen Fellhandel und seine Ehefrau hatte vor der Geburt ihrer vier Töchter als Haushaltshilfe gearbeitet.[74] Sie erkrankte 1935. Vermutlich trugen die kargen Lebensumstände der Familie dazu bei, dass ein Abszess ein Delirium nach sich zog, so dass die Patientin vom Wormser Krankenhaus in die Nervenheilanstalt Alzey überführt wurde, wo sie nach knapp drei Wochen an einer Lungenentzündung starb.[75] Zwei Jahre später registrierte der Vater zwei seiner Töchter für die Kinderauswanderung in die USA. Sie galten als gute Schülerinnen und als gesund.[76] Dennoch fürchtete die GJCA bei den Kindern eine erbliche Belastung. Wie seit der Weimarer Republik üblich und auch im Frankfurter Fall praktiziert, wurde von dem Wormser Hilfskomitee ein ärztliches Attest eingeholt.[77] Dazu wandte man sich an den zuständigen Medizinalrat. Gesundheitsämter beteiligten sich zu diesem Zeitpunkt bereits auf vielfache Weise an der Durchsetzung rassistischer und eugenischer Ausschließungen aus der ›Volksgemeinschaft‹. In diesem Fall bescheinigte der Arzt aber:

> *»dass eine erbliche Belastung nicht vor[lag]. Über die praepsychotische Persönlichkeit der Kranken selbst war nur wenig zu erfahren [...]. Das Krankheitsbild der Frau B. gehört nicht zu den im Gesetz zur Verhütung erbkranken Nachwuchses geforderten Erbkrankheiten, sodass auf die Möglichkeit einer erblichen Belastung der Kinder der Verstorbenen nicht ohne weiteres geschlossen werden kann.«*[78]



71 Ebd.

72 Die Wormser Juden 1933–1945. Namensliste: http://www.wormserjuden.de/ (letzter Zugriff 22.5.2014).

73 Barbara Lüthi, Invading Bodies. Medizin und Immigration in den USA 1880–1920, Frankfurt a.M. 2009, S. 277f.

74 Siehe zum Folgenden: Landesarchiv Speyer (LA Speyer), »Krankenakte H. B.«, 041, Nr. 3245.

75 Siehe zu dieser Einrichtung: Renate Rosenau, Gunda John, Hedi Klee, Die Alzeyer Landes-Heil- und Pflegeansatz in der Zeit des Nationalsozialismus, in: 1908–2008. Festschrift zum 100-jährigen Gründungsjubiläum. 100 Jahre Reinhessen-Fachklinik Alzey, S. 66–100.

76 »Krankenakte H. B.«, LA Speyer, 041, Nr. 3245.

77 Johannes Vossen, Gesundheitsämter im Nationalsozialismus. Rassenhygiene und offene Gesundheitsfürsorge im Westfalen 1900–1950, Essen 2001.

78 »Erklärung des Medizinalrats Z. an das Sozialamt der israelitischen Religionsgemeinde, Worms 26.1.1937«, Krankenakte H. B., LA Speyer, 041, Nr. 3245.

Hier wie auch im Frankfurter Beispiel hatten Maßstäbe und Praktiken für die Beurteilung potentieller Pflegekinder aus der Weimarer Republik weiterhin Anwendung gefunden. »[S]oziale *und* fürsorgerische Geschichtspunkte«[79] waren nach einem Schreiben des jüdischen Hilfskomitees in Stuttgart ausschlaggebend für die Priorität eines Kindes. Es sollte »Familien, die in besonders schwieriger Lage sind und Kindern, die keine Möglichkeit der Schule, oft nicht einmal des Aufenthalts im Freien haben, zu besseren Verhältnissen« verholfen werden. Die langjährige Expertise der lokalen Hilfseinrichtungen im Deutschen Reich fand aber von amerikanischer Seite trotz der vorhandenen Kontinuitäten mitunter keine Anerkennung mehr: »It seems to me that the more decisions that [sic!] are made on the spot the poorer they will be.«[80] Die Wormser Schwestern konnten schließlich nach Frankreich ausreisen. Dort wurden sie erneut von der nationalsozialistischen Verfolgung erfasst und nach der Internierung in dem Lager Drancy nach Auschwitz deportiert und ermordet.[81]



Die hier exemplarisch dargestellten Interventionen der GJCA verbanden formale, soziale und eugenische Anforderungen an die Kinder mit den Erwartungen der amerikanischen Gesellschaft. Erst nach dem Novemberpogrom, der die Gewalt gegen die Juden deutlich erkennen ließ, wuchs die Bereitschaft US-amerikanischer Pflegeeltern, ein Kind aufzunehmen. Aber auch zu diesem Zeitpunkt blieben die strengen Maßstäbe mancherorts für die lokalen jüdischen Hilfsorganisationen unverhältnismäßig:

> *»Bei Durchfuehrung eurer Kinderaktion haben wir festgestellt dass nur drei Kinder euren Bedingungen entsprechen. Fuer zweitausend Kinder aus Boehmen und Maehren ist sofortige Auswanderung dringend noetig. Bitte ermoeglicht die Einwanderung einer groesseren Anzahl. Wir schlagen vor dass die Aktion fuer solche Kinder erweitert werden solle fuer welche Verwandte oder Freunde in USA den Lebensunterhalt und die Erziehung garantieren.«*[82]

Der schon im ausgehenden Kaiserreich begonnene transatlantische Dialog über die Fortschritte in der Sozialen Arbeit und die zahlreichen dadurch entstandenen Kooperationen hatten die Initiierung eines Hilfsprogramms für unbegleitete jüdische Kinder sicherlich gefördert und die intensive praktische Zusammenarbeit angesichts der Verfolgung erst ermöglicht. Die Vorstellungen über die inhaltliche Ausgestaltung der Rettungsaktion fielen aber aufgrund der Verbindung von Sozialer Arbeit und Einwanderungspolitik auseinander.

## 4. Taktiken der Hilfe

Einige der lokalen jüdischen Hilfseinrichtungen im Deutschen Reich wurden seitens der GJCA und ihr nahestehenden Persönlichkeiten recht positiv bewertet: »They have certainly a lot of feeling for casework.«[83] Andere Einrichtungen, beispielsweise das eingangs ausführlicher dargestellte Wuppertaler Komitee, aber auch die Einrichtung in Breslau, erfuhren wiederholt Kritik: »They were never correct in facts, always misrepresented the situation and gave very unsatisfactory cha-

79 »Gemeinde Stuttgart an Abteilung Kinderauswanderung, 29. Dezember 1939«, YIVO, 249/343. Hervorhebung durch C. H. Dort auch das folgende Zitat.

80 »Protokoll vom 22. Mai 1939«, AJHS, P-511, 2/18, S. 9.

81 Die Wormser Juden 1933–1945. Namensliste: http://www.wormserjuden.de/ (letzter Zugriff 22.5.2014).

82 »Kultusgemeinde Prag an GJCA, 18. Dezember 1939«, YIVO, RG 249/305.

83 »Protokoll vom 20. November 1939«, AJHS, P-511 2/24, S. 29.

racterizations in the children.«[84] Diese Urteile zielten auf eine Vereinheitlichung fürsorgerischer Standards innerhalb der jüdischen Hilfsorganisationen nach den in den USA entwickelten Maßstäben. Taktiken der lokalen Hilfsbüros im Deutschen Reich, eigene Maßstäbe durchzusetzen, waren aber nicht ohne Erfolg, wie ein Brief der GJCA indirekt bestätigt:

> *»Es sind dies [ein beigefügter Bericht Dritter] die Art Information, die wir so gern fuer jedes Kind im Voraus haben moechten, die aber anscheinend von vielen oertlichen Wohlfahrtsstellen als […] das Kind benachteiligende Auskunft nicht gegeben wird. Im Falle des Heinz hatte Dr. Langer wohl gewusst, mit wie vielen potentiellen Konflikten er da rechnen muesste, er sagte mir kuerzlich, er habe gedacht, es solle gerade fuer einen so ›underprivileged‹ Jungen einmal eine wirkliche Hilfe geben.«*[85]

Nach dem Novemberpogrom war die Lage in den Hilfsbüros dramatisch. Erneut wurden aus der veränderten Situation ganz unterschiedliche Konsequenzen gezogen. Käte Rosenheim berichtete in einem späteren Interview:

> *»Durch den ungeheuren Andrang der letzten Wochen und die zum Teil in großer Überstürzung in Marsch gesetzten Sammeltransporte nach England und Holland sind wir trotz vervielfachter Hilfskräfte so in Arbeit ertrunken, daß wir zu geordneter Einzelarbeit nur schwer kamen, trotzdem wir alle von früh bis spät in die Nacht arbeiteten.«*[86]

Trotz dieser Ausnahmesituation stellte die Berliner Abteilung Kinderauswanderung die bisherigen Arbeitsprämissen nicht in Frage. Im Mai 1939 informierte Käte Rosenheim die GJCA: »die allgemeinen Fragebögen für unsere Kinderauswanderung müssen neu gedruckt werden. […] Weitere Umstellungen scheinen uns nicht nötig, doch sind wir gerne bereit, Wünsche von Ihnen zu berücksichtigen, falls Ihre Antwort uns noch schnell genug erreicht.«[87]

Besonders kritikwürdig galt sowohl der *Abteilung Kinderauswanderung* in Berlin als auch der GJCA das Unterlaufen der aufgestellten Richtlinien. Das Büro in Wien hatte wiederholt die Angaben zu auswanderungswilligen Kindern und zu den Lebensbedingungen von bereits in die USA emigrierten Verwandten, die ein Kind aufnehmen wollten, aber nicht die Anforderungen an Pflegeeltern erfüllten, geschönt. In zeitgenössischer Berliner Perspektive galt dies als »eher *›partisanisch‹*.[88] Herta Souhami, die beide Seiten, die Arbeiten in einem lokalen Büro in Bielefeld und die Tätigkeit in der Berliner Zentrale, kannte, beschrieb ein solches Vorgehen in einem späteren Interview wie folgt: »you have to tackle this psychologically […] how they would understand this and that in New York, at the welfare office, and at our Jewish office.«[89]

Dass die Mitarbeiterinnen und Mitarbeiter in lokalen Einrichtungen oftmals andere Entscheidungen treffen als die Dachorganisation, ist, wie die Arbeit der Historikerin Michelle Mouton zeigt, nicht ungewöhnlich.[90] Das in den Beispielen erkennbare Beharren von einem Teil der lo-

84 »GJCA an Zentralwohlfahrtsstelle, 6. Februar 1941«; für Wuppertal: »GJCA an Zentralwohlfahrtsstelle, 4. Oktober, 1938«, YIVO, RG 249/68 und 333.

85 »GJCA an Zentralwohlfahrtsstelle 10. Januar1938«,YIVO, RG 249/324.

86 Interview in Maierhof, S. 218.

87 »Zentralwohlfahrtsstelle an GJCA, 17. Mai 1939«, YIVO, RG 249/66.

88 Doron Rabinovici, Instanzen der Ohnmacht, Wien 1938–1945. Der Weg zum Judenrat, Frankfurt a. M. 2000, S. 140.

89 Interview von Rivka Bannit mit Herta Souhami, S. 317.

90 Mouton, Rescuing, S. 547.

kalen jüdischen Hilfsorganisationen auf ihre Arbeitspraktiken, ihre eigenen Einschätzungen und ihre Expertise wurde seitens der GJCA zeitgenössisch als unterschiedlicher Grad von professionellem Handeln interpretiert. Sicherlich hebt die Rekonstruktion der Entwicklung von Auswahlkriterien die Konflikte zwischen den beteiligten Organisationen hervor und die Gemeinsamkeiten in den Bemühungen, möglichst viele Kinder vor der nationalsozialistischen Verfolgung zu retten, treten in den Hintergrund. So bat Lotte Marcuse aus New York wiederholt, Informationen zu übermitteln, die »irgend etwas [am Kind] als besonders hervorragend darstellen wuerden.«[91]

Die Analyse der Konflikte verweist jedoch auf grundsätzliche Aspekte transnationaler Flüchtlingsarbeit. Hierzu ist die Unterscheidung des Historikers Michel de Certeau von *Strategie* und *Taktik* hilfreich. Nach de Certeau zielen Strategien auf die »Brechung von Kräfteverhältnissen«[92] und die (machtvolle) Ersetzung von Interpretativen. Taktiken erlauben nach de Certeau hingegen den Machtlosen, handlungsfähig zu bleiben oder zu werden. Sie ›spielen‹ mit den Ereignissen, »um eine ›günstige Gelegenheit‹ daraus zu machen.«[93]



Eine solche Perspektive überwindet die zeitgenössische Deutung einer vermeintlichen Deprofessionalisierung der deutsch-jüdischen Hilfsorganisationen, wie sie auch in die historische Forschung Eingang gefunden hat: »the [welfare] institutions abandoned the concept of social welfare and retained only the idea of welfare until, eventually, they became emergency homes or shelters.«[94] Vielmehr können in einer lokalen wie transnationalen Analyse der konkreten Praktiken der Hilfsbüros in Berlin und New York, ebenso wie in Frankfurt, Worms und Braunschweig, die unterschiedlichen Strategien und Taktiken der beteiligten Sozialarbeiterinnen und Sozialarbeiter, ihre Arbeitsmöglichkeiten und -begrenzungen zu beeinflussen, in den Blick genommen werden. Die Mitarbeiterinnen und Mitarbeiter der amerikanischen Hilfsorganisationen betonten in ihrer Arbeit vermeintlich objektive Kriterien der Kinderauswahl. Diese Strategie ermöglichte ihnen, die staatlichen Regelungen der Immigrationsbehörden und die Vorgaben für die Unterbringung von Kindern in Pflegefamilien in Standards für die Einwanderung der unbegleiteten jüdischen Kinder zu übersetzen und diese zugleich für andere Rettungsaktionen als verbindlich zu erklären. Der Fragebogen, der zur Ermittlung der *Fallgeschichten* der Kinder diente, wurde zum Mittel der Kontrolle in einer asymmetrischen Verhandlung über die Praktiken von Hilfe. Die reichsweiten Schulungen der Sozialarbeiterinnen und Sozialarbeiter trugen ebenso zur Durchsetzung hegemonialer Kriterien für die in der Weimarer Republik noch ganz unterschiedlich arbeitenden Wohlfahrtseinrichtungen bei. Diese Rationalisierungstrategien ermöglichten es den Mitarbeiterinnen und Mitarbeitern auch, die mit der Auswahl der Kinder einhergehenden emotionalen Belastungen zu begrenzen. Wenn ›objektive‹ Kriterien anstelle ›subjektiver‹ Entscheidungen betont wurden[95], versprach dies, die Gefahr von Willkür zu minimieren und zugleich auch Distanz zu den eigenen Entscheidungen zu schaffen. Auf der anderen Seite des Atlantiks wurde diesen Strategien unterschiedlich begegnet. Zum Teil versuchten die Mitarbeiterinnen und Mitarbeiter, an den vielfältigen in der Weimarer Republik entwickelten Arbeitsprämissen und -routinen festzuhalten. Waren sie davon überzeugt, dass Ausreise eines Kindes die richtige Entscheidung sei, so wiederholten sie, wie das Frankfurter Beispiel zeigt, ihre Anfrage zu einem späteren Zeitpunkt, versuchten, wie in Worms, der Bewerbung durch amtliche Atteste Nachdruck zu verleihen oder manipulierten die

91 »GJCA an Zentralwohlfahrtsstelle, 10. Januar 1938«, YIVO, 249/324.

92 Michel de Certeau, Kunst des Handelns, Berlin 1988, S. 23. Siehe ebenso S. 87ff.

93 Ebd.

94 Rivka Elkin, Some Remarks in the Wake of My Book The Heart Beats On, in: dies./Guy Miron/Jacob Borut (Hg.), Aspects of Jewish Welfare in Nazi Germany, Jerusalem 2006, S. 47–57, hier S. 52.

95 Siehe zu diesem Argument: Walkowitz, Class, S. 62.

Angaben in den Fragebögen. Diese Taktiken konnten jedoch nur vereinzelt Kinder zur Ausreise bringen, ohne die auf amerikanischer Seite entworfenen Prämissen infrage zu stellen oder einen gemeinsamen Dialog über Hilfe angesichts von Verfolgung initiieren zu können.

## 5. Flüchtlingsarbeit in transnationaler Perspektive

Ein individuelles Screening von potentiellen Einwanderinnen und Einwandern erfolgte seit 1926 durch die medizinische, moralische und ökonomische Überprüfung der Einwanderungswilligen in ihren Heimatländern durch oftmals antisemitische Konsuln. Die amerikanischen Immigrationsbehörden erhofften sich von einer solchen Grenzverschiebung Erleichterung, da die zurückgewiesenen Immigrantinnen und Immigranten nicht deportiert werden mussten, geringere Unterstützung durch gut ausgebildete Vertreter und Vertreterinnen von Hilfsorganisationen erfuhren und weniger Einspruchsmöglichkeiten besaßen.[96]



Die GJCA ergänzte diese bereits existierenden Kontrollmechanismen, indem sie sie mit dem Versprechen einer objektiven Methode zur Erfassung der Anpassungsfähigkeit verband. Das individuelle Gewähren oder Verweigern von Hilfe, zu dem die GJCA zu einem gewissen Grad durch die amerikanischen Immigrationsgesetze und den Mangel an Pflegefamilien gezwungen war, rechtfertigte und erklärte die genaue Untersuchung eines jeden Kindes und begründete zugleich die fortlaufende Veränderung in der Auslegung der Immigrationsbestimmungen. Die zunächst als selbstverständlich erscheinenden Kompetenzen der deutsch-jüdischen Hilfsorganisationen bei der Auswahl der Kinder verlor mit dieser Neujustierung eine Grundlage, die im gemeinsamen transatlantischen Diskurs über Sozialarbeit in den vorangegangenen Dekaden entwickelt worden war. Insbesondere der Umstand, dass das amerikanische Immigrationsrecht keine Sonderbestimmungen für Flüchtlinge kannte, führte dazu, dass die GJCA zur Vollstreckung der Einwanderungsbestimmungen beitrug.

Die GJCA und die *Abteilung Kinderauswanderung* waren aber nicht bloß ein Werkzeug der Immigrationsbehörden. Wie dargelegt, beruhte ihr Erfolg gerade nicht auf der stoischen Umsetzung der Bestimmungen, sondern auf ihrer beständigen Neuauslegung. Die schon in der Zwischenkriegszeit entwickelten Arbeitstechniken der modernen Sozialarbeit, wie das Einholen von Attesten, das Konzipieren und Ausfüllen von Fragebögen und die Entwicklung von Kriterien, die Aussagen über die Anpassungsfähigkeit von Kindern erlauben sollten, wurden besonders auf amerikanischer Seite kaum auf ihre Anwendbarkeit in der Flüchtlingshilfe hinterfragt. Diese Arbeitsroutinen beeinflussten entscheidend die Emigrationschancen der Kinder. Das Dilemma, in dem beide Hilfsorganisationen gefangen waren, Hilfe für Verfolgte angesichts beschränkter Ressourcen zu organisieren, stellt sich auch heute mit großer Dringlichkeit. Der Beitrag wirft damit auch einen kritischen Blick auf die Folgen einer Asyldebatte, die nach der ›Brauchbarkeit‹, ›Anpassungsfähigkeit‹ und ›Verwertbarkeit‹ potentieller Immigrantinnen und Immigranten fragt.

96 Daniel J. Tichenor, Dividing Lines. The Politics of Immigration Control in America, Princeton, NJ/Oxford 2002, S. 155.

Leonard Schmieding

# »Daily Specials« im *Heidelberg Inn* und *Bismarck Café*: Deutsche Gastronomie und kulturelle Arbeit in San Francisco im frühen 20. Jahrhundert

## Einleitung[1]



Als der Autor Charles S. Greene für das Magazin *Overland Monthly* Anfang der 1890er Jahre einen Überblick über die Gastronomie in San Francisco gab, beschrieb er deutsche Restaurants mit den folgenden Worten: »Here you may order prune soup or markklöse, may feast upon herring salad, Berliner klobs, a full variety of sausages, Wiener schnitzel, matzos (unleavened bread in disks a foot in diameter), and the waiter will not understand it if you don't want beer, – unless Rheinwein should be your fancy.«[2] Die eklektische Vielfalt an Gerichten auf der Speisekarte richtete sich sowohl an Einwanderer aus den verschiedenen Regionen Deutschlands mit ihren kulinarischen Eigenheiten – deutsche Juden eingeschlossen – als auch an andere Einwohner San Franciscos, die wie Greene auf der Suche nach kulinarischer Abwechslung waren und dabei die Begegnung mit dem Anderen anhand der jeweiligen Kulturen des Essens und Trinkens nicht scheuten.

Die Begegnung zwischen dem amerikanischen Konsumenten Greene aus San Francisco und der Restaurantküche von Einwanderern aus Deutschland zeichnete sich nicht nur durch den Verzehr und Genuss der als deutsch markierten Speisen aus. Vielmehr gehörte dazu auch die sprachliche Kommunikation mit den im Restaurant arbeitenden Bedienungen. Greenes weitere Ausführung macht deutlich, wie sehr seine Interpretation der Gerichte von sprachlichen Bezeichnungen und deren Wahrnehmung abhängig war:

> *»At one place the waiter served me a pudding that I liked. I thought he called it ›Amorita.‹ And though I wondered at the un-German name, I tried to feel duly sentimental while I ate the ›Sweetheart‹ pudding. But one day I recognized it on the bill of fare: my sentiment had all been wasted, it was ›Arme Ritter!‹«*[3]

Greene war erst dann in der Lage, sich das offensichtliche Missverständnis zu erklären, als er die Bezeichnung der Speise später in Kombination mit einer Beschreibung auf der Speisekarte las. Dem im Restaurant vom Personal vorwiegend gesprochenen Deutsch – »in this restaurant you hear little English spoken«[4] – konnte er demnach nicht folgen. Die Erfahrung dieser Kombination von Sprache in Schrift und Wort, Bedienung sowie Speise in Geruch und Verzehr ließen ihn ins Schwelgen kommen: »[A]ll you need is a view of a castle with a legend from the window […] to

1 Dieser Aufsatz wurde mit Unterstützung eines Stipendiums im Rahmen des Post-doc-Programms des DAAD ermöglicht. Der Verfasser dankt außerdem dem DFG-Netzwerk »Welt Aneignen: Alltagsgeschichte in transnationaler Perspektive« für die anregenden Diskussionen des Aufsatzes.

2 Charles Greene, The Restaurants of San Francisco, in: Overland Monthly 20 (December 1892) 120, S. 561–572, hier S. 567.

3 Ebd., S. 568.

4 Ebd.

make you think yourself in the Fatherland.«[5] Kraft seiner Imagination und verstärkt durch die kulinarischen Anreize im Restaurant fühlte er sich nach Deutschland versetzt.

Greenes anekdotenreicher Bericht vermittelt einen Eindruck davon, wie es Ende des 19. Jahrhunderts in San Francisco in einem Restaurant zugegangen sein mag, dessen Akteure daran arbeiteten, es als deutsch erscheinen zu lassen. Der oder die Eigentümer stellten Köche ein, die Speisen aus Deutschland zubereiteten; letztere wiederum wurden auf einer Speisekarte in deutscher Sprache sowie in einer Mischung aus Deutsch und Englisch dargeboten und nach dem Bestellvorgang vom deutschsprachigen Personal serviert; die Gäste, ob deutschstämmig oder nicht, konsumierten die Gerichte und belegten sie dabei mit individuellen Bedeutungen, die sich aus ihrer persönlichen Biografie sowie aus der situativen Erfahrung im Restaurant ergaben. Alle diese Akteure arbeiteten mit Bedeutungspraktiken, anhand derer sie ihre jeweiligen Tätigkeiten in einen Sinnzusammenhang im Raum des Restaurants stellten.[6] In ihren Interaktionen handelten sie den ethnischen Marker ›deutsch‹ immer wieder neu aus.



Sowohl mit ihrer Erwerbsarbeit als auch mit dem Konsum von Speisen und Getränken leisteten die am Restaurant beteiligten Akteure dabei kulturelle Arbeit. Dieser aus den *American Studies* kommende Begriff der *cultural work* bezeichnet

> *»the ways in which a book or other kind of ›text‹ – a movie, a Supreme Court decision, an ad, an anthology, an international treaty, a material object – helps construct the frameworks, fashion the metaphors, create the very language by which people comprehend their experiences and think about their world«.*[7]

Um den Begriff für die akteurszentrierte Alltagsgeschichte analytisch einzusetzen, heißt das, den Akzent auf die Praktiken zu legen, anhand derer historische Akteure mit diesen Texten, Dingen und Orten interagierten, sie interpretierten und sich für ihre Welt erschlossen. Mein Erkenntnisinteresse fokussiert also auf die Art und Weise, wie sich historische Akteure den Ort ›deutsches‹ Restaurant mit ihrer kulturellen Arbeit aneigneten und sich so an der Konstruktion des ethnischen Markers ›deutsch‹ beteiligten.

Die kulturelle Arbeit in deutschen Restaurants in der Stadt am *Golden Gate* hatte transnationalen Charakter. Das zeigen allein schon die Namen der Einrichtungen, um die es in der folgenden Analyse gehen wird: das *Bismarck Café and Grill*, das preußisch-deutsche, französische und amerikanische Referenzen miteinander vereinte; und das *Heidelberg Inn*, das einen süddeutschen Ort mit einer amerikanischen gastronomischen Bezeichnung kombinierte. Die Akteure, die sich dort begegneten, stammten aus unterschiedlichen Regionen der Welt. Selbst Einwanderer aus Deutschland, die deutsche Restaurants um die Jahrhundertwende herum mehrheitlich besuchten, fühlten sich eher ihrer Heimatregion verbunden als dem Deutschen Reich, das trotz Einigung 1871 erst wenige Angebote

5 Greene, The Restaurants.

6 Die einzelnen und namentlich bekannten historischen Akteure in den von mir analysierten Restaurants waren ausschließlich Männer. Frauen kamen in den Quellen, die über diese Restaurants Auskunft geben, als individuelle historische Akteurinnen nicht vor – sie spielten lediglich in der anonymen Masse der Kunden eine Rolle. Um dem vorwiegend männlich geprägten Raum auch sprachlich zu entsprechen, verwende ich die maskuline Form im Plural. Zu der Art und Weise, wie Frauen im San Francisco des frühen 20. Jahrhunderts Restaurants nutzten, um sich den öffentlichen Raum der Stadt anzueignen, siehe Jessica Ellen Sewell, Women and the Everyday City: Public Space in San Francisco, 1890–1915, Minneapolis 2011, insbesondere S. 67–94.

7 Paul Lauter, Reconfiguring Academic Disciplines. The Emergence of American Studies, in: American Studies/Amerikastudien 40 (1999) 2, S. 23–38, hier S. 23.

zur nationalen Identifikation bereitstellte.[8] Die bis heute stark regionalisierte Esskultur in Deutschland legt zudem nahe,[9] dass sich Einwanderer kulinarisch hauptsächlich auf die Gerichte ihrer Provinz bezogen und sich demzufolge erst als Hamburger, Berliner, oder Bayern sahen und erst dann als Deutsche. Provinzielle deutsche Einwanderer konnten jedoch in deutschen Restaurants nicht nur zu Deutschen werden, indem sie durch ihren Konsum an dem ethnischen Marker deutsch mitarbeiteten. Genauso wurden sie zu kosmopolitischen Amerikanern in San Francisco. Sie teilten ihre Kulturen des Essens und Trinkens mit anderen, auch nicht-Deutschen, und trugen durch diesen Austausch ebenso zur charakteristischen ethnischen Vielfalt und Offenheit der Stadt bei, wie sie von ihr profitierten.[10]

Für die Analyse von deutschen Restaurants in San Francisco ist es zunächst wichtig, den Begriff der Ethnizität zu erklären. Als soziale Praxis betrachtet, bezeichnet Ethnizität den Prozess, in dem historische Akteure ihre Gruppenzugehörigkeit herstellen. Da diese Zugehörigkeit nie endgültig ist, bleibt der Prozess offen, so dass Ethnizität eine Momentaufnahme eines kulturellen Konstrukts darstellt, das Akteure immer wieder neu herstellen.[11] Wer also zur Gruppe der Deutschen gehörte – wobei der bestimmte Artikel hier keine Homogenität vorgaukeln soll –, änderte sich fortwährend und war abhängig von Faktoren wie sozialen Beziehungen, Zeit und Situation. Deutsche in San Francisco verständigten sich mit Mitgliedern ihrer (oftmals durchaus heterogenen) Gruppe genauso wie mit Außenstehenden.[12] In dieser Position verhandelten sie fortwährend über die Grenzen ihrer Gruppe, über das Eigene und das Fremde, aber auch über das Eigene im Fremden und das Fremde im Eigenen.



Die soziale Praxis der *cuisine* arbeitet ebenfalls an diesen Grenzen: Sie stellt ein Regelwerk zur Verfügung, das Akteure dazu anleiten soll, bestimmte Lebensmittel und einen speziellen Geschmack zu kombinieren, um kulturelle Eigenheit zu produzieren. Im Fall von Restaurants sind die Gastronomen, ihre Köche und die konsumierenden Gäste dadurch in der Lage, »Menschen zu einigen und zu trennen«, und zwar nicht unbedingt nur auf der Basis dessen, was sie tatsächlich kochen und verzehren. Vielmehr konstruieren sie das kulinarisch Andere auf der Grundlage von Behauptungen, wie sich andere Menschen angeblich ernähren.[13] Der imaginative und diskursive Aspekt der sozialen Praxis *cuisine* ist demnach für eine Analyse der Konstruktion des Eigenen und des Fremden genauso wichtig wie der materielle Aspekt. Das gilt umso mehr, als dass das

8 Alon Confino, The Nation as a Local Metaphor. Württemberg, Imperial Germany, and National Memory, 1871–1918, Chapel Hill 1997; Celia Applegate, A Nation of Provincials. The German Idea of Heimat, Berkeley 1990; Celia Applegate/Pamela Potter (Hg.), Music and German National Identity, Chicago 2002.

9 Uwe Spiekermann, Regionale Verzehrsunterschiede als Problem der Wirtschafts- und Sozialgeschichte. Räume und Strukturen im Deutschen Reich 1900–1940, in: Alois Wierlacher/Hans Jürgen Teuteberg/Gerhard Neumann (Hg.), Essen und Kulturelle Identität. Europäische Perspektiven, Berlin 1996, S. 247–282; ders., Europas Küchen. Eine Annäherung, in: Internationaler Arbeitskreis für Kulturforschung des Essens. Mitteilungen 5 (2000), S. 31–47.

10 Glenna Matthews, Forging a Cosmopolitan Civic Culture. The Regional Identity of San Francisco and Northern California, in: David M. Wrobel/Michael C. Steiner (Hg.), Many Wests. Place, Culture, and Regional Identity, Lawrence 1997, S. 211–234, hier S. 218; zur ethnischen Zusammensetzung und sozialen Geografie der Stadt, siehe auch William Issel/Robert W. Cherny, San Francisco 1865–1932. Politics, Power, and Urban Development, Berkeley 1986, S. 53–79.

11 Werner Sollors (Hg.), The Invention of Ethnicity, New York 1989.

12 Kathleen Conzen/David Gerber/Ewa Morawska/George Pozzetta/Rudolph Vecoli, The Invention of Ethnicity. A Perspective from the U.S.A., in: Journal of American Ethnic History 12 (1992) 1, S. 3–41, hier S. 4–6. Siehe auch Russell A. Kazal, Becoming Old Stock. The Paradox of German-American Identity, Princeton 2004, S. 1–13 und S. 272–281.

13 Eva Barlösius, Soziologie des Essens. Eine sozial- und kulturwissenschaftliche Einführung in die Ernährungsforschung, Weinheim 2011, S. 123.

kulturell Imaginäre schriftlich und bildlich besser überliefert ist als die Zutaten und die eigentlichen Mahlzeiten, die ja für den Verzehr bestimmt sind und damit als Material für die historische Interpretation wegfallen.

Neben privaten Haushalten verkörpern in erster Linie Küchen in ausländischen Restaurants den transnationalen Raum, in dem regionale, nationale und ethnische *cuisines* praktiziert werden. Sie unterscheiden sich von der häuslichen Praxis des Essens darin, dass Akteure hier vermeintliche Alltagsküchen in Szene setzen und damit regionale, nationale und ethnische Spezialitäten zelebrieren, die so gar nicht existieren.[14] Zum einen instrumentalisieren Akteure in der Migration ihre Küche auf diese Weise, um Ethnizität herzustellen.[15] Zum anderen funktioniert das Restaurant als Ort, an dem Gastronomen und ihre Angestellten ethnische *cuisine* produzieren, vermarkten und verkaufen, und an dem migrantische wie auch nicht-migrantische Gäste diese Gerichte konsumieren. Der Prozess der Bedeutungszuschreibungen, an dem sich diese Akteursgruppen beteiligen, läuft als kulturelle Arbeit ab, mit der sie das kulinarisch Eigene und Fremde konstruieren. Ethnizität in der ethnischen *cuisine* entsteht folglich als – immer nur vorläufiges, kontinuierlich zu überarbeitendes und höchst instabiles – Produkt dieser kulturellen Arbeit. Sie ist demnach auch nicht als Kombination homogener Einheiten mit klaren geografischen Referenzpunkten zu verstehen, sondern als etwas grundsätzlich Neues, das sich durch seine Hybridität, Prekarität und Situationsgebundenheit auszeichnet.[16]



Für aus Deutschland nach San Francisco Zugewanderte – sie machten zusammen mit ihren in den USA geborenen Nachkommen zu Beginn des 20. Jahrhunderts zwischen 15 und 20 Prozent der Einwohner San Franciscos aus[17] – bedeutete die Existenz von Restaurants wie dem *Bismarck Café* und dem *Heidelberg Inn*, neben Kirchen und Tempeln, Vereinshäusern und Freimaurerlogen einen weiteren Raum zur Vergemeinschaftung nutzen zu können. Im Unterschied zu den religiösen und interessenspezifischen Gruppierungen und ihren Räumen waren Restaurants allerdings offener und auf die Interaktion mit Nicht-Deutschen ausgerichtet. Während Gesangs-, Turn- und Schützenvereine in erster Linie deutschen Männern zur Verfügung standen, stark nach sozialem Status differenzierten und das Deutschtum am Pazifik explizit auf Festen und Paraden öffentlich feierten,[18] so übten Kirchen und Synagogen ihre Exklusivität in Bezug auf Konfession aus, die eher im geschlossenen Raum der entsprechenden Gebäude stattfand. Restaurants hingegen boten in ihrem Raum eine inklusivere Atmosphäre, die sowohl die kulturelle Arbeit von Zugehörigkeit und Gruppenbildung der Deutschen untereinander als auch die der transnationalen Begegnung zwischen deutschen und nicht-deutschen Bürgern San Franciscos förderte. Wie unterschiedlich sich die in deutschen Restaurants begegnenden Akteure diesen Raum aneigneten, ihm dadurch seine transnationale Dynamik verliehen und somit die Begriffe deutsch und kosmopolitisch verschieden prägten, verdeutlichen die beiden folgenden Fallstudien.

14 Sidney Mintz, Tasting Food, Tasting Freedom, Boston 1996; Konrad Köstlin, Heimat geht durch den Magen. Oder: Das Maultaschensyndrom – Soul-Food in der Moderne, in: Beiträge zur Volkskunde in Baden-Württemberg 4 (1991), S. 147–64.

15 Barlösius, Soziologie des Essens, S. 156–164.

16 Maren Möhring, Fremdes Essen. Die Geschichte der ausländischen Gastronomie in der Bundesrepublik Deutschland, München 2012, S. 17–21.

17 Dino Cinel, From Italy to San Francisco. The Immigrant Experience, Stanford 1982, S. 17–19.

18 Heike Bungert, Deutschamerikanische Ethnizitätsbildungsprozesse in San Antonio und San Francisco, 1848–1914, in: Josef Raab/Jan Wirrer (Hg.), Die deutsche Präsenz in den USA/The German Presence in the U.S.A., Berlin 2008, S. 57–94; Kathleen Conzen, Ethnicity as Festive Culture. Nineteenth-Century German America on Parade, in: Sollors, The Invention of Ethnicity, S. 44–76.

## Deutsche Restaurants als transnationale Räume in San Francisco

Das *Heidelberg Inn* und das *Bismarck Café* funktionierten als transnationale Räume, weil Akteure globale, regionale und lokale Dynamiken miteinander in Beziehung brachten und sich so diese beiden deutschen Restaurants in der pazifischen Metropole aneigneten. Betreiber, Angestellte und Gäste machten sich dabei nicht nur den physischen Ort der Restaurants zu eigen, sondern nahmen ihn auch kontinuierlich als Ort der Imagination in Anspruch. Hier verhandelten sie immer wieder neu über den ethnischen Marker ›deutsch‹ und seine Bedeutung im San Francisco des frühen 20. Jahrhunderts.

Als deutsches Restaurant mit preußischem Namen entstand das *Bismarck Café and Grill* nicht nur in einem transatlantischen, sondern auch in einem regionalen Kontext, der sich durch die spezifischen Gegebenheiten an der nordamerikanischen Pazifikküste zu Beginn des 20. Jahrhunderts auszeichnete. Die ursprünglich einer deutschen Einwandererfamilie aus St. Louis, Missouri, entstammenden Fritz Müller und Söhne (später die Muller Brothers: Charles, Fritz Jr. und Otto) gründeten das *Bismarck Café* im Frühjahr 1908 im Anschluss an ihren Erfolg während der *Lewis and Clark Centennial Exposition* in Portland, Oregon. Dort hatten sie zusammen mit der dort ansässigen *Weinhard Brewery* vom 15. Juni bis zum 1. Oktober 1905 das deutsche Restaurant *Bismarck Café* betrieben. In San Francisco setzten sie ihre Kooperation mit der deutschstämmigen Brauerei aus Portland fort und schenkten im *Bismarck Café* ausschließlich verschiedene Sorten der Marke *Weinhard Beer* aus.

Dass sie sich dort überhaupt mit diesem Geschäftsmodell niederlassen konnten, verdankten sie wiederum den lokalen Folgen des Erdbebens und Feuers von San Francisco im April 1906: Weite Teile der Stadt waren der Naturkatastrophe zum Opfer gefallen, so auch viele der Brauereien, Hotels und Restaurants. Die Bewohner der sich im Wiederaufbau befindlichen Stadt sorgten für eine große Nachfrage an Essen und Trinken und der dazugehörigen Infrastruktur, so dass Bier aus dem pazifischen Nordwesten importiert wurde und neue Restaurants in frisch errichteten Gebäuden eröffneten.[19] Das *Pacific Building* gehörte zu diesen Neubauten. Es stand an der Ecke *Market Street* und *Fourth Street* und lag damit im zentralen Geschäftsbezirk der Stadt. Es zeichnete sich dadurch aus, dass es Büros, Dienstleistungsbetriebe sowie gastronomische Einrichtungen unter einem Dach vereinte.

Entsprechend geräumig fiel das *Bismarck Café* aus, das am 2. Mai 1908 feierlich seine Pforten öffnete. Es bot 1.500 Gästen Sitzplätze in verschieden gestalteten Räumen. Ein Bericht, der kurz nach seiner Eröffnung erschien, legt nahe, was für einen Eindruck die Gäste von der inneren Gestaltung des Raumes erhielten, wenn sie das Restaurant betraten: »The Market street entrance is down a broad marble stairway […]. The main dining room, which seats about 600 people, looks like the heraldic hall of some German schloss.«[20] Aus als deutsch tradierten Märchen entnommene Zwergenköpfe aus Stein dekorierten die tragenden Säulen des Gewölbekellers. Das Geschirr war eigens in Deutschland hergestellt worden und trug das Konterfei des Eisernen Kanzlers. Neben dem Speisesaal standen Gästen, die nach mehr Privatsphäre verlangten, logenartige Séparées zur Verfügung.[21] Aus dieser Beschreibung des Interieurs wird deutlich, wie die Restaurantbetreiber Müller ihren Gästen anhand der physischen Organisation des Raumes ein Angebot machten, sich an der Imagination deutschen Essens und deutscher Kultur zu beteiligen.



19 Pete Dunlop, Portland Beer. Crafting the Road to Beervana, Charleston 2013, S. 45; siehe auch: http://www.brewerygems.com/weinhard.htm (letzter Zugriff 30.09.2014).

20 Horatio F. Stoll, Countless Comforts and Conveniences of the New Pacific Building, San Francisco Call, 30.5.1908, S. 8.

21 Ebd.

**Abb. 1: Beefsteak Room im *Bismarck Café* (Sammlung des Autors)**

Mit der Dekoration des Hauptspeisesaals inklusive der Logen riefen sie beim Besucher die Assoziation eines deutschen Schlosses hervor – womit im Übrigen auch der 16 Jahre zuvor von Greene geäußerte Wunsch nach einem »castle with a legend« in Erfüllung ging. Von der Architektur des Gewölbes bis zur Gestaltung des Geschirrs war an jedes Detail gedacht, um eine deutsche Atmosphäre zu schaffen. Darüber hinaus richteten *Fritz Müller and Sons* ihr Angebot aber auch an eine Kundschaft, die nicht zwangsläufig deutsch war beziehungsweise sich für deutsches Essen in deutscher Atmosphäre interessierte. Wegbereiter für dieses breitere Publikum mögen Angehörige der damals aufstrebenden *middle class* gewesen sein. Sie nutzten ethnische Restaurants im kosmopolitischen San Francisco, um immer mehr in den öffentlichen Raum einzudringen – und machten auf diese Weise gegenüber der *upper class* und den von ihr frequentierten französischen Restaurants an Boden gut.[22] Diese Gruppe besaß im *Bismarck Café* die Möglichkeit, auch außerhalb des als deutsch inszenierten Hauptspeisesaals zu essen. Ihnen stand der *Beefsteak Room* zur Verfügung – »so called because here, in a typical western cowboys' cabin, you can have a thick, juicy steak quickly broiled before an immense fireplace«[23] – oder auch drei weitere speziell europäisch aufgemachte Räume: das »Dutch cafe […], a typical Holland garden on the outskirts of old Amsterdam«, das vor allem von Anwälten zum Mittagstisch aufgesucht wurde; der »Louis XIV banquet room«, den Clubs und Universitäten für ihre Bankette buchten;[24] und der »university room, embellished with

22 Andrew P. Haley, Turning the Tables. Restaurants and the Rise of the American Middle Class, 1880–1920, Chapel Hill 2011, S. 1–17.

23 Stoll, Countless Comforts.

24 UC Berkeley Senior Men's Banquet, San Francisco Call, 21.4.1909; Fifth Annual Banquet UC Berkeley College of Commerce, San Francisco Call, 4.3.1909; UC Berkeley and Stanford Reunion Dinners, San Francisco Call, 12.11.1910.

a series, of bizarre French posters, grotesque caricatures of the arts, and some amusing hits at local celebrities«.[25]

Mit diesem breitgefächerten Angebot an ihre Kundschaft, sich das *Bismarck Café* nach ihrem jeweils eigenen Geschmack anzueignen, machten *Fritz Müller and Sons* sich wiederum den Raum des Geschäftsbezirks in *downtown* San Francisco zu eigen. Damit nutzten sie strategisch die spezifischen Chancen, die ihnen die Stadt in ihrer neuen Entwicklung nach dem Erdbeben bot. Sie beteiligten sich an der Wiederbelebung der urbanen Wirtschaft, indem sie das *Bismarck Café* in den ersten Jahren äußerst erfolgreich betrieben und darüber hinaus bereits nach sechs Monaten mit dem *Mullers Café* eine zusätzliche gastronomische Einrichtung im Stadtzentrum eröffneten: »run as a businessmen's first class lunch place«.[26] Otto Müller, einer der drei Söhne, investierte sogar mit einer beträchtlichen Summe in den Bau und das Management des *New Terminal Hotel* und schuf so die dringend benötigte neue Infrastruktur, die nicht zuletzt die Gäste der *Panama Pacific International Exposition* beherbergen sollte.[27] Mit der Weltausstellung feierte San Francisco seinen Wiederaufbau und behauptete seine Stellung als Westküstenmetropole. Dass sich die Familie Müller darin erfolgreich einbrachte, bescheinigten auch Kunden des *Bismarck Café* mit ihrer zeitgenössischen Beobachtung:



> *»The success of Otto Muller and his brothers Fritz and Charles in the management of the Bismarck since the fire has been phenomenal. While other cafe proprietors were hesitating about coming into the downtown district, the Muller brothers showed their faith by going in on a large scale and were amply rewarded.«*[28]

Zusammenfassend lässt sich der Erfolg des *Bismarck Café* in erster Linie mit der kulturellen Arbeit der Familie Müller erklären, deren Leistung darin bestand, den transnationalen Raum des Restaurants sowohl als deutsch als auch als kosmopolitisch zu inszenieren. Auf diese Weise schufen sie einen Ort, an dem deutsche wie auch nicht-deutsche Bewohner San Franciscos einander begegneten, sich kulturell am ethnischen Marker ›deutsch‹ abarbeiteten und gleichzeitig kosmopolitische Referenzen – den amerikanischen Westen und das alte Europa – verarbeiteten.

Im Unterschied dazu funktionierte das *Heidelberg Inn* eher als ein Raum, in dem deutsche Ethnizität exklusiver verhandelt wurde – zwar nicht als geschlossene Gesellschaft, aber dennoch einer nicht-deutschen Kundschaft weitaus weniger entgegenkommend als das in direkter Nachbarschaft gelegene *Bismarck Café*. Auf den ersten Blick allerdings unterschied sich das *Heidelberg Inn* nur wenig vom *Bismarck Café*: Ähnlich wie *Fritz Müller and Sons* zielte der 1862 in Hannover geborene Betreiber Heinrich Ludwig (manchmal auch Henry Louis genannte) Hirsch auch darauf ab, das Theaterpublikum vor und nach den Vorstellungen abzugreifen, denn sein Restaurant lag gegenüber dem *Court Theater* in der *Ellis Street*. Dort hatte Hirsch es um 1907 eröffnet, nachdem er 1906 von San José nach San Francisco gezogen war, um sich ebenfalls am Wiederaufbau der Stadt zu beteiligen und die Möglichkeiten auszuschöpfen, die sich in diesem Prozess ergaben.[29]

25 Stoll, Countless Comforts.

26 Muller's Cafe, San Francisco Call, 29.11.1908, S. 20.

27 Insurance Building to Be in Classic Style, San Francisco Call, 1.7.1911, S. 18.

28 New Terminal Hotel Credit to Ferry District, San Francisco Call, 31.12.1910, S. 9.

29 »Henry Ludwig Hirsch«, Passport Application, 7.3.1910, National Archives and Records Administration (NARA), Washington, DC, Passport Applications, January 2, 1906–March 31, 1925; Collection Number: ARC Identifier 583830/MLR Number A1 534; NARA Series: M1490, Roll 103.

**Abb. 2: Speisekarte des *Heidelberg Inn,* 1912 (California Menu Collection, California Historical Society, San Francisco)**

Auch in der Gestaltung des Interieurs sind Parallelen zwischen den beiden Restaurants zu finden, wie aus dem Vorwort der Speisekarte von 1912 hervorgeht. In dieser Begrüßung wandte sich Hirsch an seine Gäste und erklärte ihnen neben kulinarischem Angebot und Unterhaltungsprogramm auch die räumliche Aufteilung des *Heidelberg Inn*. Wie schon das *Bismarck Café* kam auch das *Heidelberg Inn* nicht ohne den Verweis auf das »Fatherland« aus, in das man sich durch das Restaurant versetzt fühlte. Im Unterschied zum ehemaligen Reichskanzler fungierte hier die Stadt Heidelberg als primäre Referenz – als romantischer Sehnsuchtsort, repräsentiert durch Malereien des »Heidelberg Student« und der »Beer Maid« in ihren pittoresken traditionellen Trachten sowie ein gläsernes Mosaik des »Old Heidelberg« Schloss, »this most beautiful of all castles«, die das Publikum am Eingang auf das Dekor im Inneren einstimmten.[30]

Die Treppe hinunter fanden sich mehrere Bereiche, die alle thematisch auf Deutschland abgestimmt waren, und zwar anhand von regionalen Bezügen, Zitaten aus deutscher Literatur und Charakteristiken deutscher Esskultur: Séparées in der »section reserved for ladies« waren nach deutschen Städten benannt und dekoriert »with a series of paintings portraying the history of wine culture«, während der Hauptspeisesaal eingefasst war von einer Bar und Kabinen, die »arms of the various German States« und »verses by the German poets« zierten. Ein »Old German Wine Room« rundete die räumlich gestaltete »coziness, its distinctly German atmosphere« ab. Hirsch benutzte also die gleiche Strategie wie *Fritz Müller and Sons*: Durch die physische Organisation des Raumes im eigentlichen Restaurant sollten die Gäste angeregt werden, ein Heidelberg – und im weiteren Sinne auch ein Deutschland – zu imaginieren.

Die Art und Weise, in der sich die Gäste den Raum des *Heidelberg Inn* aneigneten, verdeutlicht jedoch die Unterschiede zum *Bismarck Café*. Hirsch konnte womöglich durch sein Engagement innerhalb der deutschen Vereinslandschaft San Franciscos viele deutsche Gäste im *Heidelberg Inn*

30 »Bill of Fare«, Heidelberg Inn, San Francisco, California, 1912, California Historical Society, California Menu Collection. Soweit nicht anders angegeben, stammen alle folgenden Zitate aus dieser Speisekarte.

**Abb. 3: *Heidelberg Inn* (Sammlung des Autors)**

begrüßen. Mit seiner ehrenamtlichen Tätigkeit beispielsweise in der *Harmonie Singing Society*[31] oder im San Francisco Schwaben Verein, mit dem er 1912 eine kalifornische Version des Cannstadter Volksfestes organisierte,[32] erschloss er sich für den erfolgreichen Betrieb seines Restaurants wichtige Netzwerke innerhalb der verschiedenen Gruppen deutscher Einwanderer. In der öffentlichen Wahrnehmung galt sein Restaurant auch als deutscher als beispielsweise das *Bismarck Café*.

Einen Hinweis auf die eher deutsche Zusammensetzung der Gäste gab der Anwalt Clarence Edwords in seinem 1914 erschienenen Überblick über die Restaurant-Landschaft San Franciscos. Sein *Bohemian San Francisco. Its Restaurants and Their Most Famous Recipes* eröffnet darüber hinaus den Blick auf die Perspektive eines nicht-deutschen Besuchers im *Heidelberg Inn* und lässt nachvollziehen, wie das Restaurant auf ihn gewirkt hat. Als *Bohemien* – also als eine Art freiwilliger Außenseiter im frühen 20. Jahrhundert – würde man hier vor allem von anderen Besuchern in Ruhe gelassen: »[H]ere everybody attends strictly to his or her own party.«[33] Deswegen könne man die Kameradschaft seiner Begleitung genießen. Für sich zu sein verband er mit dem Ort, an dem Deutsche in San Francisco ebenfalls ungestört und unter sich sein wollten: »genuine, whole-souled companionship found only where German families are accustomed to congregate to seek relaxation from the toil and worry of the day«. Die Kellner Heine und August würden sich aufmerksam, aber nicht aufdringlich um die Gäste kümmern, und die Kundschaft bestünde hauptsächlich aus deutschen Familien: »from Grossfader and Grossmutter, down to the newest grandchild, sitting and enjoying their beer and listening to such music as can be heard nowhere

31 Aero Club Has Fun at Dinner. Members of Harmonie Singing Society Are Now Real Aviators, San Francisco Chronicle, 10.3.1909, S. 7.

32 Harvest Festival to Be Held by Germans, San Francisco Call, 21.9.1912, S. 10.

33 Clarence E. Edwords, Bohemian San Francisco. Its Restaurants and Their Most Famous Recipes. The Elegant Art of Dining, San Francisco 1914, S. 46–49. Soweit nicht anders angegeben, entstammen alle weiteren Zitate dieser Textstelle.

else in San Francisco, as they eat their sandwiches of limburger, or more dainty dishes according to their tastes«. Edwords selbstgewählte soziale Marginalisierung als *Bohemien* überlappte sich in seiner Wahrnehmung mit der Art und Weise, wie deutsche Familien in San Francisco sich den Raum des *Heidelberg Inn* aneigneten, um sich vom kosmopolitischen Mainstream der Stadt zu isolieren.

Als das *Bismarck Café* im Laufe des Jahres 1911 Pleite ging und die *Muller Bros* sich danach ganz auf die *Panama Pacific International Exhibition* von 1915 konzentrierten, auf der sie das deutsche Restaurant *Alt Nürnberg* betrieben, übernahm Hirsch ihr Restaurant, ließ es renovieren und eröffnete es 1912 neu unter dem Namen *Hof Bräu*.[34] Bis 1917, als sich die Spur des *Heidelberg Inn* verliert, bespielte Hirsch also zwei deutsche Restaurants in direkter Nachbarschaft zueinander. Möglicherweise gab ihm der Besitz zweier Restaurants die Freiheit, verschiedene Betriebsmodelle zu praktizieren – jedenfalls setzte er mit seiner Aneignung des Raumes, an dem sich das *Bismarck Café* befunden hatte, den kosmopolitischen Charakter des Restaurants fort. Neben einer Kopie des berühmten Hofbräuhauses in München, die den Hauptspeisesaal einnahm, ließ er amerikanische Referenzen einbauen: So fanden sich an Stelle der »German states« an den Séparées des *Bismarck Café* nun »private dining rooms bearing the names of the different states of the union«; der alte, eher europäisch angehauchte »university room« war, möglicherweise aufgrund der Nutzung durch Berkeley und Stanford, zum »college room« deklariert worden, »complete with all effects«; einzig der »Beefsteak room« wurde nun »Bauern-Stauble« (d. h. Bauernstube) genannt.[35]



Diese kulturelle Offenheit zahlte sich aus, als sich alles, was in der amerikanischen Öffentlichkeit als deutsch wahrgenommen wurde, im Zuge des Eintritts der USA in den Ersten Weltkrieg anti-deutschen Ressentiments ausgesetzt sah.[36] Während das *Heidelberg Inn* seine Pforten schließen musste, benannte Hirsch das ihm verbleibende Restaurant ein weiteres Mal um. Dabei wandte er eine ähnliche Taktik an wie die deutschen Vereine in San Francisco, die das 1912 eröffnete Deutsche Haus in *California Hall* umtauften. Hirsch entschied sich für den Namen *States Restaurant* und konnte den Betrieb zusammen mit seinem Sohn, an den er das Management abgab, bis in die 1930er Jahre hinein aufrechterhalten.[37] Hierzu waren nur unwesentliche Änderungen notwendig: Neben dem sich anbietenden Namenswechsel – die nach den Bundesstaaten benannten Séparées gaben hier offensichtlich den Ausschlag – passte Ludwig Hirsch eigentlich nur ihr Marketing an. Er schaltete beispielsweise großformatige Anzeigen in den Tageszeitungen, in denen er seine Loyalität zu den Vereinigten Staaten zum Ausdruck brachte und diese dadurch unterstrich, dass er *liberty bonds* kaufte, um den Krieg gegen Deutschland finanziell zu unterstützen. Auch ordnete er explizit an, dass im *States Restaurant* fortan ausschließlich Englisch zu sprechen sei, »the language of our country«.[38] Sein deutscher Hintergrund gereichte ihm selbst dann nicht zum Nachteil, als er wegen eines Verstoßes gegen die Rationierungsauflagen der *United States Food Administration* zu einer Anhörung vorgeladen wurde. Im Gegenteil – der Vorsitzende der Kommission bezeichnete ihn als »man of brains« im Gegensatz zu den »Greeks and Italians up

34 Hof Brau Transported to the Retail Disctrict, San Francisco Call, 3.11.1912, S. 42; New Cafe to Be Opened to the Public Tonight, San Francisco Call, 2.10.1912.

35 The Picturesque Hofbrau, San Francisco Call, 10.11.1912, S. 42.

36 Elliott Robert Barkan, From All Points. America's Immigrant West, 1870s-1952, Bloomington 2007. An der Westküste äußerten sich diese Ressentiments jedoch weniger heftig und weniger konzertiert, ebd., S. 206.

37 Henry Ludwig Hirsch kehrte letztendlich nach Hannover zurück, wo er 1927 verstarb. Das *States Restaurant* meldete im April 1934 Insolvenz an und wurde im Januar 1936 geschlossen.

38 Louis Henry Hirsch, Some People Have Questioned the Loyalty of the States Restaurant Because It Had a German Name, San Francisco Chronicle, 19.5.1918, S. 8.

here who didn't know« – die also nicht wüssten, wie man ein Restaurant den staatlichen Regulierungen entsprechend betreiben würde.[39]

Die Art und Weise, wie Hirsch das *States Restaurant* in dieser Zeit führte, brachte ihm 1921 großes – wenn auch nostalgisches – Lob ein: »[W]e still have the States as a relic of the old Bohemia so representative of the golden age of San Francisco«; das Restaurant, so hieß es weiter, sei »one of the most universally and distinctive American restaurants on the continent« und zeichne sich durch den »cosmopolitan character of the states clientele« aus.[40] Auf lange Sicht hatte sich also dasjenige der beiden als deutsch geführten Restaurants behaupten können, das seinen Gästen einen offenen Raum zur Aneignung angeboten hatte. Dass das *States Restaurant* in diesem Prozess wegen seines kosmopolitischen Charakters auch als amerikanisches Restaurant und als typisch für San Francisco wahrgenommen wurde, verdeutlicht einmal mehr die fließenden Grenzen von kulturellen Konstrukten wie Nation und Ethnizität.



## Zwischen »Star-Spangled Banner« und »Wacht am Rhein«: Musik und Unterhaltung

Veranlasste schon die Gestaltung des Interieurs der beiden Restaurants die Gäste dazu, sich nach Deutschland versetzt zu fühlen, so verstärkte das charakteristische Unterhaltungsprogramm diese Anreize. Sowohl im *Bismarck Café* sowie in seinen Nachfolgern, dem *Hof Bräu* und dem *States Restaurant*, als auch im *Heidelberg Inn* sorgten Orchester und Tanzkapellen für die Musik zum Essen. Im *Bismarck Café* wartete ein Orchester mit Opernnummern und Tanzmusik unter der Leitung eines ungarisch-österreichischen Dirigenten auf.[41] Die klassischen Programme boten den Gästen Anlass, sich über den Atlantik hinweg in die Gemeinschaft deutscher Musik hinein zu imaginieren, die insbesondere im 19. Jahrhundert zunehmend eine nationalisierende Funktion übernommen hatte. Als Publikum nahmen die Gäste in beiden Restaurants an dieser tendenziell großdeutschen Gemeinschaft teil und erweiterten sie um eine deutsche Komponente am Pazifik.[42] Zu speziellen Anlässen organisierte Otto Müller die Feiern sogar selbst. Im April 1911 beispielsweise lud er zusammen mit Vorstandsmitgliedern deutscher Vereine in der Stadt zum 98. Geburtstag des »Altreichs-Kanzlers Fürsten Otto von Bismarck« ein.[43] Damit bereiteten sie den Weg für spätere Feiern für Kaiser Wilhelm II. und Kaiser Franz-Joseph, die im Deutschen Haus stattfanden.

Der kosmopolitische Charakter des *Bismarck Café* trat vor allem dann besonders hervor, wenn Fritz Müller und Söhne zu Festlichkeiten einluden, die weder religiös noch national geprägt waren. Zum Silvesterabend 1908 versammelten sich beispielsweise mehr als eintausend wohlsituierte Bürger San Franciscos im *Bismarck Café*, um das neue Jahr 1909 zu feiern: »Business and profes-

39 »Transcript of Enforcement Hearing: Hofbrau (States Restaurant)«, 10.5.1918. NARA, The National Archives at San Francisco. RG 4, Records of the Food Administration. California Food Administration. Enforcement Division. Enforcement Records 1918, Box 1, Folder 1, S. 19.

40 The Who What and Why of Industrial San Francisco, San Francisco Chronicle, 1.3.1921.

41 California Demokrat, 1.6.1910. Das deutet darauf hin, dass im Grunde unter ›deutsch‹ in San Francisco alle deutschsprachigen Gebiete in Europa verstanden wurden.

42 Celia Applegate/Pamela Potter, Germans as the «People of Music«. Genealogy and Identity, in: dies. (Hg.), Music and German National Identity, S. 1–35. Zum Konzept der imaginierten Gemeinschaft siehe Benedict Anderson, Imagined Communities. Reflections on the Origins and Spread of Nationalism, London 1983.

43 F. Hagemann/Max Magnus/Robert Wienecke/H. Danker/H. Kaufmann/Otto Müller, »Einladung zur Feier des 98ten Geburtstages des Altreichs-Kanzlers Fürsten Otto von Bismarck«, San Francisco 1911, California Historical Society, BUS EPH. Mit ihrer Feier waren er und seine konservativ-nostalgischen deutschen Kunden jedoch zwei Jahre zu früh dran: Bismarck wurde 1815 geboren.

sional men, actors, miners, magnates, millionaires and successful men in all fields of endeavor were the hosts, and parties of friends – as many as 25 in some cases – were seated together, with wine the order of the evening.«[44] Der *San Francisco Call* druckte sogar eine Liste mit den Personen ab, die hier feierten. Sie veranschaulicht die Prominenz und bunte Zusammensetzung des Publikums: Neben Vertretern von Institutionen wie dem Deutschen Konsulat und der *Union Iron Works* waren Mitglieder der angesehenen jüdischen Familien Lilienthal, Sutro und Levy anwesend, der Drucker Louis Roesch (der unter anderem die Speisekarte des *Bismarck Café* produziert hatte) sowie die eher irisch und englisch klingenden Familien Fitzgibbon, Murray und Wilson. Sie alle wurden kurz vor Mitternacht von der durch das Programm führenden Sängerin im »Stars-and-Stripes«-Kleid überrascht und stimmten dann alle zusammen das »Star Spangled Banner« an, mit dem sie die Sängerin und das Orchester sogar übertönten.[45]



Im *Heidelberg Inn* spielte nicht nur regelmäßig ein Orchester »the best of music, both classical and popular«, sondern die Besonderheit bestand auch in der direkten Interaktion mit dem Publikum, das einem (angeblichen) Jägerhütten-Brauch folgte: »Over the ›Stammtisch‹, you will see suspended a huge, old knife, from which hang a number of bells of varying size. This is a hunting lodge custom, guests frequently sounding the bells in appreciation of the music, which is a feature of the ›Heidelberg Inn‹.« Der Usus, jedes Mal einen Löwen brüllen zu lassen, wenn ein neues Fass angestochen wurde, mag ebenso zum besonderen Charakter des *Heidelberg Inn* beigetragen haben. Diese beiden Bräuche – gleichgültig, ob sie tatsächlichen Praktiken in Deutschland entsprachen oder lediglich als neue Tradition erfunden worden waren – hatten erheblichen Anteil am Prozess der Imagination in eine Gemeinschaft von Deutschen, die über San Francisco hinausging und sich auf Deutschland oder sogar direkt auf das Deutsche Reich bezog.

So berichtete Edwords, wenn er im *Heidelberg Inn* einkehre, dann fühle er sich wie im Alt-Heidelberger Ratskeller, was insbesondere am Dekor und an der Musik läge: »[W]hen the martial strains of ›Die Wacht am Rhein‹ are heard from the orchestra […] the true camaraderie of the place is appreciated, for then guests, waiters, barkeepers, and even the eagle-eyed, gray-haired manager, join in the swelling chorus.« Ob Edwords' Beobachtung nun übertrieben ist oder nicht – sie verdeutlicht, wie die Akteure im *Heidelberg Inn* nach seiner Ansicht gemeinsam an einer Atmosphäre arbeiteten, die er als typisch deutsch bezeichnete. Der Kontrast zwischen der »Wacht am Rhein« und dem »Star Spangled Banner« bringt den Unterschied zwischen dem *Heidelberg Inn* und dem *Bismarck Café* im Hinblick auf das Unterhaltungsprogramm auf den Punkt. Im *Heidelberg Inn* produzierten Akteure den ethnischen Marker deutsch ausgrenzend und mit militärisch-patriotischem Stolz, während die Akteure im *Bismarck Café* gemeinsam deutsche und amerikanische Kultur miteinander vermischten.

## »Esst, trinkt und seid fröhlich!« Soziale Interaktion und das Konsumieren von Speisen

Unter dem oben zitierten Motto forderte Hirsch sein Klientel im *Heidelberg Inn* auf, sein kulinarisches Angebot zu genießen und sich der Hauptsache im Restaurant zuzuwenden: dem Essen. Das Essen involvierte nicht nur den Akteur Hirsch als seine Produkte anpreisenden Betreiber auf der einen Seite und die konsumierenden Kunden auf der anderen Seite, sondern ebenso Köche, die Speisen zubereiteten, und in der Regel Kellner, die als Schnittstelle zwischen allen drei genannten Akteuren fungierten: Sie berieten ihre Gäste, übersetzten, oder sprachen Empfehlungen aus; in

44 Holiday Throng Jams Big Hotels and Cafes, San Francisco Call, 1.1.1909, S. 11.
45 Ebd. Zur amerikanischen Nationalhymne erklärt wurde das Lied im Übrigen erst 1931.

dieser Hinsicht wirkten sie als verlängerter Arm des Managements, um alle Kunden zufrieden stellen zu können. Sie repräsentierten aber auch das quasi-öffentliche Gesicht des Chefkochs im Restaurant, wenn sie die bestellten und zubereiteten Speisen servierten. Schließlich standen sie an der Grenze zum Raum der Küche auch für die Bedürfnisse und Wünsche der Gäste ein. Die kulturelle Arbeit der Kellner war mit den meisten Interaktionen im Restaurant verbunden – und sie bewegten sich in einer Konstellation, die nicht selten ein gewisses Potential für Missverständnisse (siehe Greenes *Amorita*-Anekdote) oder sogar Konflikte barg.

Die Speisekarte diente ihnen als wichtigstes Objekt zur Beschreibung und Vermarktung der Speisen und Getränke. Anhand der dort aufgelisteten und oftmals auch grafisch nachempfundenen Spezialitäten des Hauses kommunizierten sie – an Stelle der Betreiber – mit ihren Kunden, die auf Basis der Texte, Bilder und ihren Beratungen die Auswahl für ihre Bestellungen trafen. Die Gäste versahen die verschiedenen Gerichte und Getränke auf Basis dieser Interaktion mit individuellen Bedeutungen. Diese bewegten sich je nach Herkunft, Biografie und Erfahrung sowie dem Austausch zwischen Kellner und Kunde in einem Spektrum zwischen der Suche nach einer Art kulinarischer Heimat und dem Erkunden des Anderen. Beide Pole stellten ein situatives (im Moment des Konsums am Ort Restaurant) Ergebnis kultureller Arbeit dar, mit dem Akteure sowohl Heimat als auch das Andere konstruierten – und im nächsten Moment wieder überarbeiten konnten.

Im *Bismarck Café* waren die sogenannten *Bismarck Specialties* erst ab 18 Uhr im Angebot und richteten sich demnach nicht an die Laufkundschaft aus dem Geschäftsviertel im und um das *Pacific Building*, die das Restaurant zum *business lunch*[46] aufsuchte, sondern an diejenigen, die vor oder nach den Vorstellungen der nahegelegenen Theater zum Abendessen kamen. Damit trug das Restaurant nicht nur zur Wiederbelebung des Stadtzentrums nach dem Erdbeben bei, sondern auch zum Aufkommen der modernen Konsumgesellschaft. Ein zeitgenössischer Beobachter schrieb 1908:

> *»I was surprised to find the main cafe comfortably filled about 11 o'clock and a half hour later the scene was a brilliant one. The women were elaborately gowned and the majority of the men were in evening clothes. It reminded one of the good old days before the fire when the Cafe Zinkand was at the height of its popularity.«*[47]

Dem abendlichen Publikum stand eine ähnlich eklektische Zusammenstellung an Speisen zur Auswahl, wie sie Greene bereits 1892 in einem namentlich nicht genannten Restaurant vorgefunden hatte: »Hungarian Beef Goulash with Spätzle«, »Hamburger Rauchfleisch, Deutsche Schnittbohnen« und »Paprika Chicken with Rice« lockten norddeutsche und mitteleuropäische Gaumen an. Es fanden sich regional markierte Speisen wie »Wiener Backhuhn, Compote, with Lettuce Salad«, »Kassler Rippchen mit Sauerkraut« und »Westphalian Ham with Asparagus à la Vinaigrette« ebenso wie die nationalen »Deutscher Sauerbraten with Potato Pancake« und »German Pancake with Apple Sauce or Lettuce«. *Fritz Müller and Sons* gaben sich keine Mühe, das Deutsche zu übersetzen, wenn es zu speziell war. Möglicherweise hätten Übersetzungen diejenigen Kunden, die des Deutschen nicht mächtig waren und sich mit kulinarischen Eigenheiten aus Deutschland nicht auskannten, auch eher abgeschreckt als neugierig gemacht auf eine deutsche Spezialität. Ähnlich wie in Greenes Fall spielten Sprache und Kommunikation eine zentrale Rolle. Kenner der Küche – darunter Deutsche, die das Essen von zu Hause kannten, ebenso wie *Connaisseurs* der weit verbreiteten ethnischen Küche in San Francisco[48] – bestellten nach Gusto und fanden auf der

46 Popular Lunch: Bismarck Cafe, San Francisco Call, 13.4.1910, S. 9.
47 Stoll, Countless Comforts.
48 Erica J. Peters, San Francisco. A Food Biography, Lanham 2013.

Bismarck Specialties

Served After 6:00 P. M.

Sunday

Feinster Beluga Malosal Caviar ..... $1.25
Escalloped Capon à la Bismarck in Chafing Dish ..... 1.00
Indianer Krapfen (Dessert) ..... .10

Monday

Hungarian Beef Goulash with Spätzle ..... .40
Hamburger Rauchfleisch, Deutsche Schnittbohnen ..... .40
Paprika Chicken with Rice ..... .60

Tuesday

Suckling Pig with Mashed Potatoes and Apple Sauce ..... .40
Gedämpfte Rinderbrust en Casserole ..... .65
Wiener Backhuhn, Compote, with Lettuce Salad ..... .75

Wednesday

Kassler Rippchen mit Sauerkraut ..... .50
Kalbsnierenbraten mit Rice ..... .50
Duckling, Stewed Prunes and Mixed Salad ..... .75

Thursday

Rinderbrust, Horseradish Sauce, Bouillon Potatoes ..... .40
Veal Fricassée with Noodles ..... .35
Roast Jumbo Squab, Currant Jelly ..... .65

Friday

Deutscher Sauerbraten with Potato Pancake ..... .40
Calf's Head à la Vinaigrette or en Tortue ..... .35
German Pancake with Apple Sauce or Lettuce ..... .40

Saturday

Pig's Knuckle with Mashed Potatoes and Sauerkraut ..... .35
Junges Hühnchen Stuffed, Cherry Compote ..... .75
Westphalian Ham with Asparagus à la Vinaigrette ..... .60

**Abb. 4: Speisekarte *Bismarck Café,* 1908 (California Menu Collection, California Historical Society, San Francisco).**

Karte auch Gerichte, die außer durch die Sprache nicht national oder regional markiert waren: »Pig's Knuckle with Mashed Potatoes and Sauerkraut«, »Kalbsnierenbraten mit Rice« oder »Gedämpfte Rinderbrust en Casserole«.[49] Neulinge hingegen mussten sich die Speisekarte erklären

49 Alle Zitate aus der Speisekarte sind entnommen aus: »Bismarck Café and Catering Co., San Francisco, Bill of Fare and Wine List«, San Francisco: L. Roesch Co., 1908. California Historical Society, California Menu Collection.

lassen, sofern sie überhaupt an diesen Gerichten interessiert waren, wobei entweder die Kellner, die Tischnachbarn oder die Begleitung helfen konnten. Die Interaktion mit dem Essen setzte also eine Interaktion mit seiner Vermarktung und Erklärung voraus.

Allerdings beschränkten sich *Fritz Müller and Sons* mit ihrer kulturellen Arbeit im *Bismarck Café* nicht allein auf die Konstruktion einer deutschen *cuisine* für Einwanderer aus Deutschland. Neben den als deutsch präsentierten Gerichten fanden Besucher ein wohl als anglo-amerikanische Küche zu bezeichnendes Angebot, das aus »Beefsteak«, »Lobster«, »Pork Chops« und »Lamb Chops« bestand.[50] Falls ihnen also die Auswahl an deutschen Speisen suspekt gewesen sein sollte, so hätten sie auf diese etablierten und wohlbekannten Gerichte zurückgreifen können.

Auch Hirsch bot im *Heidelberg Inn* sowohl deutsche wie amerikanische Speisen an. Die deutschen listete er als »Heidelberg Specials« auf, wobei er die Gerichte selbst ausschließlich auf Deutsch bezeichnete und auf Englisch lediglich zwischen Mittag und »Evenings« unterschied. Wer also des Deutschen nicht mächtig war, benötigte Hilfestellung – und zwar noch mehr als im *Bismarck Café*, das immerhin einen Teil seiner Spezialitäten auf Englisch anpries. Das Angebot im *Heidelberg Inn* beschränkte sich nicht auf eine Küche, die man mit dem Süden Deutschlands in Verbindung bringen sollte, sondern es beinhaltete neben »Spanferkel, Apfelmus« und »Geröstete[m] Eisbein, Kartoffelsalat« eben auch »Hamburger Rauchfleisch, Erbsen Purée«, »Kasseler Rippchen, Wein-Kohl« und »Frische Blut- und Leberwurst, Sauerkraut« sowie die möglicherweise koscheren »Gefüllter Fisch, Rosinen-Sauce« und »Sauerbraten, Kartoffelpfannkuchen«. Darüber hinaus forderte er seine Kundschaft sogar dazu auf, sich das eigene Lieblingsessen zu wünschen: »Die hochwohllöblichen Gäste mögen sich nicht genieren dem Wirthe etwaige Wünsche für Leibgerichte kundzuthun.« Auf diese Weise ließ er ein amerikanisches Publikum zwar nicht unbedingt außen vor, doch es war offensichtlich, dass er mit dieser Praxis vor allem auf die Interaktion mit dem deutschen Publikum abzielte.



Zubereitet und serviert wurden diese Speisen in beiden Restaurants in erster Linie von Köchen und Kellnern, die aus Deutschland eingewandert waren. In Zeitungsberichten über das *Bismarck Café* und dessen Mitarbeiter finden sich Namen wie Fritz Schiller,[51] Herman Reuder und Otto Recke,[52] Max Schneider[53] und Gustave Gottlieb.[54] Theodor M. Kniesche, der Ende des 19. Jahrhunderts aus Naumburg nach San Francisco ausgewandert war und 1908 als Kellner im *Bismarck Café* arbeitete, erzählte in einem Zeitzeugeninterview aus dem Jahr 1976 davon, wie sich das Restaurant neben seinen Spezialitäten insbesondere durch seine Bäckerei und das gute Brot von anderen Etablissements absetzte.[55] Mit ihren Tätigkeiten in der Küche legten die Köche sowohl den Grundstock für die kulturelle Arbeit, die sie selbst mit ihrer *cuisine* verrichteten, als auch für jene, die Kellner und Kunden am Tisch leisteten: Sie organisierten und takteten Arbeitsabläufe für ver-

50 »Bismarck Café and Catering Co., San Francisco, Bill of Fare and Wine List«.

51 Stabbed with Fork, San Francisco Call, 25.2.1909, S. 3.

52 Cook Attacks Manager, Bismarck Cafe, San Francisco Call, 12.5.1908, S. 5.

53 Will Intercept Express Package, San Francisco Chronicle, 12.3.1909, S. 18.

54 Tall and Short Robbers Active, San Francisco Chronicle, 20.6.1909, S. 58. Zwar erzählen diese Berichte weniger vom eigentlichen Geschehen des Kochens und Servierens, aber sie erlauben einen Einblick in alltägliche Situationen im Restaurant, aus denen Konflikte zwischen den Akteuren entstehen konnten. Anlass dazu gaben beispielsweise Unstimmigkeiten zwischen Servierer und Koch bezüglich der aufgegebenen Bestellung, Langsamkeit im hektischen Betrieb der Küche, oder Unzufriedenheit mit den Leistungen des Kochs und dessen anschließende Kündigung.

55 T. Max Kniesche, »Schroeder's Cafe and the German Restaurant Tradition in San Francisco, 1907–1976«, interview by Ruth Teiser, Transskription, 1976, Regional Oral History Office, The Bancroft Library, Berkeley, CA, BANC MSS 81/122 c v.I, S. 45.

schiedene Arten der Zubereitung, für die sie wiederum die besonderen Fertigkeiten ihrer Profession einsetzten. Marinieren und Garen – für Gulasch und Sauerbraten – beanspruchten mehr Zeit als Frittieren, Backen und Einkochen – wie beispielsweise für das Backhuhn und das Kompott. Wenn sie Rauchfleisch, Kassler, Blut- und Leberwurst herstellten, nutzten sie die Küche über mehrere Tage hinweg wie eine Werkstatt. Sie pökelten und räucherten Schweine- und Rindfleisch auf verschiedene Weisen und kochten Schweineblut sowie Leber zusammen mit anderen Schlachtabfällen. Darüber hinaus brieten sie Steaks, garnierten Salate und belegten Sandwiches – alles, um den gewünschten ›deutschen‹ (oder eben einen distinkt anderen) Geschmack ihrer Gäste zu treffen.

Hirsch warb auf seiner Speisekarte sogar damit, im *Heidelberg Inn* ein »reliable corps of German waiters« zu beschäftigen, zusätzlich zu deutschen Köchen. Aus der Quellenlage lässt sich das allerdings nur bruchstückhaft erschließen. Bekannt ist, dass ein Henry Scheiler im *Heidelberg Inn* kochte[56] und ein Gustav Wildt zu den Kellnern gehörte.[57] Nachforschungen bei Nachkommen des aus dem Breisgau zuerst nach St. Louis und anschließend nach San Francisco ausgewanderten Adolph Delabar haben des Weiteren ergeben, dass selbiger als Kellner bei Hirsch angestellt war und sich bis zum *beverage director* hocharbeitete.[58] Neben der kulturellen Arbeit, die diese Akteure in ihren Interaktionen mit den Kunden leisteten, fungierten sie als integraler Bestandteil in der kulturellen Arbeit der Gastronomen, die sie aufgrund ihrer deutschen Herkunft einsetzten, um ihr Restaurant auch in Bezug auf die angebotenen Serviceleistungen als deutsch zu inszenieren.



## Schlussbetrachtung

Die beiden deutschen Restaurants *Heidelberg Inn* und *Bismarck Café* funktionierten im San Francisco des frühen 20. Jahrhunderts als transnationale Räume, in denen deutsche wie nicht-deutsche Akteure einander begegneten. Als Gastronom, Koch, Kellner oder Gast eigneten sie sich den Raum in ihren Interaktionen auf individuelle Art und Weise an. Mit ihren jeweiligen Praktiken leisteten sie dabei kulturelle Arbeit am ethnischen Marker ›deutsch‹: durch die Organisation und Dekoration der Innenräume, ein deutsches Unterhaltungsprogramm, die Anstellung deutschen Personals sowie das Angebot an als deutsch inszenierten Speisen; durch die Zubereitung dieser Speisen; durch das Servieren, Beraten und Kommunizieren; und schließlich durch das Wahrnehmen, Imaginieren und Interpretieren im Prozess des Konsumierens.

Während die Bedeutung der Arbeitspraktiken – Restaurantbetreiber und ihre Angestellten kümmerten sich um ihre wohldefinierten Aufgaben – auf der Hand liegt, so mag es ungewöhnlich erscheinen, kulinarisches Konsumieren und Genießen als Arbeit zu bezeichnen. Hier setzt das Konzept der kulturellen Arbeit an, komplementär verstanden als Arbeit der Bedeutungspraxis: Gäste setzten sich aktiv mit dem Angebot auseinander und interpretierten es, wobei sie durch Dekor, Musik und Beratung noch zusätzliche Impulse bekamen.

In den beiden untersuchten Restaurants fand diese Arbeit auch als ein fortwährendes Definieren von Grenzen statt: zwischen deutsch und amerikanisch, zwischen eigen und fremd. Im *Heidelberg Inn* versammelten sich überwiegend Akteure, die an einer eher exklusiven, patriotischen und isolationistischen Ausprägung deutscher Ethnizität arbeiteten – wenn sie nicht gerade diesem Prozess fasziniert zuschauten, wie Edwords es tat. Im Gegensatz dazu förderte das *Bismarck Café* kosmopolitische Praktiken, zog also ein vorwiegend gemischtes Publikum an, das gemeinsam an der dort inszenierten deutschen Kultur teilhaben konnte.

56 Edwords, Bohemian San Francisco, S. 46–49.
57 Gustav H. Wild, San Francisco Chronicle, 10.2.1918, S. 1.
58 Interview mit Kent Williams, Berkeley, CA, 15.3.2014.

■ Tilmann Siebeneichner

# Grenzenlose Gewalt. Britische Söldner im Bürgerkrieg in Angola

»Interesting work abroad« versprach eine Anzeige, die im Mai 1975 im *Daily Mirror* um »Ex-Commandos, paratroopers, SAS troopers« warb. Einige Monate später brach eine ganze Reihe von ehemaligen Angehörigen dieser Eliteverbände der britischen Armee nach Afrika auf, um im bürgerkriegszerrütteten Angola der in der Anzeige in Aussicht gestellten »interessanten Arbeit« nachzugehen. Was folgte, war ein ebenso kurzer wie blutiger Einsatz auf Seiten der pro-westlichen *Frente Nacional para a Libertacao de Angola* (FLNA), der zu den bekanntesten Söldnereinsätzen nach 1945 zählt und als geradezu symptomatisch für die Brutalität und Unberechenbarkeit gilt, die diesem Kriegertypus gemeinhin zugeschrieben wird. 

Stellten Söldner lange Zeit nur eine Randerscheinung moderner Armeen dar, hat vor allem ihr Einsatz im globalen *War on Terror* seit 2001 dazu geführt, dass sich auch die Wissenschaft wieder vermehrt diesem Kriegertypus zuwendet.[1] Wer diese zumeist – und insbesondere infolge ihres Einsatzes in Angola – übel beleumdeten Kriegsarbeiter sind, ist bisher allerdings kaum untersucht worden.[2] Die Rekonstruktion ihrer Herkunft, Motive und Handlungsmuster eröffnet aber insbesondere in historischer Perspektive Einblicke in den Alltag internationaler Verflechtungsprozesse, die weniger auf Konvergenz denn auf Konflikthaftigkeit fokussieren. Dabei steht der Transfer von Akteuren, Ideen und Praktiken zwischen unterschiedlichen gewaltausübenden Institutionen und Organisationen im Mittelpunkt,[3] der nicht zuletzt die Frage aufwirft, wie die Söldner selbst ihre Gewalt-Tätigkeit wahrnehmen und rechtfertigen.

Die moderne »Wiedergeburt des Söldnerwesens« fällt mit den Dekolonisierungskonflikten der 1960er Jahre, insbesondere in Afrika, zusammen;[4] auch der Einsatz britischer Söldner im angolanischen Bürgerkrieg gehört in diesen Kontext. Er generierte nicht zuletzt deshalb so große Aufmerksamkeit, weil es dem mit der FLNA rivalisierenden, marxistisch orientierten *Movimento Popular de Libertacao de Angola* (MPLA) gelang, 13 von ihnen gefangen zu nehmen und den Prozess zu machen. Diese Gerichtsverhandlung, die vom 13. Juni bis zum 11. Juli 1976 in Angolas

1 Die bekannteste Söldnereinheit der Moderne ist wohl die 1831 gegründete, französische Fremdenlegion, die bis heute existiert; vgl. dazu Christian Koller, Die Fremdenlegion. Kolonialismus, Söldnertum, Gewalt 1831–1962, Paderborn 2014; auch Spanien verfügte lange Zeit über eine vergleichbare Einheit; inwieweit etwa die Freiwilligen des Spanischen Bürgerkrieges oder die multiethnischen Einheiten der Waffen-SS im Zweiten Weltkrieg als Söldner zu bezeichnen wären, ist in der Forschung weiterhin umstritten; vgl. David Malet, Foreign Fighters. Transnational Identity in Civil Conflicts, Oxford 2013.

2 Marcel van Linden weist darauf hin: »the English word ›mercenary‹ is derived from the Latin mercenaries, which literally meant no more than ›a hireling‹, that is, someone who is paid for his work«, Preface, in: Erik-Jan Zürcher (Hg.), Fighting for a Living. A Comparative History of Military Labour 1500–2000, Amsterdam 2013, S. 9f., hier S.10.

3 Vgl. Robert Gerwarth/Heinz-Gerhard Haupt, Internationalising Historical Research on Terrorist Movements in Twentieth-Century Europe, in: European Review of History 14 (2007) 3, S.275–281, hier S. 277.

4 Vgl. Torsten Thomas/Gerhard Wiechmann, Moderne Landsknechte oder Militärspezialisten? Die »Wiedergeburt« des Söldnerwesens im 20. Jahrhundert im Kongo, 1960–1967, in: Stig Förster/Christian Jansen/Günther Kronenbitter (Hg.), Rückkehr der Condottieri? Krieg und Militär zwischen staatlichem Monopol und Privatisierung: Von der Antike bis zur Gegenwart, Paderborn 2011, S. 265–282.

WERKSTATT*GESCHICHTE* / Heft 70 (2015) – Klartext Verlag, Essen S. 41–58

Hauptstadt Luanda stattfand, von über 30 Journalisten aus aller Welt begleitet und von einer internationalen Untersuchungskommission flankiert wurde,[5] stand ganz im Zeichen der global ausgetragenen Blockkonfrontation: »Auf der Anklagebank [...] wurden sie als Callan, Gearhart, McKenzie und Barker vorgestellt« – so die Namen der vier Hauptangeklagten, die zum Tode verurteilt und hingerichtet wurden[6] –, »aber in Wirklichkeit hießen sie Imperialismus, Neokolonialismus, Rassismus, schließlich und endlich Kapitalismus«, erklärte einer der Hauptorganisatoren des Prozesses.[7] In diesem Sinne zielte der Prozess neben der Verurteilung der gefangen genommenen Söldner auch darauf ab, das Söldnertum als subversives Instrument neo-kolonialer und kapitalistischer Interventionspolitik insgesamt zu verurteilen. Wie Klaas Voß unlängst gezeigt hat, sprechen gute Gründe dafür, die Rekrutierung von Söldnern zur Unterstützung der FLNA in Angola als verdeckte Intervention im Kalten Krieg zu interpretieren;[8] vernachlässigt wird dabei jedoch, dass die Kooperation eher akzidentellen Charakter hatte, zu einem beträchtlichen Teil auf Betreiben der Söldner selbst zustande kam und ideologische Gründe allein keineswegs ausschlaggebend waren, sich der FLNA anzuschließen bzw. Gewalt auszuüben.



»Ich kämpfe weder wegen des Geldes noch wegen der Ideen«, gab der Anführer der Söldner, ein 25-jähriger, ehemaliger Fallschirmjäger der britischen Armee namens Kostas Georgiou, während des Prozesses in Luanda zu Protokoll: »Ich kämpfe, weil ich Soldat bin. Ich habe keinen anderen Beruf. Seine Arbeit muss einem gefallen.«[9] Mag die Analogie von Arbeit und Krieg hier auch als Verteidigung gegenüber ideologisch motivierten Vorwürfen gemeint gewesen sein, ist sie insofern bemerkenswert, als dass sie den Blick auf Rechtfertigungsstrategien der Gewaltakteure selbst lenkt und dabei zugleich mit ihrer Tätigkeit einhergehende Gefühle (die von Abscheu über Hass bis hin zu lustvollem Erleben reichen können) zu problematisieren erlaubt.[10]

Wer waren die Männer, die sich entschlossen, als Söldner in Angola zu kämpfen? Welche Gründe und Ziele verbanden sich mit dem Entschluss, »interessanter Arbeit in Übersee« nachzugehen? Wie gelangten sie in den Dienst der FLNA und welche Möglichkeiten ergaben sich dadurch für die Akteure und ihre Gewalttätigkeit? Und schließlich, wie rechtfertigten sie im Einzelnen eine Gewalteskalation, die weithin als »wahnsinnig« interpretiert wird,[11] weil sie Gegner wie Verbündete gleichermaßen traf und darin gipfelte, dass die Söldner schließlich auch Gewalt gegeneinander ausübten?

Diese Fragen werden im Folgenden anhand von Selbstzeugnissen der an diesem Einsatz Beteiligten rekonstruiert und diskutiert. Grundsätzlich geht die neuere historische Forschung nicht mehr davon aus, in Selbstzeugnissen einen direkten oder gar authentischen Zugang zu individu-

5 Die Ergebnisse dieser Kommission wurden veröffentlicht in Wilfred Burchett/Derek Roebuck, The Whores of War. Mercenaries Today, London 1977.

6 Die übrigen neun Söldner erhielten Haftstrafen zwischen 16 und 30 Jahren, wurden aber im Verlauf der 1980er Jahre entlassen; zum Prozess im Einzelnen vgl. Anthony Mockler, The New Mercenaries. The History of the Mercenary from the Congo to the Seychelles, London 1985, S. 212–231; Peter Tickler, The Modern Mercenary. Dog of War, or Soldier of Honour? New York 1987; Raul Valdes Vivo, Angola. Das Ende des Söldnermythos, Berlin (O) 1977.

7 Vivo, Das Ende des Söldnermythos, S. 129f.

8 Klaas Voß, Washingtons Söldner. Verdeckte US-Interventionen im Kalten Krieg und ihre Folgen, Hamburg 2014.

9 Zit. nach: Vivo, Das Ende des Söldnermythos, S. 105f.

10 Alf Lüdtke, War as Work. Aspects of Soldiering in Twentieth-Century Wars, in: ders./Bernd Weisbrod (Hg.), No Man's Land of Violence. Extreme Wars in the 20$^{th}$ Century, Göttingen 2006, S. 127–151.

11 Vgl. Mockler, The New Mercenaries; Tony Geraghty, Soldiers of Fortune. A History of the Mercenary in Modern Warfare, New York 2009; Anthony Rogers, Someone Else`s War. Mercenaries from 1960 to the Present, London 1998.

ellem Erleben zu finden. Tatsächlich lassen bereits Aufmachung und Art der Darstellung dieser Autobiografien darauf schließen, dass es sich um stilisierte Konstruktionen handelt, die aus einer spezifischen Perspektive mit einer bestimmten Intention und Funktion produziert wurden,[12] und vielfach auf den Einfluss actiongeladener B-Movies verweisen.[13] Sich als abenteuerhungrige und mit allen Wassern gewaschene Haudegen zu inszenieren, mag dem Zweck gedient haben, vom großen Erfolg des in unmittelbarer zeitlicher Nähe entstandenen Kinofilms *Die Wildgänse kommen* zu profitieren. Dieser Kassenschlager, in dem ein Söldnerkommando einen afrikanischen Präsidenten befreit, wurde in enger Zusammenarbeit mit einem britischen Söldner, Mike Hoare, produziert und initiierte ein ganzes Genre.[14] Angesichts der Skandalisierung und Stigmatisierung, die mit der zeitgenössischen Berichterstattung über die Ereignisse in Angola einherging, ist aber auch das Bemühen der Söldner erkennbar, sich in den Autobiografien als zuverlässige und effiziente Kämpfer zu profilieren.[15] Dieses Bemühen bezieht sich in einigen Fällen ausschließlich auf die Ereignisse in Angola, in den anderen – mit erheblichem zeitlichem Abstand erschienenen – Selbstzeugnissen sind diese hingegen in ein biografisch übergreifendes Narrativ eingebettet, das der Söldnertätigkeit insgesamt einen Sinn zu verleihen sucht. Unabhängig von einer mal reißerischen, mal bemüht seriösen Darstellung ist den ausgewerteten Selbstzeugnissen eines gemein: Weil Söldner »nach einem Gesetz antreten, das sie selbst schreiben«,[16] dokumentieren ihre Selbstzeugnisse nicht nur einen beständigen (Selbst-)Verständigungsprozess darüber, wann und warum ihr Gewalthandeln gerechtfertigt war. Das Fehlen verbindlicher Vorgaben bezüglich ihrer Tätigkeit schlägt sich zugleich in fortwährenden Reflexionen darüber nieder, wie ihre Arbeit am besten auszuführen und was grundsätzlich unter »guter« Arbeit zu verstehen sei.



Trägt die Auswertung dieser Selbstzeugnisse einerseits zu einer (lange vernachlässigten) Kriegsgeschichte bei, die vom Tod und von der Gewalt selbst spricht,[17] verspricht sie andererseits Aufschluss über Arbeitsbedingungen und -ethos einer Branche, deren Akteure und Praktiken in zunehmendem Maße Formen gewalttätiger Konfliktlösungen beeinflussen und definieren.[18] Die in

12 Vgl. Michael Epkenhans/Stig Förster/Karen Hagemann, Einführung: Biographien und Selbstzeugnisse in der Militärgeschichte – Möglichkeiten und Grenzen, in: dies.(Hg.), Militärische Erinnerungskultur. Soldaten im Spiegel von Biographien, Memoiren und Selbstzeugnissen, Paderborn 2006, S.IX–XVI.

13 Das gilt insbesondere für die Berichte von: John Banks, The Wages of War. The Life of a Modern Mercenary, London 1978; Chris Dempster/Dave Tomkins, Firepower, London 1978; vgl. dazu auch: Klaas Voß, Die Hunde des (Kalten) Krieges. Söldnermemoiren und -zeitschriften als historische Quelle (1960 bis 1990), in: Zeithistorische Forschungen 11 (2014) 1, S. 134–144.

14 *The Wild Geese* (dt. *Die Wildgänse kommen*), GB/USA 1977, R.: Andrew V. McLaglen sahen allein in Deutschland über drei Millionen Kinobesucher; neben einer Fortsetzung, *Wild Geese II* (dt. *Wildgänse 2*), GB 1985, R.: Peter R. Hunt, entstanden unter der Ägide des Co-Produzenten Erwin C. Dietrich bis in die 1980er Jahre hinein eine Reihe weiterer Söldnerfilme.

15 David Tomkins, Dirty Combat. Secret Wars and Serious Misadventures, Edinburgh 2008; Peter McAleese, No Mean Soldier. The Story of the Ultimate Professional Soldier in the SAS and Other Forces, London 1993.

16 Jan Philipp Reemtsma, Vertrauen und Gewalt. Versuch über eine besondere Konstellation der Moderne, Hamburg 2008, S. 505–525, hier S. 519f. u. S. 524; vgl. dazu auch: Michael Sikora, Der Söldner, in: Eva Horn/Stefan Kaufmann/Ulrich Bröckling (Hg.), Grenzverletzer. Von Schmugglern, Spionen und anderen subversiven Gestalten, Berlin 2002, S.114–135.

17 Vgl. Michael Geyer, Eine Kriegsgeschichte, die vom Tod spricht, in: Thomas Lindenberger/Alf Lüdtke (Hg.), Physische Gewalt. Studien zur Geschichte der Neuzeit, Frankfurt a.M. 1995, S. 136–161.

18 Vgl. Abdul-Fatau Musah/J. Kayode Fayemi (Hg.), Mercenaries: An African Security Dilemma, London 2000; S. Yelda Kaya, Private Contractors in War from the 1990s to the Present, in: Zürcher (Hg.), Fighting for a Living, S. 613–638.

vielerlei Hinsicht grenzenlose (Gewalt-)Tätigkeit des Söldners erlaubt es zudem, postkoloniale und transnationale Fragen zum Verhältnis von Identität, Arbeit und Gewalt eingehender zu erörtern[19] und nach der Beschaffenheit und Bedeutung von Moral in diesen global konfigurierten Zusammenhängen zu fragen.[20]

## Der Bürgerkrieg in Angola und die Rekrutierung britischer Söldner

Der Bürgerkrieg in Angola war ein seit den 1960er Jahren schwelender Konflikt, der erst in das Bewusstsein der internationalen Öffentlichkeit rückte, als die Portugiesen im November 1975 ihre langjährige Kolonie in die Unabhängigkeit entließen und sich der Konflikt zu einem Stellvertreterkrieg zwischen den rivalisierenden Lagern des Kalten Krieges entwickelte.[21] Zu diesem Zeitpunkt existierten im Land drei konkurrierende Befreiungsbewegungen.[22]



Die *Uniao Nacional para a Independencia Total de Angola* (UNITA) unter Jonas Savimbi (1934–2002), die sich größtenteils aus den Ovimbundu im Süden Angolas rekrutierte, erhielt seit Herbst 1975 militärische Unterstützung durch die südafrikanische Armee. Einen Anlass dafür bildete die umfangreiche Hilfe, die der von Agostinho Neto (1927–1979) angeführten MPLA durch die Sowjetunion und insbesondere durch Kuba zuteil wurde.[23] Sie besaß ihre Basis in der Mbundu-Bevölkerungsgruppe Westangolas, war aber eine transethnisch ausgerichtete Befreiungsbewegung, die insbesondere auf die Unterstützung der gebildeten Angolaner und Mestizen in der Hauptstadt zählen konnte und im Sommer 1975 die Kontrolle über Luanda übernahm.

Daneben gab es mit der FLNA noch eine weitere Bürgerkriegspartei in Angola. Angeführt von Holden Roberto (1923–2007) war sie die älteste der drei nationalen Befreiungsbewegungen, die sich aus den Bakongo des Nordostens rekrutierte und als ethnische Nationalistenbewegung galt. Die FLNA war seit den 1960er Jahren von China und den USA, vor allem aber von Zaire, unterstützt worden, dessen Machthaber Mobutu ein Schwager Robertos war. Verstärkt durch zairische Truppen war die FLNA 1974 in den Norden Angolas einmarschiert und rückte seit September 1975 kontinuierlich auf Luanda vor. Vor den Toren der Hauptstadt gelang es der MPLA im November 1975 mit Hilfe ihrer kubanischen Verbündeten, den Vormarsch der FLNA zu stoppen und ihren Truppen schwere Verluste zuzufügen.

In dieser Situation traten vier ehemalige Angehörige der britischen Armee an die FLNA heran, um ihr ihre Dienste anzubieten: Nicholas Hall, Kostas Georgiou, Michael Wainhouse und

19 Vgl. dazu: Daniel Hoffman, Violence, Just in Time: War and Work in Contemporary West Africa, in: Cultural Anthropology 26 (2011) 1, S. 34–57.

20 Dazu: Kenneth Iain MacDonald, Epistemic Violence: The Body, Globalization and the Dilemma of Rights, in: Transnational Law and Contemporary Problems 12 (2002) 1, S. 65–87; Malet, Foreign Fighters.

21 Chris Saunders, Die Überwindung der Krise in Angola und Namibia 1988, in: Bernd Greiner/Christian Th. Müller/Dierk Walter (Hg.), Krisen im Kalten Krieg, Hamburg 2008, S. 523–542; zum angolanischen Bürgerkrieg grundsätzlich Fernando Andresen Guimaraes, The Origins of the Angolan Civil War: Foreign Intervention and Domestic Political Content, Basingstoke 1998; Martin W. James, A Political History of the Civil War in Angola 1974–1990, New Brunswick 1992; John Marcum, The Angolan Revolution, 2 Bde., Cambridg, MA/London 1969/1978.

22 Vgl. dazu: John P. Cann, Counterinsurgency in Africa: The Portuguese Way of War, 1961–1974, Westport, CT 1997.

23 Zum Engagement Kubas in Angola, das bis 1991 andauerte vgl. Christine Hatzky, Kubaner in Angola. Süd-Süd-Kooperation und Bildungstransfer 1976–1991, München 2012; Edward George, The Cuban Intervention in Angola, 1965–1991: From Che Guevara to Cuito Canavale, London 2005.

Charles Christodoulou hatten gemeinsam im 1. Fallschirmjäger-Bataillon gedient. Insbesondere Georgiou, der auf Zypern geboren wurde und Anfang der 1960er Jahre mit seinen Eltern nach London emigriert war, wird nicht nur von seinen Kollegen sondern auch von Historikern als außergewöhnlich befähigter Soldat beschrieben.[24] Von den vier, die auch nach ihrer Dienstzeit Kontakt hielten, war jedoch nur Christodoulou ehrenhaft aus der Armee entlassen worden. Georgiou und Wainhouse hingegen, die in Nord-Irland eine Postfiliale überfallen hatten, waren dafür zu einer fünfjährigen Gefängnisstrafe verurteilt worden[25] und auch Hall hatte eine zweijährige Haftstrafe verbüßt, weil er Waffen aus Armeebeständen an die terroristische *Ulster Volunteer Force* (UVF) verkauft hatte.[26]

War ihnen dadurch der Verbleib in der britischen Armee verwehrt, suchten sie nach der Verbüßung ihrer Haftstrafen nach anderen Möglichkeiten, sich militärisch zu betätigen. Offenbar scheint es den vier Freunden vorrangig um das Kämpfen gegangen zu sein; anders als alle übrigen Söldner erhielten sie niemals einen Lohn für ihr Engagement auf Seiten der FLNA.[27] Zumindest von Georgiou wird zudem berichtet, dass er sich schon vor seinem Einsatz in Angola erfolglos als Söldner anzudienen versucht hatte.[28]



Als Hall per Zeitung auf den Konflikt in Angola aufmerksam wurde, hatten sich die vier Freunde auch deshalb an die FLNA gewandt, weil diese, wie aus dem entsprechenden Artikel hervorging, über einen Kontaktmann in England verfügte.[29] Nur einem der vier, Kostas Georgiou, war es daraufhin zunächst gestattet worden, nach Angola zu reisen. Er kam anfangs jedoch nicht als Kämpfer zum Einsatz, sondern betätigte sich als Sanitäter und Krankenwagenfahrer.[30] Erst nachdem er, offenbar auf eigene Faust, zu Weihnachten 1975 bei Carmona im Nordwesten Angolas einen erfolgreichen Angriff auf eine MPLA-Einheit verübt hatte, wurde er zum Feldkommandanten der FLNA ernannt und seinen Freunden die Reise nach Angola erlaubt. Umgehend wurde Hall damit beauftragt, in Großbritannien weitere Söldner anzuwerben.

Dass es ihm gelang, binnen einer Woche 19 kampferfahrene Soldaten zu rekrutieren, war in erster Linie John Banks zu verdanken. Wie Georgiou und seine Freunde war auch er ein ehemaliger Fallschirmjäger,[31] der nach seiner gleichfalls unehrenhaften Entlassung nur einen Wunsch hegte: in »irgendeine Armee« zurückzukehren.[32] Eingebunden in ein breites Netzwerk aus ehemaligen und vom zivilen Leben weitgehend frustrierten Soldaten, war er schließlich auf die Idee

24 Laut Mockler war Georgiou der beste MG- und Gewehr-Schütze sowie der beste All-Round-Rekrut seiner Einheit, The New Mercenaries, S. 163; vgl. auch: Dempster/Tomkins, Firepower, S. 62, die darauf verweisen, dass Georgiou in Nordirland die prestigeträchtige Ehre zuteil wurde, als Leibwächter des kommandierenden Offiziers zu fungieren.

25 Tomkins, Dirty Combat, S. 80.

26 Geragthy, Soldiers of Fortune, S. 59f.; Hall hatte in Nordirland in einer besonderen Einheit der Fallschirmjäger gedient, der *Intelligence Section* des 1. Fallschirmjäger-Bataillons, die in die Ereignisse des *Bloody Sunday* vom 30. Januar 1972 in Derry verwickelt war, bei dem 13 unbewaffnete Zivilisten erschossen wurden; vgl. speziell dazu: Dermot P.J. Walsh, Bloody Sunday and the Rule of Law in Northern Ireland, London 2000.

27 Dempster/Tomkins erwähnen, dass Roberto ihnen im Fall eines FLNA-Sieges großzügigen Landbesitz in Aussicht gestellt hatte, Firepower, S. 89f.

28 Tomkins, Dirty Combat, S. 87.

29 Geraghty, Soldiers of Fortune, S. 59.

30 Mockler, The New Mercenaries, S. 170.

31 Banks war wegen eines ungültigen Führerscheins und einer fehlenden Versicherungspolice aus der Armee entlassen und verurteilt worden; Mockler, The New Mercenaries, S. 155.

32 Banks, The Wages of War, S. 25; Banks behauptet hier, nach seiner Entlassung an der Seite vietnamesischer und kurdischer Guerillas gekämpft zu haben; ebd., S. 72–88.

gekommen, im Sommer 1975 eine Söldner-Agentur zu gründen, für die er mit der eingangs zitierten Anzeige warb.[33]

Manche dieser 19 Söldner kannten sich bereits seit frühen Armeetagen und bis auf wenige Ausnahmen hatten sie alle in den in der Anzeige erwähnten Spezialeinheiten gedient. Angeführt wurden sie von Peter McAleese, dessen soldatisches Selbstverständnis aufgrund der Wertschätzung, die er in den Augen seiner Mitkämpfer erhielt,[34] wohl als repräsentativ für das der meisten Männer dieser Gruppe gelten kann. *No Mean Soldier*, kein gewöhnlicher Soldat, lautete der Titel seiner Autobiografie. Ihr Untertitel *The Story of the Ultimate Professional Soldier* verweist hingegen auf ein militärisches Selbstverständnis, das sich nicht an den Zielen oder Flaggen bemisst, für die ein Soldat gekämpft hat, sondern allein an der Kampferfahrung, die er vorzuweisen vermag. Was den Söldner aus dieser Perspektive vom »gewöhnlichen Soldaten« unterscheidet, ist eine Fokussierung auf das dem Soldatentum scheinbar Wesentliche, das Kämpfen. Das ihm eigene Professionalitätsverständnis resultiert hier gerade aus der Indifferenz gegenüber jedweden moralischen oder politischen Legitimationsmustern, wie sie für nationale Armeen vordergründig charakteristisch sind. Tatsächlich bringt McAleese in seiner Autobiografie auch eine entschieden antikommunistische Einstellung zum Ausdruck; aber genauso wie der materielle Lohn, der mit der Söldnertätigkeit einhergeht, ist sie von zweitrangiger Bedeutung für sein soldatisches Selbstverständnis, in dessen Mittelpunkt die Lust am Kämpfen steht, wie das der Autobiografie McAleeses vorangestellte Motto zeigt:



> *»I felt good, I felt fit, I felt hard. But the euphoria was nothing to do with ending another person's life. I felt good because I had not panicked. I had not let down my friends, I had reacted as a professional soldier trained by professional soldiers, and the excitement of the firefight was nothing short of fantastic. I've never taken drugs but I can't believe there is anything which can equal the thrill of battle. I loved it.«*[35]

Längst nicht alle Angehörigen einer regulären Armee machen Kampferfahrungen und noch weniger erleben das Gefecht als eine solch rauschhafte Erfahrung, wie sie McAleese hier zum Ausdruck bringt.[36] Wie infolge des Zweiten Weltkrieges unternommene Untersuchungen gezeigt haben, erwiesen sich rund 25% aller Soldaten selbst nach einer erfolgreich absolvierten Ausbildung im Gefecht als inaktiv und benutzten ihre Waffen nicht.[37] Das Motto hart und handlungsfähig bedeutet, sich von Emotionen wie Angst oder Panik nicht überwältigen zu lassen und sich auf das zu konzentrieren, was der Erfüllung des Auftrages dient. Es beschreibt zudem ein männlich-militärisches Ideal, das der Gefechtspraxis moderner Armeen zugrunde liegt. Die Maxime »Fester Entschluss und dessen beharrliche Durchführung verbürgen am sichersten den Erfolg«[38], gilt insbesondere aber für moderne Spezialeinheiten und findet im Selbstverständnis der *Paras* noch eine Zuspitzung: »You must achieve your mission, that is more important than anything else«, erklärte ein Offizier der Fallschirmtruppe deren Gefechtsphilosophie, die aktives und aggressives Vorgehen

33 Vgl. Tomkins, Dirty Combat, S. 69–73; auch Banks Bruder Roger soll sich in Afrika und Asien als Söldner betätigt haben; Banks, The Wages of War, S. 28.

34 Vgl. Dempster/Tomkins, Firepower, S. 101.

35 McAleese, No Mean Soldier.

36 Vgl. dazu Joanna Bourke, An Intimate History of Killing. Face-to-Face-Killing in Twentieth-Century Warfare, London 1999.

37 Bourke, An Intimate History of Killing, S. 72–76.

38 Zit. nach: Alf Lüdtke, »Fehlgreifen in der Wahl der Mittel«. Optionen im Alltag militärischen Handelns, in: Mittelweg 36 (2003) 1, S. 61–75, hier S. 63.

propagiert. »If you go hard and fast, you invariably save casualties. Maintain the momentum, and what you can do with ten blokes now may take you 100 blokes two hours later«.[39]

Fallschirmjäger und insbesondere Angehörige des *Special Air Service* (SAS) betrachten sich selbst als Spezialisten asymmetrischer Kriegsführung.[40] Häufig werden die südafrikanischen *Commandos* als Vorbilder für ihre Kampfesweise genannt: kleine, mobile und besonders motivierte Einheiten, die sich in den Burenkriegen zu Beginn des 20. Jahrhunderts gegen die britische Kolonialmacht formierten und weitgehend selbständig operierten.[41] Die intensive und zeitaufwendige Ausbildung, die sie grundsätzlich durchlaufen, dient nicht nur dem Zweck, vielfältige militärische Kenntnisse zu vermitteln und die Bewerber zu eigentätigem und unkonventionellen Handeln anzuhalten, um auch angesichts unvorhergesehener Herausforderungen die Initiative zu behalten. Harte körperliche Anforderungen und kräftezehrende Entbehrungen verfolgen insbesondere das Ziel, den Willen und das Widerstandsvermögen der Bewerber auf die Probe zu stellen und besonders aggressiv und skrupellos agierende Soldaten hervorzubringen:



> *»That they are efficient and effective fighting soldiers when kept under control none can deny [...] but that the Parachute Regiment [...] comes closer to being a killing machine than any other unit in the British Army is also undeniable.«*[42]

Weist der Historiker Mockler hier darauf hin, dass die gewalttätigen Energien der *Paras* strenger Führung und Kontrolle bedürfen, zeichnete sich das Einsatzgebiet der Söldner hingegen dadurch aus, dass derlei armeespezifische Restriktionen und Kontrollmechanismen dort nicht gegeben waren. Die meisten der Söldner waren – wie Georgiou und seine Freunde im Übrigen auch – in ihrer Dienstzeit über den Rang eines Gefreiten nicht hinausgekommen; nur einige der erfahrensten wie Peter McAleese und Sammy Copeland hatten es in der britischen Armee zu Feldwebeln gebracht.[43] Aber auch sie verfügten damit weder über Erfahrungen in der Führung größerer Gruppen noch über genügend strategische und taktische Fähigkeiten, einen Feldzug militärisch zu organisieren und durchzuführen. Zudem lagen zwischen dem Zeitpunkt ihrer Rekrutierung und der Ausreise nach Angola kaum 72 Stunden, dementsprechend sprach keiner der Söldner das im Land gebräuchliche Portugiesisch (und erst recht keine der lokalen Sprachen) und vom Krieg in

39 Hier handelt es sich um den Kommandeur jenes Bataillons, das während des Krieges um die Falkland-Inseln 1982 im Kampf um *Goose Green* zum Einsatz kam; dieser Einsatz sorgte in der britischen Presse auch deshalb für Schlagzeilen, weil in seinem Verlauf 18 *Paras* getötet wurden, aber auch 250 argentinische Soldaten. Um den Vorwurf der Unverhältnismäßigkeit der von den *Paras* angewendeten Gewalt zu entkräften, sah sich dieser Kommandeur veranlasst, der Presse gegenüber ihr militärisches Selbstverständnis zu erläutern; Paul Eddy/Magnus Linklater, The Falklands War, London 1982, S. 218.

40 Zum Begriff des »asymmetrischen Krieges« vgl. Rüdiger Voigt, Krieg ohne Raum: Asymmetrische Konflikte in einer entgrenzten Welt, Stuttgart 2008; Scott Fitzsimmons, Mercenaries in Asymmetric Conflicts, New York 2013.

41 Vgl. dazu: Deneys Reitz, Commando. A Boer Journal of the Boer War, London 1929; sowie: Andreas Rose, »Unsichtbare Feinde«: Großbritanniens Feldzug gegen die Buren (1899–1902), in: Tanja Bührer/Christian Stachelbeck/Dierk Walter (Hg.), Imperialkriege von 1500 bis heute. Strukturen – Akteure – Lernprozesse, Paderborn 2011, S.217–240.

42 Mockler, The New Mercenaries, S. 154; zur Ausbildungspraxis und zum Selbstverständnis der *Paras* bzw. des SAS vgl. John Parker, The Paras: The Inside Story of Britain's Toughest Regiment, London 2000; Rory Bridson, The Making of a Para, London 1990; Tony Geragthy, Who Dares Wins. The Story of the SAS 1950–1992, 3. Aufl., London 1992.

43 Mockler, The New Mercenaries, S. 172.

Angola bzw. der FLNA, an deren Seite sie nun kämpfen würden, wussten sie nur, was sie in den Zeitungen gelesen hatten.[44]

»Uncivilized races attribute leniency to timidity,« hatte Charles E. Callwell in seinem Klassiker *Small Wars* doziert, der rasch zu einer Art »Bibel des Imperialkrieges« (Dierk Walter) avancierte.[45] In Ermangelung eines auf ausreichend Machtmitteln gestützten staatlichen Gewaltmonopols galt skrupelloses Vorgehen an der imperialen *frontier* als das einzige Herrschaftsmittel, das imstande war, die Schwäche der *men on the spot* zu kaschieren und möglichen Widerstand gar nicht erst aufkommen zu lassen oder ihn im Keim zu ersticken.[46] Eine ganze Reihe der britischen Söldner hatte vor ihrem Einsatz in Angola an den Dekolonisierungskriegen des Empires in Asien und Afrika teilgenommen,[47] standen also selbst in der lang zurückreichenden britischen Tradition imperialer Kriegführung, die indigenen Kombattanten jegliche Legitimität absprach und grundsätzlich kein Pardon kannte.[48]



Hinzu kam, dass es ihnen in Angola gänzlich selbst überlassen war, vor Ort jenen Widerspruch auszutarieren, der sich aus den zentralen Maximen ihrer militärischen Sozialisation ergab: Selbständig zu handeln und einen Befehl unbedingt auszuführen überlässt es dem Ermessen des verantwortlichen Offiziers, was zur erfolgreichen Durchführung eines bestimmten Auftrages notwendig ist und billigt ihm auf diese Weise erheblichen Handlungs- und Ermächtigungsspielraum zu. Wie schmal dabei der Grat zwischen angemessenem Einsatz und »Fehlgreifen in der Wahl der Mittel« grundsätzlich ist, haben etwa Untersuchungen zur deutschen Armee insbesondere im Zweiten Weltkrieg gezeigt, und verweist letztendlich auf subjektive Aneignungsweisen des Gegebenen und des Gebotenen.[49]

»Jeder Krieg in Afrika ist sehr, sehr schmutzig«, postulierte John Banks in einer britischen Fernsehshow im April 1976 und auch McAleese behauptete in seiner Autobiografie, dass afrikanische Konflikte weniger durch militärische Auseinandersetzungen als durch Gräueltaten geprägt seien.[50] Einerseits wurde in derartigen Aussagen das zentrale Rechtfertigungsmuster imperialer Kriegführung reproduziert, demzufolge es an der kolonialen Peripherie keinerlei Regeln gebe und es daher nicht nur erlaubt, sondern geradezu geboten sei, jedes Gewaltmittel einzusetzen.[51] Andererseits artikulierte sich in den Wahrnehmungen ihres Einsatzortes – der mal als »Söldner-Dschungel«

44 Tomkins, Dirty Combat, S. 83.

45 Vgl. Charles E. Callwell, Small Wars. Their Principles and Practice, 3. Aufl., London 1996 (erstmalig: 1906), S.148; speziell zur britischen Tradition imperialer Kriegführung: David Killingray/David E. Omissi (Hg.), Guardians of the Empire. The Armed Forces of the Colonial Powers c. 1700–1964, Manchester 1999.

46 Dierk Walter, Gewalt, Gewaltentgrenzung und die europäische Expansion, in: Mittelweg 36, 21/3 (2012), S. 3–18; vgl. dazu auch: Thoralf Klein/Frank Schumacher (Hg.), Kolonialkriege. Militärische Gewalt im Zeichen des Imperialismus, Hamburg 2006.

47 Vgl. dazu: Matthew Hughes (Hg.), British Ways of Counterinsurgency: A Historical Perspective, London 2013; Rory Cormac, Confronting the Colonies: British Intelligence and Counterinsurgency, London 2013; Tim Jones, Postwar Counterinsurgency and the SAS, 1945–1952: A Special Type of Warfare, London 2001.

48 Vgl. Dierk Walter, Kein Pardon. Zum Problem der Kapitulation im Imperialkrieg, in: Mittelweg 36, 21/3 (2012), S. 90–111.

49 Lüdtke, Optionen im Alltag militärischen Handelns; für den kolonialen Kontext: Matthias Häußler/Trutz von Trotha, Brutalisierung ›von unten‹. Kleiner Krieg, Entgrenzung der Gewalt und Genozid im kolonialen Deutsch-Südwestafrika, in: Mittelweg 36, 21/3 (2012), S. 57–89.

50 Zit. nach: Burchett/Roebuck, The Whores of War, S. 57.

51 Vgl. dazu: Dierk Walter, Organisierte Gewalt in der europäischen Expansion. Gestalt und Logik des Imperialkrieges, Hamburg 2014, S. 156–161.

und mal als »Spaghetti Western, in dem die lokale Hazienda von einer Bande mexikanischer Banditen übernommen wurde« beschrieben wurde[52] – ein permanenter Bedrohungs- und Belagerungszustand. Ob »Dschungel« oder »Indianerland« – in der imperialen Tradition artikulieren beide Begriffe einen archetypischen Ort des Schreckens, der durchweg parteiisch betrachtet wird: für den Landeskundigen nicht nur zugänglich und verständlich, sondern zugleich mit ihm gegen jedwede Eindringlinge gleichsam organisch verbündet, für den Landfremden hingegen gänzlich undurchschaubar, undurchdringlich und lebensfeindlich.[53]

## Arbeit, Autorität und ihre Aneignungsweisen in Angola

Als die 19 Briten am 21. Januar in Nord-Angola eintrafen, hielten offenbar nur noch wenige 100 Soldaten zu Roberto, dem Anführer der FLNA;[54] hinzu kam ein Kontingent portugiesischer Kämpfer, die sich der Truppe angeschlossen hatten.[55] Neben Georgiou waren auch seine drei Freunde von Roberto zu Offizieren ernannt worden. Die Zuteilung weiterer Ränge war dem Feldkommandanten überlassen worden, der dabei nach persönlichen Sympathien, aber auch nach einem bestimmten Korpsgeist zu urteilen schien; so besetzte er alle wichtigen Posten seiner Streitmacht mit ehemaligen *Paras*.



Anders als in regulären Armeen existieren in Söldnerformationen keine vorgefertigten Hierarchien; ihre Loyalität gilt zumeist demjenigen, von dem sie ihren Lohn erhalten. Insbesondere der von Chris Dempster und Dave Tomkins verfasste Bericht enthält zahlreiche Hinweise auf handfest ausgetragene Rivalitäten, die unter den Söldnern offenbar an der Tagesordnung waren. Ihre Erwähnung verweist nicht nur darauf, wie prekär die Hierarchien innerhalb ihrer Streitmacht waren,[56] sondern unterstreicht zugleich ein Selbstverständnis, das sich weit mehr am zwielichtigen *Desperado* als am kameradschaftlichen Soldaten orientierte. So wird die erste (und einzige) Begegnung zwischen dem Feldkommandanten Georgiou und dem Chefrekrutierer Banks in den Selbstzeugnissen wie eine Duellsituation aus einem Westernfilm beschrieben, bei der sich die beiden samt ihrer Männer mit auf einander angelegten Gewehren gegenübergestanden haben sollen.[57] Tatsächlich erinnerte zumindest Georgious engster Vertrauter Christodoulou seine Kameraden aufgrund seiner Lieblingswaffe, einer abgesägten Schrotflinte, und quer über die Brust gespannten Patronengurten an Lee van Cleef, einer Ikone des Spaghetti-Western. Auch Dave Tomkins rühmte sich seiner Ähnlichkeit zu James Coburn, einem weiteren bekannten Genre-Darsteller.[58]

52 McAleese, No Mean Soldier, S. 90; Dempster/Tomkins, Firepower, S. 133.

53 Vgl. Walter, Organisierte Gewalt, S. 176–180.

54 Laut David Tomkins handelte es sich dabei größtenteils um Zivilisten, die über keinerlei militärische Ausbildung verfügten und bisweilen aus den umliegenden Dörfern zwangsrekrutiert worden waren; Interview mit Dave Tomkins (1998), http://www.gwu.edu/~nsarchiv/coldwar/interviews/episode-17/tomkins1.html (letzter Zugriff 05.09.2014).

55 Die portugiesischen Kämpfer werden in der Literatur meistens auch als Söldner bezeichnet, was insofern irreführend ist, als dass sie zum Teil aus Siedlern bestanden, die Angola als ihre Heimat betrachteten oder nicht nach Portugal zurückkehren wollten; während sie auch in den Reihen der MPLA und der UNITA zu finden waren, kämpften diejenigen, die sich der FLNA angeschlossen hatten, entweder gegen die MPLA und deren marxistisches Programm oder für eine Re-Kolonisierung Angolas; Dempster/Tomkins, Firepower, S. 72f.

56 Vgl. ebd.

57 Vgl. ebd, S. 294f.

58 Dempster/Tomkins, Firepower, S. 14, S. 140.

Ist an anderer Stelle auf die Bedeutung hingewiesen worden, die mediale Repräsentationen auf die Vorstellungen haben, die sich Soldaten von ihrem Handwerk machen,[59] artikulieren sich in den Bezugnahmen der Söldner auf populärkulturelle »Grenzverletzer« nicht nur Frustrationserfahrungen und Selbstermächtigungsfantasien, die auf ihre prekäre Situation innerhalb der britischen Gesellschaft zurückverweisen.[60] Sie legen auch nahe, dass die Söldner ihr Einsatzgebiet offenbar als einen Grenz-Raum wahrnahmen, in den – ähnlich wie in den apokalyptischen Landschaften des Spaghetti-Western – die Zivilisation noch nicht vorgedrungen war und in dem allein das archaische Gesetz des Stärkeren galt. Im Hinblick auf die Verrichtung der Arbeit, für die sie angeheuert worden waren, kamen somit zwei höchst explosive Dispositionen zusammen: Einerseits agierten die britischen Söldner in einer militärischen Tradition, die an der imperialen *frontier* kein Pardon kannte und die auch im Zeichen des Kalten Krieges subversive Kriegführung vor allem als »schmutzige« Arbeit verstand. Dies unterstreicht nicht zuletzt Georgious *nom de guerre*, den er einer damals populären britischen Fernsehserie über einen Geheimagenten namens Tony Callan entnommen hatte, der im Auftrag der Regierung »schmutziger« Arbeit nachgeht.[61] Andererseits artikulierten nicht wenige von ihnen ein Selbstverständnis, das offensichtlich vom Genre des Spaghetti-Western beeinflusst war. Dieses Genre, das in den 1960er Jahren große Popularität genoss, zeichnete sich durch den Abgesang auf moralisierende und traditionelle (US-amerikanische) Westernmotive wie Aufrichtigkeit, Ritterlichkeit und Altruismus aus und huldigte stattdessen einem Männlichkeitsideal, das sich durch skrupelloses und exzessives Gewalthandeln auszeichnete.[62]



Insbesondere Georgiou schien sich der Gewalt offenbar so willkürlich bedient zu haben, dass in den Reihen der aus London eingetroffenen Verstärkung schon nach kurzer Zeit Befürchtungen geäußert wurden, er könnte auch sie töten, »in einem Wutanfall, wegen einer ungereinigten Waffe oder auch nur, um Angst unter seinen Männern zu verbreiten«.[63]

Abgesehen von den übergeordneten Vorgaben, den Kampf der FLNA zu unterstützen und die MPLA zu bekämpfen, waren die britischen Söldner keineswegs einig darin, wie ihr Auftrag am besten umzusetzen sei bzw. worin ihre Arbeit konkret bestehen solle. Eine kleine Gruppe unter der Führung von McAleese war von Georgiou schon nach wenigen Tagen ins abgelegene San Antonio beordert worden. Folgt man den Selbstzeugnissen der Söldner, versuchte der Feldkommandant damit in erster Linie, sich eines ernstzunehmenden Rivalen zu entledigen.[64]

Während die Gruppe um McAleese in den knapp drei Wochen, in denen sie sich in San Antonio aufhielt, die dortige Garnison von Grund auf organisierte und ein umfassendes Aus-

59 Vgl. Bourke, An Intimate History of Killing, S.16–33; vgl. dazu auch die Beiträge in: Ian Stewart/Susan L. Carruthers (Hg.), War, Culture and the Media: Representations of the Military in 20th Century Britain, Trowbridge 1996.

60 Unter den 19 Briten der ersten Welle befanden sich 11, die über keinen gültigen Pass verfügten oder von der Polizei gesucht wurden; Roebuck/Burchett, The Whores of War, S. 42.

61 Dempster/Tomkins, Firepower, S.67; zu dieser von ABC Weekend Television zwischen 1967 und 1972 produzierten TV-Serie liegt keine wissenschaftliche Untersuchung vor; vgl. jedoch den Wikipedia-Eintrag unter: http://en.wikipedia.org/wiki/Callan_(TV_series) [letzter Zugriff 03.03.2015]; zur Figur des Geheimagenten vgl. Eva Horn, Der Spion, in: dies./Kaufmann/Bröckling (Hg.), Grenzverletzer, S. 136–155.

62 Vgl. dazu Austin R. Fisher, Radical Frontiers in the Spaghetti Western: Politics, Violence and Popular Italian Cinema, London 2011; Oliver Baumgarten, Um sie weht der Hauch des Todes: der Italowestern – Geschichte eines Genres, Bochum 1998.

63 Dempster/Tomkins, Firepower, S. 177.

64 Ebd., S. 168; Tomkins, Dirty Combat, S. 90.

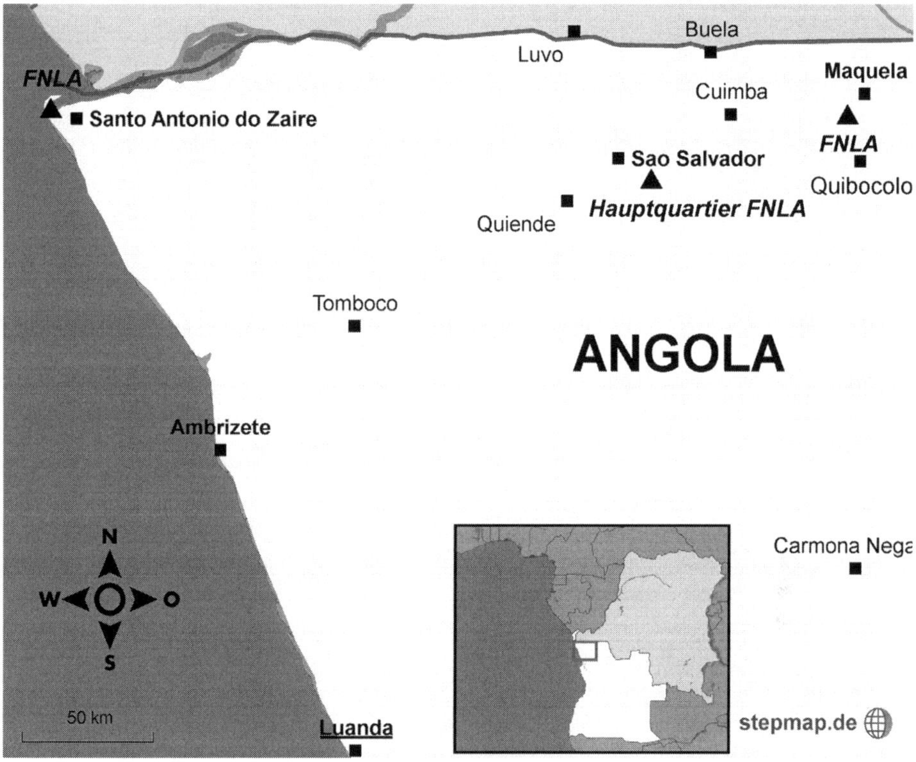


**Abb. 1: Das Einsatzgebiet der britischen Söldner im Norden Angolas (Karte: Autor)**

bildungsprogramm aufnahm,[65] schien Georgiou für derlei Dinge wenig übrig gehabt zu haben. Die Unberechenbarkeit, die von seiner Person ausging, korrespondierte mit dem Fehlen jedweder Regelmäßigkeiten im Arbeitsalltag der Söldner. Stattdessen erzeugten fehlende Einweisungen, konstanter Schlafmangel, ungewohnte Ernährung und extreme Witterungsbedingungen eine Stresssituation, die sich, der militärischen Sozialisation der Männer gemäß, in Gewalt zu entladen drohte. Das wiederum schien ganz im Sinne des Feldkommandanten gewesen zu sein, dessen Truppenführung auf Konfrontation und Eskalation zielte. So ist etwa überliefert, dass er seinen Männern untersagte, Trageriemen für ihre Waffen zu benutzen, damit sie gezwungen waren, diese stets schussbereit zu führen.[66] Diese Anordnung ist insofern bezeichnend, als dass sie deutlich macht, in welchem Maße sich Georgious Arbeitsverständnis auf das Kämpfen allein bezog. Die Belange der Zivilbevölkerung schienen ihm gänzlich gleichgültig gewesen zu sein und auch die Soldaten der FLNA waren für ihn nur dann von Interesse, wenn sie sich bereit zeigten, unter seinem Befehl zu kämpfen.[67]

Zunächst noch zu schwach, um sich mit den heranrückenden MPLA-Truppen zu messen, wurden stattdessen Hinterhalte ausgekundschaftet, Sprengfallen gelegt und Razzien in den umlie-

65 Vgl. dazu: McAleese, No Mean Soldier, S. 91–98.
66 Vgl. Dempster/Tomkins, Firepower, S. 159.
67 Vgl. dazu die zahlreichen Hinweise in: Dempster/Tomkins, Firepower.

genden Dörfern durchgeführt.[68] Georgiou unterteilte seine Männer in kleine, mobile Einheiten, die guerillaartige Überfälle und Hinterhalte verübten und die von ihm den bezeichnenden Titel *Killer-Gruppen* erhielten.

In verschiedener Hinsicht war sein Regime der militärischen Heimat vieler der in Angola präsenten Söldner nachempfunden, der britischen Armee, wie er selbst während seines Prozesses in Luanda ausführte:

> *»Straight away I began to lay down rules and regulations and strictest discipline and to emfasise [sic] that point I told them that from now on I don't want to hear the word Mercenary and that they were part of a discipline unit, and discipline was far more important out here because the temptations were higher. I emfasised [sic] also that any man found guilty of breaking that Code of discipline – same rules as in the British Army – […] and I emfasised [sic] it strongly, they [sic] will be shot.«*[69]



Auch wenn Georgiou hier eine übergeordnete Autorität für sich in Anspruch nahm, zeigt ihre Überspitzung – insbesondere für die einheimischen FLNA-Angehörigen hatte die Missachtung seiner Befehle meist Prügel zur Folge; nicht wenige wurden auch getötet[70] –, dass es ausschließlich seine eigene Gewalttätigkeit war, aus der sich seine Autorität speiste. Ob Georgiou so weit ging, sogar einen Cousin Robertos zu ermorden, wie manche seiner Mitkämpfer behaupten,[71] ist unklar – allein die Annahme reflektiert eine ihm zugeschriebene Kompromisslosigkeit, die keine Autorität außer der eigenen gelten ließ und diese mit jeder Gewalttat aufs Neue für sich reklamierte. Bemerkenswert ist Georgious Hinweis auf die »größeren Versuchungen« vor Ort in Angola. Er legt nicht nur eine Wahrnehmung nahe, die »hier draußen« vor allem mit Chaos und Gesetzlosigkeit gleichsetzt, sondern lässt auch deutlich werden, dass Georgious scheinbar schrankenlose Selbstherrlichkeit gleichzeitig den eigensinnigen Versuch darstellte, Zwänge, Risiken und Belastungen eines in vielerlei Hinsicht unkalkulierbaren Einsatzes zu kompensieren.[72]

Wenn kritische Kameraden im Nachhinein Georgious Regime als »Söldner-Dschungel« geringschätzten,[73] verkannten sie dabei, dass dessen Auswüchse immer auch der Sicherstellung seiner uneingeschränkten Autorität als Oberbefehlshaber dienten. Im Sinne de Certeaus sind sie deshalb vor allem als Taktik zu interpretieren, d. h. als ein Versuch, »mit dem Terrain fertig[zu] werden«, das sich Georgiou so darbot, »wie es das Gesetz einer fremden Macht organisiert« hatte[74]. Sein Gewalthandeln scheint demgegenüber gerade durch »das Fehlen von Macht bestimmt«, und folgte in all seinen Überspitzungen einer instrumentellen Logik, die in ihrer Aggressivität und Kompromisslosigkeit zum einen auf Georgious militärische Sozialisation als *Para* zurückverweist.

68 Zum Zusammenwirken von Absicht und Zufall, Planung und Unvorhersehbarem und ihrem Einfluss auf die Radikalisierung kriegerischer Gewalt vgl. Bernd Greiner, Krieg ohne Fronten. Die USA in Vietnam, Hamburg 2009.

69 Georgiou, zit. nach: Burchett/Roebuck, The Whores of War, S. 97.

70 Ungefähr 170 Angehörige der FLNA sollen im Laufe der zwei Wochen, die sich das Quartett um Georgiou und Hall schon vor dem Eintreffen der ersten Welle britischer Söldner in Angola aufhielt, auf einer zu diesem Zweck bevorzugt benutzten Brücke in Quiende erschossen und anschließend in den Fluss geworfen worden seien; vgl. Tony Geraghty, Soldiers of Fortune. A History of the Mercenary in Modern Warfare, New York 2009, S. 69f.

71 Vgl. Dempster/Tomkins, Firepower, S. 234; Rogers, Someone Else's War, S. 76.

72 Vgl. dazu Sikora, Söldner, S. 225.

73 So etwa McAleese, No Mean Soldier, S. 88.

74 Michel de Certeau, Kunst des Handelns, Berlin 1980, S. 89f.

Gleichzeitig zeigt sie jedoch auch den Einfluss populärkulturell geprägter Selbstentwürfe, die in ihrer Selbstermächtigung und Skrupellosigkeit unterstreichen, in welchem Maße sich die Söldner »in Übersee«, ohne jede Rückendeckung, aber auch allen Restriktionen enthoben, in einen »schmutzigen Krieg« verwickelt wähnten.

## Zum Professionalitätsverständnis unter Söldnern

Neun Tage nach dem Eintreffen der ersten 19 Söldner waren 96 weitere Söldner aus Großbritannien im Kampfgebiet eingetroffen. Unter ihnen befanden sich auch eine ganze Reihe von Söldnern ohne militärische Erfahrung, die mit dem Versprechen rekrutiert worden waren, als Mechaniker, Sanitäter oder Köche hinter der Front zum Einsatz zu kommen. Als ihnen vor Ort hingegen eröffnet wurde, dass sie in Kürze die MPLA bekämpfen sollten, verweigerten sich viele der Neuankömmlinge, unter ihnen auch einige ehemalige *Paras*.[75] 23 von ihnen wurden auf Georgious Veranlassung daraufhin nach einer erniedrigenden Prozedur zur Verrichtung von Etappendiensten nach Maquela beordert.



Nachdem diese in der folgenden Nacht – vermutlich in der Überzeugung, es mit einer Einheit der MPLA zu tun zu haben – das Feuer auf einen mit anderen Söldnern besetzten Jeep eröffnet und Maquela daraufhin fluchtartig verlassen hatten, wurden sie von Georgiou der offenen Meuterei bezichtigt. Einen Söldner soll er auf der Stelle getötet haben, während rund ein Dutzend weiterer Söldner von einem Erschießungskommando – zu dem Georgiou diejenigen Söldner bestimmte, die in dem betroffenen Jeep gesessen hatten, allesamt inzwischen kampferprobte Söldner der ersten Welle – in einem nahe gelegenen Tal erschossen wurden.[76]

Dieses kompromisslose Vorgehen läutete das Ende des Söldnereinsatzes ein. Zwar waren am 10. Februar 1976 noch einmal 23 neue Söldner im Kampfgebiet eingetroffen, 48 hatten sich aufgrund der Hinrichtungen bereits zurück nach Großbritannien begeben. Georgiou unternahm mit dem Rest seiner Männer eine Reihe waghalsiger Überfälle, bis er schließlich verwundet und mit den Überlebenden seiner Killer-Gruppe gefangen genommen wurde.[77] McAleese, inzwischen zum neuen Feldkommandanten der FLNA ernannt, »schämte sich, ein britischer Soldat zu sein«, als er die Hinrichtungsstätte nahe Maquela besichtigte,[78] wo die Leichen der ermordeten Söldner als warnendes Beispiel auf Anordnung Georgious einfach liegengelassen worden waren. Nahm er damit Bezug auf einen spezifischen Ehrenkodex, hatte auch Georgiou sich zur Rechtfertigung seines Verhaltens während des Prozesses in Luanda auf die Standards der britischen Armee berufen:

> *»The two sergeant-majors told me the group had got together and they were planning to mutiny, go their own way and do what they [an illegible word] and carry out the full meaning of the [two illegible words]. [...]. At this stage I would have hoped they would have realized the seriousness of the situation which they were in, and I hoped for good sense to prevail. So once more I asked if they would come to the front. Six of them came forward, the rest stayed. I explained*

75 Dempster/Tomkins, Firepower, S. 317.

76 Scotland Yard zählte nach einer Untersuchung der Morde von Maquela 14 ermordete Personen; die an den Ereignissen unmittelbar beteiligten Söldner geben hingegen die Zahl von 11 ermordeten Personen an; Dempster/Tomkins, Firepower, S. 33; und erklären die Abweichungen damit, dass auch drei Söldner zu den Ermordeten gezählt wurden, die während eines sich zeitnah ereigneten Unfalls, bei dem ein FLNA-Landrover auf eine von ihnen selbst gelegte Mine gefahren war, ums Leben kamen.

77 Mockler, The New Mercenaries, S. 197–200.

78 McAleese, No Mean Soldier, S. 106.

*that in the British army the sentence for deserting and mutiny was death by hanging, out here they were to be shot. To them it was just a joke. I could tell by their faces, like the whole trip. One big joke.«*[79]

Obwohl Georgiou auch hier die Autorität der britischen Armee für sich reklamierte, verweist sein Verhalten auf eine ganz eigene Taktik: Bezeichnend scheint, dass Georgiou diejenigen »Meuterer« verschonte, die sich schließlich doch zu kämpfen bereit erklärten. In diesem Sinne war es in erster Linie die offene Missachtung seiner Autorität und Anstrengungen – wie auch die seiner Kameraden, die auf sich allein gestellt und unter schwersten Bedingungen einen ständigen Kampf ausfochten –, die ihn aus der Perspektive des befehlshabenden Kommandeurs jedem anderen gegenüber zu solch kompromisslosen Konsequenzen ermächtigte. »This is the only law here«, soll Georgiou gesagt haben, als er den vermeintlichen Anführer der »Meuterer« erschoss.[80] Dass auch die anderen kampfunwilligen Söldner erschossen und nicht, wie in regulären Armeen üblich, gehängt wurden – womit gemeinhin das Unehrenhafte ihres Verhaltens betont wird – und noch dazu von denjenigen, die in dem beschossenen Jeep gesessen hatten, offenbart ein Auge-um-Auge-Prinzip, das weit mehr der Taktik eines Desperados als der Strategie eines regulären Soldaten entsprach.



Gewalttätigkeit wird nicht zuletzt von der individuellen Vorstellungskraft befeuert. In diesem Sinne eröffnete die Möglichkeit, »interessanter Arbeit im Ausland« nachzugehen, den in Angola präsenten Söldnern, eine geschätzte Tätigkeit wieder aufzunehmen. Fehlende Restriktionen und Kontrollmechanismen eröffneten hier zudem einen immensen Machtzuwachs und eine entsprechende Aufwertung ihrer Person. Copeland, den Georgiou zum Kommandanten von Quiende gemacht hatte, ließ seine Soldaten im Takt zu *Viva la Sammy* marschieren und auch McAleese gibt an, nach der Sicherstellung einer geregelten Nahrungsmittelversorgung von der Bevölkerung San Antonios mit *Viva O Peter* gefeiert worden zu sein.[81] Ob Georgiou die ihm gleichsam über Nacht zugefallene Machtfülle überforderte, wie sein Offizier Dempster behauptete,[82] oder ob der ehemalige Gefreite sich an ihr berauschte, ist im Nachhinein kaum zu klären. Nicht auszuschließen und in Anbetracht der virulenten Rivalitäten innerhalb der Truppe auch naheliegend ist, dass die Söldner den gefangenen und infolge des Prozesses hingerichteten Georgiou als Sündenbock benutzten, um von ihrer eigenen Gewalttätigkeit abzulenken. Tatsächlich übernahm dieser während des Prozesses – ganz nach dem Selbstverständnis eines Offiziers – die volle Verantwortung für alle den Söldnern zur Last gelegten Anschuldigungen.[83] Offenbar hatte sein aggressives Regiment nicht unbeträchtlichen Anteil daran, seine Männer zu rücksichtslosem Durchgreifen zu animieren.[84]

Gleichzeitig diente die von ihm angewendete Gewalt immer auch der Sicherstellung seiner eigenen Autorität und verweist damit nicht zuletzt auf seine militärische Sozialisation als *Para*. Mag sie von manchen seiner engsten Mitstreiter als überspitzt wahrgenommen worden sein, so folgte sie einem zwischen Effektivität und Risikominimierung oszillierendem Verständnis von Professionalität, das als solches auch von Georgious Männern geteilt wurde. Ist der Anpassungsdruck von Soldaten – gewissermaßen die Kehrseite militärischer Kameradschaft – schon in regu-

79 Burchett/Roebuck, The Whores of War, S. 101.
80 Dempster/Tomkins, Firepower, S. 334; Burchett/Roebuck, The Whores of War, S. 100.
81 Dempster/Tomkins, Firepower, S. 165; McAleese, No Mean Soldier, S. 95.
82 »Modern Merc reveals Tricks of the Trade«, in: Soldier of Fortune, Juli 1979, S. 66f.
83 Mockler, The New Mercenaries, S. 215.
84 Dempster/Tomkins, Firepower, S. 315; McAleese, No Mean Soldier, S. 94.

lären Armeeeinheiten erheblich,[85] kommt ihm in Söldnerverbänden zentrale Bedeutung zu. Vor keiner noch so schwierigen Herausforderung zurückzuschrecken, betont nicht nur männlichen Wagemut und Härte, sondern unterstreicht zugleich ein professionelles Selbstverständnis, dessen Standards sich in Söldnerverbänden ganz an der unmittelbaren militärischen Bezugsgruppe ausrichten: Im Gefecht nicht in Panik zu geraten, wie es McAleese am Anfang seiner Autobiografie postulierte, bedeutet einerseits, seine spezifischen Aufgaben so umzusetzen, wie es einem befohlen wurde – handlungsfähig zu bleiben und seine Arbeit gut zu machen. Andererseits verpflichtete es die Männer dazu, die »Freunde« nicht im Stich zu lassen, d. h. ihre Erwartungen im Hinblick auf die Bewältigung einer bestimmten Aufgabe nicht zu enttäuschen und somit den Erfolg des Einsatzes (wie auch das Leben der »Freunde«) nicht zu gefährden.[86]

Aus einer solchen Perspektive waren die kampfunwilligen Söldner zu einer Belastung für ihre kämpfenden Kameraden geworden: Statt zur Effektivität von Georgious Streitmacht beizutragen, stellten sie ein Risiko für ihre kämpfenden Kameraden dar, die sich (schon aufgrund der teilweise fehlenden militärischen Expertise unter ihnen) nicht sicher sein konnten, ob sie im Gefecht ›ihren Mann stehen‹ würden.[87] Auch wenn alle Söldner Georgious Vorgehen im Nachhinein kritisierten und fast alle Angehörigen des Exekutionskommandos angaben, sich nur widerwillig und in dem Bewusstsein, dass sie selbst erschossen würden, wenn sie den Befehl nicht ausführten, an den Hinrichtungen bei Maquela beteiligt zu haben,[88] lassen ihre Aussagen eher quantitative als qualitative Unterschiede in der Betrachtungsweise deutlich werden.



> »*I found it hard to believe the extremes that Callan would go to in order to punish them but it was even more difficult to understand why men so desperate to get away from Callan and Angola that they would fire upon their own side to achieve that goal would ultimately go to their deaths without a determined fight,*«

äußerte sich Dave Tomkins über dreißig Jahre später.[89] Tatsächlich braucht jede Armee nicht nur Kämpfer, sondern auch Mechaniker, Köche und dergleichen, um eine Infrastruktur zu gewährleisten, die das Kämpfen und Überleben erst möglich macht.[90] Während die Gruppe um McAleese in San Antonio offenbar entsprechend vorging, legt Georgious Desinteresse gegenüber derartigen Funktionen nahe, dass für ihn und seine Männer das Kämpfen im Mittelpunkt ihrer Arbeit stand. Für wen oder gegen wen war dabei »in Übersee« nicht immer eindeutig klar, wie Georgious Offiziere Tomkins und Dempster zum Ausdruck bringen. Dies begünstigte eine Einstellung, die kein Mitleid kennt, sondern nur militante Selbstsorge: für sich selbst und die eigene Bezugsgruppe, und die dabei auch gleichgültig ist gegenüber dem Zweck, dem das Kämpfen dient.[91] Schenkt man McAleese's Autobiografie Glauben, war es das Kämpfen selbst, das bejaht und als lustvolle

85 Vgl. dazu die klassischen Untersuchungen von: Samuel L. A. Marshall, Men Against Fire: The Problem of Battle Command in Future War, New York 1947; Samuel Stouffer, The American Soldier: Combat and Its Aftermath, Princeton, NJ 1949.

86 Vgl. dazu auch: Banks, The Wages of War, S. 5 u. S. 8.

87 Vgl. etwa die Aussagen des später in Luanda inhaftierten Söldners Colin Evans, einem Angehörigen von Georgious Killer-Gruppe in: Tickler, The Modern Mercenary, S.171 sowie Dempster/Tomkins, Firepower, S. 311f.

88 Ebd., S. 338 u. S. 340.

89 Tomkins, Dirty Combat, S. 114 u. S. 116; Dempster/Tomkins, Firepower, S. 337f.

90 Vgl. Erik-Jan Zürcher, Introduction: Understanding Changes in Military Recruitment and Employment Worldwide, in: ders. (Hg.), Fighting for a Living, S.11–41.

91 Modern Merc reveals Tricks of the Trade, in: Soldier of Fortune, Juli 1979, S. 70.

Verausgabung erfahren wurde: »I've never soldiered just for profit. I've done it for the adventure, because I have always been a professional soldier, and because I love a fight. I've never been happier than in action.«[92]

In der unerschrockenen und vorbehaltslosen Bejahung des Kämpfens, die sich McAleese hier zuschreibt, lässt sich einmal mehr der Einfluss actiongeladener B-Movies ausmachen. In Anbetracht der Tatsache, dass McAleese zum Zeitpunkt, als er diese Zeilen verfasste, auf eine fast 20jährige Söldnertätigkeit zurückblicken konnte, während der er sowohl den Apartheid-Regimes von Rhodesien und Südafrika wie auch der Europäischen Wirtschaftsgemeinschaft (EEC) und dem kolumbianischen Cali-Kartell diente,[93] unterstreichen sie jedoch auch ein eigensinniges Selbstverständnis von Gewalt-Tätigkeit, »das in den Anstrengungen, ›bei sich‹, aber auch ›bei anderen‹ zu sein, jene Kalküle ignoriert [...], die auf größere Zusammenhänge bezogen« sind.[94]



## Grenzenlose Gewalt?

Zwischen dem Eintreffen von Georgious Freunden Anfang Januar 1976 und dem Rückzug der letzten britischen Söldner aus Angola am 17. Februar lagen kaum sechs Wochen, in denen insgesamt 143 Söldner zum Einsatz kamen, von denen 60 getötet oder verwundet wurden.[95] Ursprünglich als Berater und Ausbilder für die FLNA-Truppen rekrutiert, führten sie unter Georgious Kommando mit zunehmender Zahl ihre eigene Kampagne, die zwar gegen die »kommunistische« MPLA und ihre kubanischen Verbündeten zielte, lokale FLNA-Angehörige in zunehmendem Maße aber außen vor ließ.[96] In Bezug auf den Transfer von Ideen und Praktiken scheint ihr Einsatz dennoch nicht folgenlos geblieben zu sein, denn nach der Zerschlagung der FLNA wurde eine ganze Reihe ihrer Kämpfer selbst zu Söldnern. Unter der Fahne Südafrikas bildeten sie eine der schlagkräftigsten Einheiten, die in den Grenzkriegen des Apartheid-Regimes zum Einsatz kam – das sogenannte *32 Battalion* – und nach dessen Ende traten nicht wenige von ihnen in den Dienst einer Söldnertruppe, die vielfach als Wegbereiter und Musterbeispiel zeitgenössischer Militärdienstleister bezeichnet wird, *Executive Outcomes* (EO).[97] Hier wie da arbeiteten sie weiterhin eng mit Offizieren zusammen, zu denen, wie schon in Angola, auch britische Söldner zählten.

Obwohl ein virulenter Rassismus unter ihnen in Angola unübersehbar ist – so werden die afrikanischen FLNA-Soldaten in den Selbstzeugnissen der Söldner durchgängig als »nutzlos«, »feige«

92 McAleese, No Mean Soldier, S. IX.

93 Vgl. dazu im Einzelnen: McAleese, No Mean Soldier.

94 Alf Lüdtke, Arbeit, Arbeitserfahrungen und Arbeiterpolitik. Zum Perspektivenwechsel in der historischen Forschung, in: ders., Eigen-Sinn. Fabrikalltag, Arbeitererfahrungen und Politik, Hamburg 1993, S. 351–440, hier S. 380; zum Begriff des Eigensinn vgl. auch: ders., Geschichte und Eigensinn, in: Berliner Geschichtswerkstatt (Hg.), Alltagskultur, Subjektivität und Geschichte. Zur Theorie und Praxis von Alltagsgeschichte, Münster 1994, S. 139–153.

95 In diesen Zahlen enthalten ist auch das Kontingent von sieben US-amerikanischen Söldnern, die erst Anfang Februar ins Kampfgeschehen eingriffen und wie ihre britischen Kameraden überwiegend ehemalige Angehörige militärischer Spezialeinheiten waren und über Kampferfahrung in Vietnam verfügten; vgl. dazu: Dempster/Tomkins, Firepower, S. 388 ff.; Voß, Washingtons Söldner, S. 277 ff., diskutiert Gründe und Grenzen dieses überschaubaren Rekrutierungsprozesses.

96 Vgl. Dempster/Tomkins, Firepower, S. 312.

97 Zum 32. Battalion vgl. Piet Nortje, 32. Battalion. The Inside Story of South Africa's Elite Fighting Unit, Kapstadt 2003; zu EO vgl. Peter W. Singer, Die Kriegs-AGs, Frankfurt a. M. 2006.

und »schreckhaft« beschrieben[98] –, war er nicht der einzige Grund für die Gewalteskalation in Georgious Streitmacht. Vielmehr befeuerten sich Rassismus und ein spezifisches Verständnis von Professionalität wechselseitig, wie das nicht minder brutale Vorgehen gegenüber den kampfunwilligen weißen Söldnern zeigt. Es macht deutlich, dass sich die Moral der Söldner nicht ausschließlich aus einer rassistisch kodierten Nähe speiste.[99] Ihr Verständnis von Moral unterschied nicht grundsätzlich zwischen Weißen und Schwarzen, sondern zwischen Kämpfern und Feiglingen, wie etwa das Beispiel McAleeses zeigt, der in Rhodesien und Südafrika Seite an Seite mit afrikanischen Soldaten kämpfte und ihrer »Kampfkraft« nun höchsten Respekt zollte.[100]

Die Konflikte innerhalb des britischen Söldnerkontingents lassen einen zentralen Unterschied zwischen Söldnern und Soldaten deutlich werden: Während sich Autorität in regulären Armeen aus dem Rekurs auf spezifische und verbindliche Traditionen, Qualifikationen und Reglements speist,[101] gilt das für Söldnerverbände nicht. Zwar zeigte sich auch Georgiou bemüht, seine Autorität im Rekurs auf das Reglement der britischen Armee zu untermauern, in erster Linie war es jedoch sein skrupelloser Einsatz von Gewalt, der für den Zusammenhalt (wie auch für den Zerfall) seiner Streitmacht entscheidend war. Betonen die Selbstzeugnisse der Söldner ein Selbstverständnis, das erheblich eigensinniger ausgerichtet ist als das regulärer Soldaten, zeigen sie zugleich, dass der Kriegsdienst im Allgemeinen von ihnen nicht ausschließlich als staatlich organisierte und institutionalisierte Verpflichtung betrachtet wurde. Vielmehr galt er ihnen als willkommene Möglichkeit, um nicht nur aus der eigenen militärischen Erfahrung und Expertise Kapital zu schlagen, sondern auch den unfreiwilligen Ausschluss aus einer Gemeinschaft »militarisierter Lebensläufe« (Michael Sikora) zu kompensieren und wurde entsprechend aktiv gesucht.



John Banks etwa, der behauptete, sich schon vor seinem Engagement für die FLNA als Söldner und CIA-Fluchthelfer verdingt zu haben,[102] beschäftigte auch in der von ihm zeitweilig betriebenen Speditionsfirma überwiegend ehemalige Kampfgefährten:

> *»Over a few beers, outrageous suggestions for a new company were bandied about. Rent-a-Thug and Rent-a-Stud were suggested. Then, someone suggested that, with all the former soldiers they knew, a mercenary army could be raised for hire. Banks was not slow to see the potential. Within minutes, he was on the phone to the Daily Mirror and the Daily Mail.«*[103]

Unabhängig davon, ob sich diese Ereignisse, die zu der eingangs zitierten Anzeige führten, tatsächlich so abgespielt haben, wie sie Banks Geschäftspartner Tomkins in seiner Autobiografie schildert, illustrieren sie ein Milieu, in dem Skrupellosigkeit, militärischer Tatendrang und hemdsärmelige Geschäftstüchtigkeit offenbar Hand in Hand gingen. Was gewissermaßen als Schnapsidee begann und in seiner Umsetzung bisweilen an einen Spaghetti-Western denken lässt, entbehrte jedoch nicht eines gewissen Pioniergeistes, wie ihn Tomkins oben Banks zuschreibt. Zwar war *Security Advisory Services*, die Söldneragentur von Banks, längst nicht so gut vernetzt wie zeitgenössische Militärdienstleister der Marke *EO* und ist auch, was Umfang und Effizienz ihrer Einsätze betrifft,

98 Vgl. Burchett/Roebuck, The Whores of War, S. 116 u. S. 120; McAleese, No Mean Soldier, S. 89; Dempster/Tomkins, Firepower, S. 267.

99 MacDonald, Epistemic Violence, S. 66.

100 McAleese, No Mean Soldier, S. 218.

101 Vgl. dazu: Joseph A. Blake, The Organization as Instrument of Violence: The Military Case, in: The Sociological Quarterly 11 (1970) 3, S. 331–350.

102 Vgl. Banks, The Wages of War.

103 Tomkins, Dirty Combat, S. 73.

mit diesen kaum vergleichbar.[104] Hier wie da handelte es sich jedoch um Männer, die die Armee nur gezwungenermaßen verlassen hatten, sich weiterhin in einem Milieu »militarisierter Lebensläufe« bewegten und sich in ihrem Portfolio, aber auch in ihrem Verständnis von Professionalität, eng an jene Einheiten anlehnten, in denen sie einst gedient hatten – schon der Titel *Security Advisory Services* war eine unverkennbare und wohl beabsichtigte Referenz an den *Special Air Service*.[105] Und tatsächlich konnte Banks Söldneragentur trotz der negativen Schlagzeilen, die die Ereignisse in Maquela nach sich zogen, weiterhin regen Zulauf verzeichnen, waren etliche der in Angola tätigen Söldner bis in die späten 1980er Jahre hinein an den verschiedensten Krisenherden in Afrika und anderswo aktiv.



»What they have done so successfully to date, is to interpret political instability in Africa as a market issue, and they have positioned themselves perfectly in that market«, hat der britische Journalist Jeremy Harding im Hinblick auf die anhaltende Verwendung von Söldnern im postkolonialen Afrika bemerkt.[106] Während innerhalb der Forschung auch in historischer Perspektive zumeist zwischen (tendenziell skrupellosen) Söldnern und (tendenziell seriösen) Militärdienstleistern unterschieden wird – und für diese Unterscheidung zumeist auf das Ende des Kalten Krieges und die sich seitdem verändernden Sicherheitsökonomien verwiesen wird –,[107] wirft ein Blick auf die Akteure und das Verständnis ihrer Arbeit die Frage auf, wie sinnvoll diese Unterscheidung ist. Wie die Untersuchung des Söldnereinsatzes in Angola zeigt, waren auch die Männer um Georgiou und Banks keine passiven Auftragsmörder, sondern aktiv bemüht, einen Bedarf an militärischer Expertise und entsprechenden Einsatzmöglichkeiten selbst zu generieren. Die hier ausgewerteten Selbstzeugnisse sind deshalb auch als Werbung in eigener Sache zu lesen, die die Zuverlässigkeit und Effizienz der jeweiligen Autoren/privaten Militärdienstleister ins rechte Licht rücken sollten. Gilt ihr Einsatz in Angola als einer der grausamsten Söldnereinsätze der jüngeren Geschichte und damit als Musterbeispiel für die Risiken und das Eskalationspotential, das der privaten Militärdienstleisterbranche innewohnt, zeigt die Untersuchung seiner Protagonisten, das ihr Vorgehen und ihr Verständnis von Arbeit eng an das Ethos ihrer jeweiligen militärischen Sozialisation angelehnt war und unterstreicht damit die Bedeutung, die Erfahrungshaushalten und Wahrnehmungsmustern von Söldnern selbst zukommt, um das Problem und die Praxis privatisierter Gewalt im transnationalen Kontext angemessen zu erfassen.

104 Zu den Einsätzen EOs vgl. Al J. Venter, War Dog: Fighting Other People's Wars. The Modern Mercenary in Combat, Philadelphia 2006.

105 Tomkins, Dirty Combat, S. 76.

106 Zit. nach: Musah/Fayemi, Africa in Search of Security: Mercenaries and Conflicts – An Overview, in: dies. (Hg.), An African Security Dilemma, S. 13–42, hier S. 4f.

107 Vgl. etwa: S. Yelda Kaya, Private Contractors in War from the 1990s to the Present, in: Zürcher (Hg.), Fighting for a Living, S. 613–638.

■ Alexandra Oeser[1]

# (Trans)-Nationale Repräsentationen der Arbeit. Der Kampf um Arbeit und Macht als Transformation von Männlichkeiten in Nordamerika und Südfrankreich im 21. Jahrhundert



Im Jahr 2004 kaufte die multinationale Firma Connect[2] mit Sitz in Chicago, weltweit zweitgrößter Hersteller von elektronischer Anschlusstechnik für Automobile,[3] eine Fabrik in Saint Jean de la Rivière, einer Kleinstadt mit 5.000 Einwohnern in Südfrankreich, von einer staatlich kontrollierten Firma. St. Jean liegt circa eine Stunde von der nächsten größeren Stadt entfernt, ohne Zugverbindung, recht idyllisch zwischen Hügeln an einem Flussufer. Viermal täglich fährt unter der Woche ein Bus. Ansonsten braucht man ein Auto, um St. Jean zu erreichen. In den 1980er Jahren noch Hochburg der Flugzeugindustrie mit zeitweilig bis zu 2.000 Industriearbeitern, ist St. Jean seit zwanzig Jahren dem stetigen Prozess der Deindustrialisierung unterworfen und beschäftigt heute noch ca. 600 Industriearbeiter. Mit dem Kauf der Fabrik erwarb die Firma Connect Patente und den Zugang zum europäischen Automarkt durch Verträge mit Peugeot und Renault. Vier Jahre später, im Oktober 2008, kündigte sie die vollständige Schließung der Fabrik für September 2009 an. Die Produktion sollte nach China und in die USA verlagert werden. Dies war eine von 14 europäischen Fabrik-Schließungen der multinationalen Firma zwischen 2007 und 2009.

Seit 2010 begleitete ein Team von zehn SoziologInnen, PolitikwissenschaftlerInnen und HistorikerInnen[4] unter meiner Leitung[5] den Arbeitskampf der ehemaligen Arbeitnehmer in St. Jean. Wir führten Interviews mit 160 ehemaligen Angestellten und einigen ihrer Familien sowie mit dem Management in den USA und Deutschland, mit AnwältInnen beider Seiten und mit JournalistInnen, die den Arbeitskampf begleitet hatten. Das ForscherInnen-Team war zur ethnografischen Beobachtung auf Demonstrationen, Prozessen und lokalen politischen Veranstaltungen dabei. Wir bekamen Zugang zu den Archiven des Betriebsrates von Connect, dessen Unterlagen ab 2004 vollständig dokumentiert sind, sowie zu den Archiven der Firma, welche die ehemaligen Angestellten bis zu ihrer Wiedereingliederung in den Arbeitsmarkt im Jahr 2012 begleitet hatte. Und wir werten aktuell systematisch französische Presseartikel des Zeitraumes von Oktober 2008 bis September 2009 aus. Dieser Aufsatz bezieht den gesamten Korpus mit ein, wenn auch Interviews, ethnografische Beobachtungen und ausgewählte Presseartikel hauptsächlich die Analyse stützen. Es handelt sich um ethnografische Interviews in einem Kreis von einander bekannten Personen.[6]

1 Ich danke Nina Leonhard, Sebastian Jobs und Elissa Mailänder für ihre konstruktive Kritik an diesem Text, Nicole Warmbold für das Lektorat.

2 Alle Namen, inklusive Firmen- und Ortsnamen, wurden verändert.

3 Die US-amerikanische Firma Connect verfügte 2004 über Filialen auf fünf Kontinenten, mit einem Geschäftsvolumen von fast drei Milliarden US-Dollar und mehr als 30.000 Angestellten.

4 Mit mir waren an der Forschung hauptsächlich beteiligt: Anne Bory, Olivier Baisnée, Bérénice Crunel, Eric Darras, Caroline Frau, Jérémie Nollet, Audrey Rouger, Yohan Selponi und Fanny Tourraille sowie punktuell drei Jahrgänge des Masters SOPOREC am l'IEP von Toulouse (2010–2012).

5 Das Team wird seit 2011 von der französischen Agence Nationale de la Recherche (ANR) finanziert, der ich hiermit danke.

6 Stéphane Beaud, Usage de l'Entretien en Sciences Sociales. Plaidoyer pour »l'Entretien Ethnographique«, in: Politix 9 (1996) 35, S. 226–257.

Die ehemaligen Angestellten sprachen mit uns, weil sie sich von den WissenschaftlerInnen Unterstützung im Arbeitskampf erhofften, die ehemaligen Manager, weil sie auf einen »gerechteren« Bericht als den der französischen Presse hofften. Die Interviews fanden in freundlicher Atmosphäre statt, besonders da wir im Laufe der Jahre immer wieder kamen.

Als Soziologin möchte ich in diesem Artikel die Repräsentationen von Arbeit und Arbeitswelten, die beide Seiten mobilisierten, mit einem Fokus auf Gender hinterfragen. Inwiefern erlaubt eine Genderanalyse eine Verschiebung der Fragestellungen an das Thema Arbeit? Welche Gemeinsamkeiten und Unterschiede werden in den Vorstellungen von Arbeit und von Männlichkeiten erkennbar? Des Weiteren sollen die latenten Sinnstrukturen hinter den unterschiedlichen Interpretationen von Arbeitswelt herausgearbeitet werden: Welche sozialen Mechanismen stützen die mentalen Repräsentationen von Arbeit und Männlichkeiten? Und schließlich, was kann eine Genderanalyse zu der des Arbeitskampfes und der transnationalen Arbeitsbeziehungen beitragen?



In einem ersten Teil des Artikels wende ich mich französischen Darstellungen des Arbeitskampfes zu, die ich in einem zweiten Teil denen des amerikanischen Managements gegenüberstelle. In einem dritten und vierten Teil interessiere ich mich für die Repräsentationen von Männlichkeit, die beide Narrative auf unterschiedliche Art durchziehen und strukturieren.

Der Konflikt zwischen Angestellten und Managern begann im September 2008 und dauert bis heute an. Die ArbeitnehmerInnen, zum größten Teil über 50-jährige männliche Arbeiter und Techniker, legten nach Ankündigung der Schließung sofort ihre Arbeit nieder. In den folgenden Monaten wechselten sich kurze Arbeitsniederlegungen, Bummelstreiks, »Dienst nach Vorschrift« und Demonstrationen ab. Eine Reihe von Prozessen verzögerte die Schließung der Firma. Der Konflikt fand einen ersten Höhepunkt im April 2009, als die Angestellten zwei der Manager 24 Stunden in der Firma festhielten (*Bossnapping*).[7] Während der anschließenden Verhandlungen wurde die Arbeit langsam und mit Unterbrechungen wieder aufgenommen. Im Juni 2009 kam es erneut zum Streik. Er dauerte an, bis der Vorstand im August einen Arbeits- und Lohnstopp verhängte und ihn mit Hilfe einer privaten Sicherheitsfirma durchsetzte. Nach zwei Monaten ohne Gehalt beschlossen die ArbeitnehmerInnen, den Sozialplan zu akzeptieren, der im September 2009 zur betriebsbedingten Kündigung von 283 Connect-Angestellten führte (davon 56 Frauen). Von diesen Maßnahmen war rund ein Viertel der lokal ansässigen Familien betroffen.

Nach langen Verhandlungen mit den Gewerkschaften und dem Staat verpflichtete sich der Vorstand von Connect im September 2009, für die Dauer von zwei Jahren Teile seiner Aufträge an eine neu gegründete Firma zu vergeben: St. Jean Industrie (SJI), die im Herbst 2009 ca. 15 und bis Mai 2011 weitere 33 ehemalige Mitarbeiter der Firma Connect anstellte. So sind bei Redaktionsschluss 2015 insgesamt 48 der 52 ArbeitnehmerInnen der neuen Firma SJI einstige Connect-Angestellte (darunter zwei Frauen).

Die Entlassenen setzten ihren Arbeitskampf nach der Schließung jedoch fort, sowohl in den Medien, wo von Oktober 2008 bis September 2009 mehr als 1.500 Artikel in der französischen Presse erschienen, als auch auf juristischem Wege. Im April 2010 verurteilte das Strafgericht (*Tribunal de grande instance*) von Toulouse zwei der Vorgesetzten der Filiale in St. Jean wegen Behinderung des Betriebsrates zu sechs Monaten Gefängnis auf Bewährung und 10.000 Euro Bußgeld, das die Firma Connect bezahlte. Im Oktober 2010 klagten 188 der ehemaligen Angestellten beim Arbeitsgericht gegen die betriebsbedingte Kündigung auf 25 Millionen Euro Entschädigung we-

7 *Bossnapping* ist der seit 2009 verbreitete Begriff, um die Praxis von ArbeiterInnen zu beschreiben, im Streik gegen die Schließungen ihrer Firma oder Fabrik ihre ManagerInnen in der Firma festzuhalten. Diese Praxis war besonders in Frankreich ab dem Frühjahr 2009 in Reaktion auf die Wirtschaftskrise und die massiven Schließungen von Firmen sehr verbreitet.

gen unrechtmäßiger Entlassung. Daraufhin schloss die amerikanische Firma ihre Niederlassung in Frankreich und entzog sich so ihrer Verpflichtung, den Sozialplan zu finanzieren. 2013 gewannen die ehemaligen Connect-Angestellten den Prozess in zweiter Instanz. Diese Entscheidung wurde jedoch 2014 vom Berufungsgericht (*Cour de cassation*) revidiert. Im Herbst 2015 wird der Prozess erneut in Bordeaux verhandelt.

Bei Redaktionsschluss für diesen Artikel waren immer noch 100 ehemalige Connect-Angestellte arbeitslos und circa 100 in temporären, prekären Teilzeitjobs beschäftigt; nur etwa 80 hatten einen festen Job gefunden. Die multinationale Firma hat allerdings inzwischen mehr als 42.000 Angestellte weltweit und verzeichnet seit 2008 eine Umsatzsteigerung auf mehr als drei Milliarden Dollar.

## Französische Darstellungen des Konflikts in der Presse und bei den Demonstranten



Der Lebenslauf von Pascal Belloc, der sich nach und nach zu einer der unumstrittenen Führungspersönlichkeiten des Arbeitskampfes entwickelte, kann als exemplarisch für die Arbeiterbiografien von St. Jean stehen. Belloc wurde 1963 als Kind eines Versicherungsfachmannes, der seit 1990 als Immobilienhändler tätig war, und einer Hausfrau nicht weit von St. Jean geboren. Nach der Scheidung seiner Eltern lebte er zunächst zwei Jahre bei seinem Vater, bevor er mit 16 Jahren zu seinen Großeltern zog. Dort teilte er mit seinem Onkel die Liebe zum Auto- und Motorradsport. Im Alter von 16 Jahren beendete er seine Lehre (Certificat d'aptitude professionnelle – CAP) als Metallarbeiter – die bis heute als Elite der Arbeiterschaft gelten. Mit 20 Jahren heiratete er, das Ehepaar bekam eine Tochter, mit 23 wurde er geschieden. Inzwischen ist er seit vielen Jahren ledig und Großvater von zwei Enkeln. Beruflich arbeitete er von 1979 bis 1989 in vielen unterschiedlichen Firmen, als Tischler, Handwerker, Dachdecker, Metallarbeiter, Schmied und Schlosser. Seit 1989 war er bei der Firma tätig, die 2004 von Connect gekauft wurde, erst als Monteur, dann als Gießer, dann war er für die Maschineneinstellungen zuständig. Mehr als zehn Jahre lang arbeitete er in der Nachtschicht. Nach einer Weiterbildung stieg er Mitte 2000 zum Mechaniker auf (wenngleich er nicht offiziell Techniker wurde, ein Status, mit dem eine bessere Bezahlung einhergeht). Als er im Jahr 2009 entlassen wurde, verdiente er knapp 2.000 Euro brutto im Monat. Allerdings hat er sich durch Hausauf- und verkäufe ein kleines Kapital von rund 150.000 Euro angelegt. Sein Karriereweg legt keineswegs nahe, dass er im Konflikt mit Connect zum Anführer der Arbeiter werden sollte. Er war in keiner Gewerkschaft Mitglied, wählte nicht und übte keine politischen Funktionen aus. Aber er organisierte seit Jahren Auto- und Motorradrennen mit vielen tausend Teilnehmern in St. Jean. Die dabei erworbenen organisatorischen Fähigkeiten stellte er dem Arbeitskampf zur Verfügung. Er wurde Präsident des Vereins, den die Arbeiter 2009 gründeten und organisierte Konzerte zur Unterstützung des Arbeitskampfes. Er war es auch, der Zelte und Verpflegung für die langen Sommermonate besorgte, in denen die Angestellten aus ihrer Fabrik ausgeschlossen waren, und der die Busse organisierte, welche die Streikenden zu den Demonstrationen fuhren.

Abbildung 1 zeigt zwei Arbeitskollegen von Pascal Belloc vor einer Demonstration. Sie haben sich als Asterix und Miraculix (frz. Panoramix), Hauptdarsteller des Comics *Asterix der Gallier*,[8] verkleidet. In Interviews erklärten sie die damit intendierte Assoziation: Das Bild des ›gallischen Dorfes‹, das sie auch auf ihren T-Shirts verwendeten und das sie zu ihrem Kampf-Slogan gemacht hatten, steht für sie als Symbol des kriegerischen »Dorfes, bewohnt von unbelehrbaren Galliern,

8 René Goscinny (Geschichte)/Albert Uderzo (Bilder), Astérix le gaulois, Paris 1959. Comics sind in Frankreich sehr beliebt und als eigene Kunstform anerkannt. *Asterix und Obelix* gehört zu den meistverkauften Comic-Klassikern.

**Abb. 1: Aufnahme eines ehemaligen Connect-Arbeiters, vor der Demonstration 2009. Auf der Tonne steht: »Kochkessel der Arbeitsplätze« (Foto: Privatarchiv A. Oeser).**

die immer noch und immer wieder den Raubtieren widerstehen«.[9] Die Raubtiere verweisen hier auf ein doppeltes Feindbild, das es zu bekämpfen galt: die ausländischen (d.h. größtenteils amerikanischen, aber auch deutschen) Führungskräfte, wie auch den Prozess der Globalisierung. In den Augen der ehemaligen ArbeitnehmerInnen bedrohten beide, Globalisierung und amerikanische Führungskräfte, französische Arbeitsplätze. So setzten die ehemaligen Connect-Angestellten seit den 1950er Jahren von französischer Populärkultur geprägte Repräsentationen des Widerstandes in einem transnationalen Arbeitskampf geschickt ein und stützten sich dabei auf ein nationales Bild-Register. Der Connect-Konflikt verlief insofern quer zu sozialen und politischen Grenzlinien. In Darstellungen nationaler ›Einheit‹ gegen den ›amerikanischen Feind‹ fanden sich Angehörige des linken und rechten politischen Spektrums wieder: »*Die Amerikaner* denken nur an den Profit«, erläuterte ein Mitglied der Gewerkschaft CFDT (Confédération française démocratique du travail).[10]

Die Repräsentationen, die in dem Connect-Konflikt verwendet wurden, illustrierten exemplarisch, was schwierig in Bilder zu fassen ist: Deindustrialisierung und Finanzkapitalismus, der seit der Krise 2008 sowohl die Medien als auch die Politik beschäftigte. So betonte auch eine Journalistin von France 3: »[Dieser Arbeitskampf] ist wirklich ein Paradebeispiel [...] das Symbol

9 T-Shirt-Aufschrift, gedruckt 2009 und 2010, Archiv des Vereins der ehemaligen Angestellten von Connect (Arch VeAC), Saint-Jean la Rivière. Es handelt sich um ca. 60 ungeordnete Kartons, nicht signiert und nicht beschriftet, die sowohl die Aktivitäten des Vereins seit der Schließung, sowie die des Betriebsrat von 2004 bis zur Schließung der Fabrik enthalten.

10 Interview mit einem 50-jährigen Gewerkschafter in St. Jean, Frühjahr 2010, Hervorhebung: A. Oeser.

unserer Industrie, die zugrunde geht, und des wild gewordenen Kapitalismus, [...] eine schreiende Illustration unserer Wirtschaft, die auf dem Kopf steht, der globalisierten Wirtschaft.«[11]

Der französische Rechtsstaat – genauer: das Arbeits- und Sozialrecht – diente als positives Gegenbeispiel. Forderungen nach Arbeit wurden in patriotisch-harmonischen Farben gemalt. Wie die Presseanalysen zeigen, waren die Trikolore, stilisierte Darstellungen des Landes als Hexagon und der Ruf nach der französischen Nation auf vielen Demonstrationsplakaten abgebildet.

Gleichzeitig ist es den ArbeiterInnen mit ihrer »Asterix und Obelix«-Symbolik gelungen, eine vom amerikanischen Management abwertend verwendete Symbolik umzudeuten. Die Abgeschnittenheit von St. Jean war regelmäßiges Gesprächsthema der internationalen Führungskräfte. In Interviews verwiesen besonders französische Sekretärinnen auf Telefonate der in Frankreich weilenden amerikanischen Manager mit Kollegen in den USA. Sie bezeichneten St. Jean als »gallisches Dorf«, um verächtlich zu beschreiben, wo sie »gelandet« waren; eine Bezeichnung, die in ihrem Munde mit ›hinterwäldlerisch‹ gleichgesetzt werden kann und keineswegs auf Asterix verwies.[12] Die Idee dreier Arbeiter, darunter auch Belloc, diese Zuschreibung während des Arbeitskampfes 2008 aufzugreifen und umzuwerten, indem sie sich stolz als »Gallier« verkleideten, ermöglichte es ihnen, die intendierte Stigmatisierung erfolgreich in ein wirkungsmächtiges Emblem zu verkehren.[13] Die Verkleidung signalisiert: Wir sind Dorfbewohner, aber auch Franzosen, und weil wir vom Lande kommen, sind wir unbelehrbar – d. h. unbesiegbar. Von rückständigen ›Hinterwäldlern‹ verwandelten sie sich durch offensive Kommunikationspraktiken und Inszenierungen in Vorreiter der Republik. Der Soziologe Howard Becker hat diese Transformation von Stigmata in Stolz anhand von Marihuana-Konsumenten in den 1960er-Jahren herausgearbeitet und gezeigt, wie die Stigmatisierung von bestimmten Verhaltensformen (hier der Konsum von leichten Drogen) ein Zugehörigkeitsgefühl zu einer Gruppe schaffen kann. Innerhalb der Gruppe wird das stigmatisierte Verhalten als positiv umgewertet und so identitätsstiftend. Man kann diese Analyse auf die Arbeiter von Connect übertragen, die hier die stigmatisierende Bezeichnung des hinterwäldlerischen Dorfbewohners stolz als Widerstand stiftend umdeuten.[14]



Der Historiker Alf Lüdtke hat in seinen Arbeiten gezeigt, wie sehr Repräsentationen ›des Arbeiters‹ Klassenzugehörigkeit überschreiten.[15] ArbeiterInnen und JournalistInnen haben in unserem Beispiel die Narrative des Arbeitskampfes gemeinsam geformt. Sie referierten einen von Regionalismus und Patriotismus geprägten, nationalen Bezugsrahmen, der sich auf Stereotype der proletarischen Arbeitswelt stützte: ›Der Arbeiter‹ sei Patriot – und ein (starker) Mann. Männlichkeit schien so eine der unausgesprochenen Voraussetzungen für diese Darstellungen des Arbeitskampfes gewesen zu sein – ich werde darauf noch zurückkommen.

11 Interview von Clémentine Francez-Carrere und Adrien Monetti, Studenten des IEP Toulouse, mit einer 30-jährigen Journalistin von France 3, Frühjahr 2010, Übersetzung: A. Oeser.

12 Interview mit einer 50 jährigen Sekretärin, September 2010, Alexandra Oeser und Fanny Parent.

13 Dies wird auch in einem Interview mit einem 50-jährigen Arbeiter und Gewerkschaftsangehörigen, der bei Demonstrationen das Miraculix-Kostüm trägt, deutlich: Sommer 2010, St. Jean, Alexandra Oeser und Fanny Tourraille.

14 Erving Goffman hat die bahnbrechende Arbeit zu Stigmata geschrieben: Erving Goffman, Stigmata. Notes on the Management of Spoiled Identity, New York 1963. Howard Becker hat zur gleichen Zeit die Idee der Transformation von Stigmata in Stolz ausgearbeitet: Howard Becker, Outsiders. Studies in the Sociology of Deviance, New York 1963.

15 Alf Lüdtke, Alltagsgeschichte: Aneignung und Akteure, in: WerkstattGeschichte 17 (1997), S. 83–91; ders., Industriearbeit in historischen Fotografien. Zu den Chancen einer »visuellen« Geschichte, in: Journal für Geschichte (1986) 3, S. 25–31; ders., Industriebilder – Bilder der Industriearbeit?, in: Historische Anthropologie 1 (1993), S. 394–430.

**Abb. 2: Foto eines Demonstrationsplakates. Der vollständige Text lautet: »Connect, Mafiosi aus Chicago« (Foto: Privatarchiv A. Oeser)**



Abbildung 2 zeigt ein Plakat, das die ehemaligen ArbeitnehmerInnen bei einer Demonstration im Herbst 2010 hochhielten. Man sieht eine Karikatur, einen Mann in Westernkleidung, mit Cowboyhut und Zigarre und vielen Pistolen am Körper. Assoziationen zu der Comic Figur Lucky Luke und zu Charakteren aus anderen amerikanischen Medien wie etwa dem Film *Der Pate*[16] wurden hier nahegelegt. Die Unterschrift »Connect: Mafiosi aus Chicago« verwies auf die kriminelle Geschichte der Stadt und stellte einen Vergleich zwischen den Aktivitäten der Chicagoer Mafia und den amerikanischen Führungskräften her. Die ehemaligen Angestellten erinnerten damit an die Verurteilung der Führungskräfte vor dem Strafgericht von Toulouse und delegitimierten die Position der amerikanischen Manager.

## Narrative des amerikanischen Managements

Auch auf der Seite des Managements gab es nationale Rahmungen, welche die Narrative des Arbeitskampfes prägten. Zwei der amerikanischen Führungskräfte der Firma, Jonathan Sidney, CEO (*Chief Executive Officer*), und seine rechte Hand, William Velden, haben mir ihre Sicht der Dinge während zweier Interviews im Hauptsitz der Firma in einer Vorstadt von Chicago im Winter 2013 geschildert.

Die Führungskräfte der Firma Connect haben ein soziales Profil, das sie erheblich von dem Personal, einschließlich des Managements, in St. Jean unterscheidet. Ihre Biografien erzählen von steilen Karrieren, sie haben Abschlüsse (meist erst als Ingenieure, dann als Manager) von angesehenen Universitäten in den USA oder Europa, ihr beruflicher Werdegang verlief international, für

16 Francis Ford Coppola, The Godfather, 1972.

einige von ihnen schon in sehr jungem Alter. Die Laufbahnen von Jonathan Sidney und William Velden, die in der Firma unterschiedliche Positionen einnehmen, und zwischen 2007 und 2009 hauptverantwortlich die Schließungen der 14 Fabriken in Europa betrieben, stehen exemplarisch für das leitende Personal von Connect.

Jonathan Sidney wurde 1954 in England als Sohn des Chefs einer mittelständischen Firma und einer Hausfrau geboren.[17] Er absolvierte zunächst eine Lehre in Elektronik und Ingenieurswesen am Bracknell College – einem College für Schulabgänger in Berkshire, eine Stunde südöstlich von London gelegen. 1976 wurde er von Connect eingestellt. 1981 bezahlte ihm die Firma ein Management-Studium und zehn Jahre später einen *Master of Business Administration* (MBA) an der University of East London. Dieselbe Universität verlieh ihm 2004 einen Ehrendoktor. Zehn Jahre lang arbeitete er in Asien (Hongkong und Singapur). Von 1988 bis 1994 war er Präsident der südlichen Regionen von Connect, von 1994 bis 1999 der amerikanischen Regionen. In den Jahren 1999 bis 2001 bekleidete er den Posten des *Executive Vice President*, 2001 stieg er zum *President* und COO (*Chief Operating Officer*) auf, seine Karriere beendete er schließlich in den Funktionen des *Vice Chairman* und CEO (*Chief Executive Officer*), die er seit 2005 innehatte. Im Laufe seiner Zeit bei der Firma eröffnete er Fabriken in Hongkong, China, Indien, Südafrika, Malaysia und Thailand. Trotz zahlreicher Umstrukturierungen der Firma hat sich Sidneys Laufbahn sehr geradlinig vollzogen. In der Produktion hat er nie gearbeitet.



William Velden, hauptverantwortlich für die Schließung von St. Jean, kann eine noch gradlinigere Karriere vorweisen, obwohl ihm keine Posten auf höchstem Niveau übertragen wurden.[18] 1966 in den USA als Sohn eines Apothekers und einer Hausfrau geboren, arbeitete er nach einem *Bachelor of Science and Engineering* fünf Jahre lang als Ingenieur. Während dieser Zeit war er in Kanada, Südamerika und den Karibischen Inseln tätig. Im Alter von 28 Jahren erwarb er einen MBA in *Business International Management* von der University of South Carolina. Ab diesem Zeitpunkt war er nie länger als einige Jahre in demselben Job beschäftigt. Er arbeitete in Deutschland und Polen und ab 1997 für Connect, wo er in unterschiedlichen Positionen und mehreren Ländern Asiens und Europas tätig war. Mit einem Jahresgehalt von mehr als drei Millionen Dollar (2013) kann man ihn, wie auch Jonathan Sidney (Jahresgehalt von über zehn Millionen Dollar), zu der kosmopolitischen wirtschaftlichen Oberschicht zählen, die Anne Catherine Wagner analysiert hat.[19] Im Interview beschrieb er sich selbst als »Mann der Krise«, der in schwierigen Situationen auf Anfragen der Firma eingreift.

Die Fabrik in St. Jean wurde von Connect 2004 aus rein wirtschaftlichen Gründen aufgekauft. Weltweit war sie eine von vielen Filialen der Firma. Im Vergleich etwa zu den asiatischen Niederlassungen mit mehreren tausend ArbeiterInnen war die südfranzösische Fabrik recht klein. Die Schließung von St. Jean war nur vorstellbar, weil andere Niederlassungen die Arbeit von St. Jean übernahmen. Für die Manager handelte es sich um Kapital (Maschinen, Patente, Absatzmärkte), das auch woanders auf der Welt investiert werden konnte. Als Jonathan Sidney die Firma über-

17 Diese und folgende Informationen stammen aus Pressereviews und firmeninternen Kommunikationen sowie aus dem Interview, das ich im Winter 2013 mit Jonathan Sidney geführt habe.

18 Ein Firmenorganigramm (Arch VeAC) sowie die Interviews mit den beiden Managern in Chicago im Winter 2013 erlauben es, ihn dem mittleren Management zuzuordnen. Zur Zeit der Schließung war er auf regionaler Ebene für die europäischen Filialen verantwortlich, bevor er zum Co-Direktor der Filiale von St. Jean berufen wurde.

19 Anne Catherine Wagner, La Mondialisation des Dirigeants Économiques, in: Paul Bouffartigue (Hg.), Le Retour des Classes Sociales. Inégalités, Dominations, Conflits, Paris 2004, S. 125–139. Zu den männlichen Eigenschaften dieser Karrieren siehe besonders: Cécile Guillaume/Sophie Pochic, La Fabrication Organisationnelle des Dirigeants, in: Travail, Genre et Sociétés 1 (2007) 1, S. 79–103.

nahm, leitete er eine umfassende Umstrukturierungspolitik ein – von einer regional (auf fünf Regionen) ausgerichteten hin zu einer produkt- und absatzmarktorientierten Strategie. Sein Kollege Velden erklärt diese Neuorientierung so:

> *»Regional presidents were kind of boxed in. The global economy was becoming stronger and stronger, and so cross-regional ties were much more significant over time. Once Jonathan became CEO that was what he first launched: our business has fundamentally changed. One third of our customers were across multiple regions, it switched the other way, where now two thirds went across multiple regions to do business. […] Many of our customers moved production to low-cost labor markets.«*[20]



Mit der Schließung der 14 Niederlassungen wurden zwischen 2007 und 2009 rund 7.000 Angestellte entlassen. Mehr als 12.000 Personen wurden in der Folge, bis 2013, eingestellt – allerdings meist in Asien. »We followed the consumers, and they are in Asia.«[21] Und weil es sich um einen Transfer der Produktion von Europa nach Asien handelte, gab es in Europa auch nichts ›zu retten‹. Für die Manager stand außer Frage, dass ein möglicher Konkurrent die französische Fabrik aufkaufte. Velden fragte mich hierzu rhetorisch: »Do you think that French workers are better than Chinese ones? The Chinese work better, for less money. Therefore they are better! Or do you think Chinese do not have a right for employment?«[22]

Beide Manager werteten die Entwicklung von Connect grundsätzlich positiv. Die multinationale Firma sei gewachsen und hätte sich globalen Wirtschaftsprozessen angepasst. Für Sidney und Velden handelte es sich um einen Fortschritt, auf den sie stolz waren. Letzterer betonte mehrmals, was für eine Chance es gewesen sei, während dieser Jahre der großen Umwälzungen mit dem älteren Kollegen zusammenzuarbeiten. Beide hoben hervor, dass die Bücher der Firma jedes Jahr positivere Bilanzen vorwiesen.

Das Leitmotiv des Diskurses ist »Innovation«, aber auch »Bilanz«. Die Umstrukturierung hat demnach tatsächlich gut funktioniert: Die Autoabteilung, noch 2005 eine der schwächsten der Firma, die besonders mit ihrer Computerabteilung Erfolg hatte, hat sich inzwischen zum stärksten Zweig entwickelt. Alles ging reibungslos vonstatten: Die Schließungen in Europa nahmen (planmäßig) zwischen drei und sechs Monate in Anspruch, nirgends gab es Protest – mit Ausnahme von St. Jean. Das Management war noch vier Jahre nach der Schließung überrascht und auch empört über das Verhalten der nicht einmal 300 Arbeiter dieser südfranzösischen Kleinstadt.

Das Misstrauen der (lokalen) Gewerkschaften beim Kauf der Fabrik 2004 war groß, und während des Konfliktes machten die Führungskräfte gerade diese für den Widerstand gegen die aus ihrer Sicht notwendigen Entwicklungen verantwortlich. Veränderung war für sie gleichbedeutend mit Fortschritt. Größer, weiter, schneller, mehr: Sie benutzten Adjektive, die für die gesamte Firma durchweg positiv konnotiert waren. Die Unternehmer-Doktrin[23] wurde im Interview deutlich: Um Reichtum zu schaffen, mussten Veränderungen erfolgen, diese konnten, auf Mikro-Ebene,

20 Interview mit Jonathan Sidney und William Velden.

21 Ebd.

22 Ebd.

23 Es handelt sich hier um das, was Pierre Bourdieu eine »Doxa« genannt hat – »l'adhésion ordinaire à l'ordre ordinaire qui, allant de soi, va sans dire« – die gemeinhin verbreitete Überzeugung, dass die soziale Ordnung selbstverständlich und somit legitim ist. Pierre Bourdieu, La Distinction: Critique Sociale du Jugement, Paris 1979, S. 499. Siehe auch Pierre Bourdieu/Terry Eagleton, Doxa and Common Life, in: New Left Review 191 (1992) 1, S. 111–121.

eine Reorganisation oder auch Entlassungen bedeuten. Die Karriere der beiden Führungskräfte stand im Einklang mit der ›Connect-Kultur‹: Die Firma bot ihnen immer wieder neue Herausforderungen, sie stellten ihre intellektuellen und technischen Kapazitäten zur Verfügung, um diese zu bewältigen. Diejenigen Angestellten, die die Umgestaltung anzweifelten, seien rückständig, sogar gefährlich, weil sie den Fortschritt aufhielten. Sie würden mit ihrem Arbeitskampf ein überholtes Arbeitsmodell aus dem letzten Jahrhundert verteidigen, mit dem die Führungskräfte von Connect beim besten Willen nichts anfangen konnten. »They [die Arbeiter] do not have this perspective, that you get when you travel a lot«, sagte Velden. »Their world is St. Jean. Southern France. The Pyrenees. That's a cool place. It is beautiful. But it is not the world. And how can you do business like that?«[24] Die Sesshaftigkeit der Angestellten von St. Jean verglichen Velden und Sidney negativ mit ihrer eigenen Mobilität, der sie einen Großteil ihres Wissens und ihrer Fähigkeiten zuschrieben.



Jonathan Sidney meinte, dass sie nur sehr wenige Partner in St. Jean hatten, die ihre Firmenpolitik verstanden, selbst unter den Managern. Einer der Anwälte der Leitung beschrieb die Haltung der Gewerkschaften als »irrational« und »emotional«.[25] Die ländliche Verankerung, das, was der französische Soziologe Jean-Noël Retière als »Autochtonie« bezeichnete,[26] das soziale Kapital der Arbeiterschaft, wurde in den Augen eines internationalen Managers der amerikanischen Oberschicht zu einem Merkmal, das die Arbeiter (in einem globalen Arbeitsmarkt) disqualifizierte.

> *»They never accepted the idea of closure. They did not accept our culture. […] They were CGT (Confédération générale du travail) but even more, they were the Trotskyist part of the CGT. It amazed me, talking with people in 2004–2005, that they would still […] – you know, this communist mentality was so strong, in several of those. And I thought: ›You're not in Russia! You are not part of the Red Brigade!‹ […] He [der Führer der Gewerkschaft] would start every meeting reading a tract, and … I'm fascinated with history, I read a lot, I've lived in Poland, I did a lot of work in Eastern Europe, in Russia […] And things that he would read out loud were straight from the communist manifesto. And I thought: ›Dude, I get that, that's right out of Marx, I get it!‹ That's the kind of thing […] I think it is rooted in history, in the past, and it does not deal with the realities of today's world. I'm much more geared towards true market based economy. And I do see a lot of government interventions or biased rights of unions distort how the market works. I think the market is pretty efficient overall.«*[27]

Velden stellte hier auf sehr klassische Weise die Effizienz der Märkte der kommunistischen Tradition gegenüber. Die Rede, auf die er sich bezog, stammte nicht aus dem kommunistischen Manifest, sie enthielt aber eine Reihe historischer Referenzen, u. a. an die Revolution von 1789, aber auch an die Menschenrechtserklärung der UNO von 1948.[28] Veldens Assoziation mit Marx war hier eher an mich als Interviewerin gerichtet; er wusste, dass ich über deutsche Geschichte gearbeitet hatte, und versuchte, eine Kommunikationsebene herzustellen, indem er bewies, dass er geschichtlich interessiert und belesen war. Die Erwähnung von Marx verwies aber gleichzeitig auf ein amerikanisches Feindbild des Kommunismus. Sie diente auch dazu, die traditionelle Praxis der Gewerkschaftsabgeordneten, bei einer Verhandlung mit dem Management eine Erklärung zu

24 Interview mit William Velden, Winter 2013, Alexandra Oeser.

25 Interview von Anne Bory mit einem der Anwälte von Connect, Paris, Frühjahr 2011.

26 Jean-Noël Retière, Autour de l'Autochtonie. Réflexions sur la Notion de Capital Social Populaire, in: Politix 16 (2003) 63, S. 121–143.

27 Interview mit William Velden.

28 Rede vor dem CCE (Comité centrale d'entreprise), 2005 (Arch VeAC).

verlesen, die auf Rechte und Gesetze Bezug nimmt, als überholt abzuwerten, indem Velden sie im 19. Jahrhundert verortete. Diese Gewerkschaftstradition stand während des Konfliktes der vertragsbasierten Verhandlungstradition des amerikanischen Managements diametral gegenüber, eine Verständigung wurde unmöglich.

Aus der Perspektive der multinationalen Firma war die Umstrukturierung nichts weiter als eine Etappe einer kontinuierlichen (strukturellen) Weiterentwicklung, die mit Fortschritt gleichgesetzt wurde. Für die EinwohnerInnen von St. Jean war sie weit mehr: das Ende einer Welt. Tatsächlich war die Fabrik seit 1942 Teil der Kleinstadtlandschaft, ihr hoher Schornstein, von weitem zu sehen, symbolisierte die wirtschaftliche Grundlage der Stadt und die Geschichten von Hunderten von Familien, die einmal bei Connect gearbeitet hatten. Die Stilllegung der Produktion änderte sowohl den Arbeits- als auch den Wirtschaftsalltag des Städtchens. Der einzige Supermarkt, nicht weit von der Fabrik entfernt, meldete für das Jahr 2010 deutliche Umsatzeinbußen.[29] Viele der ehemaligen ArbeitnehmerInnen, die vormals zu Fuß zur Arbeit gegangen waren, mussten nach der Schließung entweder lange Autostrecken auf sich nehmen oder waren gezwungen umzuziehen, um eine neue Stelle zu finden.



Aus der Sicht der Manager galt es, sich an die Spitze der Entwicklung zu setzen und die Richtung zu bestimmen. Die Firma Connect war 2013 von einer der größten amerikanischen Privatfirmen aufgekauft worden. Velden fand das »an exciting opportunity [zögert, seufzt]. [...] I think it is very positive. An opportunity for Connect to grow. They are very aggressive in how they invest, that is a good thing [...]. If they do not need me anymore, they will get rid of me.«[30] Das sei nur zu verständlich; er wolle nur so lange in einer Firma bleiben, wie er dort nützlich sein könne. Aber Velden war auch ein wenig pragmatisch. Nach längerem Gespräch schwand der enthusiastische Ton etwas und er gab zu:

> *»I take a pretty black and white look at things. The transaction is going to happen. And as an employee, I have two responses: I can embrace it, and the future is, it is going to happen. Or I can fight it. But if you are fighting, what are you really accomplishing? You can't fight were you can't win!«*[31]

Hier wurden zwischen den Zeilen sowohl der Leistungsdruck deutlich, der auf den Managern lastete, als auch gewisse, wenngleich nicht offen genannte, Versagensängste. So gestand Jonathan Sidney ein, dass die Schließung einer Firma immer auch ein Versagen bedeute. Er erinnerte sich an die Fabrik, die sein Vater besaß, als er ein kleiner Junge war, und deren Schließung für ihn ein traumatisches Erlebnis darstellte. Zugleich aber wies er darauf hin, dass die Manager einer Firma, die auf dem Aktienmarkt gehandelt wird, Verpflichtungen gegenüber den Aktionären hätten. Und der Umsatz von Connect sei 2007 und 2008 nun einmal abgestürzt, sodass eine Umstrukturierung notwendig gewesen sei. So spielte der Aktienwert eine maßgebliche Rolle bei industriellen Entscheidungen der Führungskräfte, die in eifriger Übererfüllung der an sie gestellten Erwartungen in Form von Entlassungen und Umstrukturierungen eine mögliche Kritik an sinkenden Bilanzen vorwegnahmen bzw. gar nicht erst aufkommen ließen. Und die Annahme, selbst den Job verlieren zu können, wenn Erwartungen der Aktionäre nicht erfüllt würden, begründete den vorauseilenden Gehorsam der Manager.

29 Interview mit dem Direktor des Leclerc, St. Jean, Anne Bory und Fanny Tourraille, Herbst 2010.

30 Interview mit William Velden.

31 Ebd.

## Proletarische Männlichkeiten und körperliche Virilität

Wir haben bisher zwei sehr unterschiedliche Vorstellungen von Arbeitskampf und Weltwirtschaft bei Managern und ehemaligen Angestellten sondiert. Ein Aspekt jedoch, der beide Diskurse verbindet, fand sich in den Ambivalenzen eines geschlechtlich situierten Diskurses. Auf beiden Seiten ging es um Macht und Männlichkeit. Vermittelt der erste Eindruck dieses Arbeitskampfes die Idee einer nationalen Figuration (Frankreich gegen Amerika), ein zweiter die einer, der lokalen Arbeiterschaft gegenüberstehenden, transnationalen Elite, so erlaubt der genauere Blick eine doppelte Feststellung. Erstens: Die nationalen Werte und Stereotypen, die auf beiden Seiten mobilisiert werden, die Narrative der Arbeit, waren die eines vergangenen Kampfes zwischen Gewerkschaften und Firmenchefs. Beide schrieben sich gegenseitig Macht zu, die ihnen effektiv nicht mehr zur Verfügung stand, weil die grundsätzliche Trennungslinie nicht mehr zwischen Arbeit und Kapital verlief, sondern zwischen *Shareholder* und *Stakeholder*. So fanden wir auf beiden Seiten des Atlantiks eine folgenreiche Verneinung der eigentlichen Machtverteilung.[32] Eines der Mittel, das beiden blieb, um sich selbst Bedeutung und Macht zuzuschreiben, war der Rückgriff auf Werte von Männlichkeiten, die sich sozial je nach Klassenzugehörigkeit differenzierten. Wir verdanken der Soziologin Raewyn Connell eine Differenzierung von Männlichkeiten in hegemoniale, komplizenhafte, subordinierte und marginale Männlichkeiten, je nach Angehörigkeit zu dominanten oder dominierten gesellschaftlichen Gruppen (Stars und Idole, weiße Ober- und Mittelschicht, Homosexuelle, Schwarze Unterschicht).[33] Im Arbeitskampf wurde auf beiden Seiten Männlichkeit mobilisiert, die auf Werten von Kraft und Stärke beruhte; es handelte sich um virile Darstellungen der Arbeit. Virilität sei hier als »Performanz von Männlichkeit« definiert, »die in übertriebener Weise die männliche Herrschaft in ihrer sexuellen und physischen (Kraft, Gewalt) Komponente ausdrückt«.[34]



Eine erste Analyse[35] der Bilder, die in der Presse über den Konflikt publiziert wurden – die große Mehrheit stammt von der *Agence France-Presse* (AFP) und wurde zwischen Oktober 2008 und September 2009 aufgenommen –, ergibt eine überproportionale Repräsentation von Männern. Viele Fotos wurden auf Demonstrationen gemacht, viele zeigen die Abgebildeten von hinten, einige jedoch sind arrangierte Fotografien, bei denen der Fotograf die Arbeiter erkennbar gebeten hat, sich vor der Kamera in Szene zu setzen. Abbildung 3 zeigt neun Männer in betont viriler Pose: Mit vor dem Körper gekreuzten Armen, abweisend und herausfordernd zugleich, suchen sie direkt Blickkontakt mit der Kamera, der sie die Stirn bieten; sie machen symbolisch gegen den Finanzkapitalismus und das amerikanische Management Front.

Offensichtlich scheint es eine Erwartung der JournalistInnen gewesen zu sein, beim Thema Industriearbeit nur Männer vorzufinden. Hier wurde eine marginale Männlichkeit, nämlich die der Arbeiterklasse, in Szene gesetzt. »Mehr als alle anderen Gruppen etablieren Jungen aus der

32 Zur »Finanzialisierung« der Märkte, d. h. dem zunehmenden Anteil der Unternehmensgewinne aus finanziellen Aktivitäten, und den Konsequenzen für große Wirtschaftsunternehmen, Arbeitslosigkeit und die systematische Trennung von Management und Produktion in den USA siehe Gerald F. Davis, After the Corporation, in: Politics & Society 41 (2013) 2, S. 283–308.

33 Raewyn Connell, Masculinities, 2. Aufl., Berkeley 1995.

34 Stéphanie Guyon, Supporterisme et Masculinité: L'Exemple des Ultra à Auxerre, in: Sociétés et Représentations 24 (2007) 2, S. 81–97, hier S. 85, Übersetzung: A. Oeser.

35 Seit Januar 2010 folgt die ForscherInnengruppe systematisch den Publikationen der französischen lokalen und nationalen Presse. Eine erste Auswertung (weitere sind in Arbeit) ergibt, dass ca. drei Prozent der Bilder, die in der französischen Presse im Zusammenhang mit dem Konflikt erschienen sind, Frauen abbilden. Die Frauen, die auf den Bildern erscheinen, sind entweder in einer gemischten Gruppe oder aber mit dem Rücken zur Kamera fotografiert.

**Abb. 3: Angestellte von Connect vor ihrer Fabrik, September 2009 (Foto: AFP)**

Arbeiterklasse Männlichkeit auf der Materialität der Körper«, stellte der Soziologe Pascal Duret fest.[36] Die Darstellung des gallischen Dorfes und seiner patriarchalen Symbolik (es gibt keine Arbeiterin, die sich z. B. als Falbala verkleidet hätte, eine der Frauen aus dem Asterix-Comic) hat ebenfalls dazu geführt, die Frauen aus seiner Darstellung und seiner späteren Beschreibung auszuschließen.[37] Auch bei Asterix und Obelix geht es um marginale Formen von Männlichkeit. Der voluminöse Obelix, der im Comic überproportionale körperliche Kräfte (und Ausmaße) hat, und sein gewitzter Freund Asterix benutzen männliche Attribute, die von der Arbeiterklasse als »Waffen der Schwachen«[38] wertgeschätzt wurden. Obelix kann gefährlich werden, wenn er als fett bezeichnet wird; auch Pascal, der Arbeiter, der das Obelix-Kostüm trug, bezeichnete sich selbst als »gut gefüttert, aber nicht fett«.[39] Männliche Körperlichkeit wurde hier stolz zur Schau getragen, Stärke wurde mit vor der herausgestreckten Brust gekreuzten Armen und gespreizten Beinen oder auch Leibesfülle bildlich vermittelt, performiert. Diese Darstellungen symbolisierten so den oben analysierten patriotisch-nationalistischen Charakter des Arbeitskampfes. Wie Leora Auslander und Michelle Zancarini-Fournel betonten, ist die Geschichte von Staat, Macht und Nation über Jahrhunderte von Männern und für Männer geschrieben worden, weshalb Historikerinnen von einer ›männlichen‹ Staats- und Nationsgeschichte sprechen.[40] Die Verbindung zwischen Frauen

36 Pascal Duret, Les Jeunes et l'Identité Masculine, Paris 1999, S. 176, Übersetzung: A. Oeser.

37 Hierzu erlaube ich mir, auf eine frühere Publikation zu verweisen: Alexandra Oeser/Fanny Tourraille, Politics, Work and Family. Gendered Forms of Mobilization of Working-Class Women in Southern France, in: Modern and Contemporary France 20 (2012) 2, S. 203–219.

38 James C. Scott, Weapons of the Weak. Everyday Forms of Peasant Resistance, New Haven 1987.

39 Interview mit Pascal, St. Jean, von Eric Darras, Sommer 2013.

40 Leora Auslander/Michelle Zancarini-Fournel, Le Genre de la Nation et le Genre de l'État, in: Clio. Femmes, Genre, Histoire 12 (2000), Sonderheft »Le Genre de la Nation«, S. 5–13.

und Nation bleibt eine Ausnahme, auch in wissenschaftlichen Arbeiten.[41] Dies trifft auch auf die Arbeiterklasse zu. So handelte es sich, trotz eines Anteils von über 25 Prozent Frauen in der Firma, um männliche Darstellungen des Arbeitskampfes der Connect-Arbeiter.

Ein Interview mit fünf Arbeitern (darunter ein Connect-Arbeiter) aus fünf unterschiedlichen, vor kurzem geschlossenen Fabriken, in der sich selbst als feministisch bezeichnenden Frauenzeitschrift *Causette*,[42] soll hier als Beispiel dienen. Die Analyse des Interviews zeigt sehr deutlich, wie Journalistinnen Formen von Virilität verwendeten, um die Arbeiter nach (verlorenem) Arbeitskampf in Szene zu setzen und neu zu beleuchten. Eine Genderanalyse erlaubt es, den Blick auf das zu verschärfen, was im Arbeitskampf ebenfalls verhandelt wurde: Formen von Männlichkeit. Bürgerlich-sexistische Stereotypen des virilen, sexuell ansprechenden Proletariers durchzogen den Beitrag. Der Artikel erzählte von einer Gruppe Journalistinnen, welche die Arbeiter erwarteten. Die folgende Szene, mit Humor geschildert, folgte der Logik der Veröffentlichungen von *Causette:* Sexualität ist eines der Hauptthemen der Zeitschrift. Der ›gute‹ Arbeiter widersetzte sich Kapitalismus und Ausbeutung. Er wurde als viriler Mann dargestellt, der die Frauen interessiert, weil er gut aussieht, muskulös und sexuell begehrenswert ist. Das heißt, hier wurden spezifische Formen von Männlichkeit inszeniert, die sich auch in anderen Kontexten, wie z. B. der Schule, wiederfinden:[43]

> *»Sie kommen in Gruppen und haben Manieren von ›Bad Boys‹. […] Sie laufen viel, sind immer wütend, schlecht rasiert und müde, […] sie sind schöne Männer, wir wollen sie vernaschen, unsere Proletarier. […] Sie reizen uns, heizen uns an, laden uns auf […]. Wir wollen sie, aber wir zögern, wir wollen sie nicht missbrauchen (oder vielleicht doch?) […] Causette hat noch die Schamhaftigkeit einer jungen Frau.«*[44]

Die Darstellungen der Arbeiter, welche die Journalistinnen hier verwendeten, kreuzten Geschlechts- und Klassenvorurteile. Die Körperlichkeit und Sexualität der marginalen Männlichkeit der Arbeiterklasse wurden hervorgehoben. Der Arbeiter wurde als Macho dargestellt, er soll es auch sein. Sicher antizipierten die Journalistinnen hier die Erwartungen ihrer (femininen und zur intellektuellen Mittelschicht gehörenden) Leserschaft. Die Autorin des Artikels wertete den Machismo des Proletariats in ein positives Attribut um, denn: Ein feministischer Industriearbeiter wäre kein ›richtiger‹ Arbeiter mehr:

> »– *Sie bitten mich, mich für* Causette *fotografieren zu lassen, was ist* Causette*?*
> – *Eine Frauenzeitschrift.*
> – *Ah, nein, bloß nicht, ich will nicht zum Star gemacht werden.*
> – *Nein, es ist keine gewöhnliche Frauenzeitschrift – sagen wir …*
> – *Oh Gott, Feministinnen! Ich bin aber der allergrößte Macho!*
> – *Genial, genau, was wir brauchen.«*

Der sexuelle Unterton des Artikels wurde mit jeder Zeile expliziter. Er endete mit einer physischen Beschreibung der Körper der Arbeiter als Objekte der Begierde, wie man sie gewöhnlich



41 Nira Yuval-Davis, Gender & Nation, London 1997; Nira Yuval-Davis/Floya Anthias, Woman – Nation – State, London 1989.

42 *Causette* verweist auf das französische Verb »causer« (tratschen) und das Adjektiv »coquette« (kokett).

43 Raewyn Connell, Cool Guys, Swots and Wimps. The Interplay of Masculinity and Education, in: Oxford Review of Education 13 (2006) 3, S. 291–303.

44 Dies und die folgenden Zitate aus: Causette, März–April 2010, S. 39–44.

nur von Frauenkörpern kennt: eine Erotisierung des Anderen, wie Ann Laura Stoler sie in ihren Arbeiten über das Empire herausgearbeitet und die im 19. Jahrhundert »die moralische Autorität der Mittelklassen über die Unterklassen etabliert hat«.[45] In dem Artikel von *Causette* diente die Stilisierung des Anderen dazu, sexuelles Begehren zu wecken: »Joel, von der Fabrik Chaffoteaux, ist der Erste. Während wir auf seine Kollegen warten, signiert er uns den wunderbaren Kalender der Full Monty: Alle aus Chaffoteaux sind splitternackt! Er hat für den Monat August posiert. Uff, die Temperaturen steigen!«

In einem feministischen Verstoß gegen Geschlechterrollen der männlich-bürgerlichen Herrschaft spielten die Journalistinnen die Körper der Arbeiterklasse gegen die männlich-bürgerliche sexuelle Ordnung, d. h. gegen hegemoniale Männlichkeit, aus. So verwandelten die Feministinnen der intellektuellen Mittelschicht ihren Geschlechternachteil in klassenspezifisches Kapital und stellen hegemoniale Männlichkeit (der weißen Mittel- und Oberschicht) durch die Ablehnung einer nützlichen (d. h. reproduktiven) bürgerlichen Frauensexualität infrage. Die Männer akzeptierten den Rollentausch im Namen der Verführung. Doch es ging auch darum, verlorene Macht (der Industriearbeit) mit Bildern von sexueller Stärke zu ersetzen und so die marginale Männlichkeit der Arbeiter zu legitimieren. Die politische Unterstützung der Arbeiter seitens der Journalistinnen beruhte auf der Notwendigkeit, sie sexuell aufzuwerten.



Während Arbeiter und JournalistInnen so im Arbeitskampf eine marginale Männlichkeit in Bild und Tat in Szene setzten und damit männliche Repräsentationen von Arbeit vermittelten, benutzten die Führungskräfte der Firma ihre eigenen Vorstellungen von Männlichkeit, um ihre Arbeit zu beschreiben.

## Vom Mangel an sexueller Macht zu militärischen Metaphern des ›Marktkampfes‹

Zu den Gründen der Schwierigkeiten in der Kommunikation zwischen der Führung der amerikanischen Firma und den französischen Angestellten befragt, erzählte Velden eine Anekdote. Unter den Gewerkschaftsmitgliedern befand sich ein in Veldens Augen sehr kompetenter Mitarbeiter, der nicht wie die Mehrheit der CGT angehörte, sondern einer Minderheitengewerkschaft. »François was open towards our arguments and those of French management. He understood us.«[46] Velden wollte ihn zum Verhandlungsführer machen, was jedoch nicht möglich war, da François von seinen Kollegen als nicht »zuverlässig« eingestuft wurde. Velden behauptete, dass sowohl die ArbeiterInnen als auch die französischen Führungskräfte überzeugt gewesen wären, dass François von den Kollegen nicht für voll genommen werde. Die Gründe der einstimmigen Ablehnung des Vorarbeiters stellte Velden wie folgt dar: François' Frau habe einen schlechten Ruf gehabt. Ebenfalls Arbeiterin in der Fabrik, sei ihr unterstellt worden, sexuelle Verhältnisse mit mehreren Männern gehabt zu haben. Das ›Problem‹ habe jedoch mehr noch im Verhalten ihres Mannes gelegen, darin, dass er ihre sexuelle Freiheit toleriert habe, die unter seinen Augen stattgefunden hätte. Dies hätten seine Arbeitskollegen als Zeichen von Schwäche interpretiert. So, sagte Velden, habe François für seine Kollegen seine Männlichkeit verloren. Dieser Ansehensverlust habe Auswirkungen auf seine Stellung in der Firma gehabt; Kollegen und Kolleginnen hätten nicht mehr mit ihm arbeiten wollen. Die Ablehnung habe solche Ausmaße angenommen, dass die Führungskräfte aus Chicago die Idee, ihm bei der Schließung der Firma eine zentrale Rolle zuzuweisen, hätten verwerfen müssen. Velden bereute dies noch vier Jahre später. Er sagte, dass er diese Geschichte lieber nicht gekannt hätte, dass

45 Ann Laura Stoler, Race and the Education of Desire. Foucault's History of Sexuality and the Colonial Order of Things, Durham/London 1995, S. 100, Übersetzung: A. Oeser.

46 Interview mit William Velden.

er anfangs Schwierigkeiten gehabt hätte, sie zu glauben, dass er aber letztendlich Entscheidungen getroffen hätte, die diese lokalen Faktoren mit in Betracht gezogen hätten.

Die hier wirksam werdenden Repräsentationen von Männlichkeit sind denen der französischen Journalistinnen sehr ähnlich: Eine explizite Klassendiskriminierung wertete die Arbeiter (und Angestellten) als traditionelle Machos ab, ihre marginale Männlichkeit wurde von den Führungskräften unterstrichen. Die Vorurteile über ländliche Rückständigkeit und klassenspezifische Traditionen verbanden sich mit geschlechterspezifischen Vorurteilen über Rückständigkeit im Verhältnis von Frauen und Männern.

Darüber hinaus gibt diese Anekdote Aufschluss über Repräsentationen der Manager von Vorstellungen ›verweichlichter oder fehlender Männlichkeit‹, die angeblich bei der Arbeiterschaft vorherrschen würden: Wer verhandle, sei ein ›Weichei‹ oder ein ›Schlappschwanz‹; Kompromissbereitschaft bedeute Mangel an Männlichkeit und ein Ausscheren aus dem als ›normal‹ erachteten Verhalten. Verhandlungsweisen und Positionen wurden so auch durch das Transportieren von Geschlechterstereotypen bestimmt, die hier allerdings vor allem unter unterschiedlichen Gruppen von Männern zirkulierten. Die Tatsache, dass François von den anderen Arbeitern einmal fast zusammengeschlagen wurde, weil er der Führung zu sehr entgegenkam, betont ebenfalls diese geschlechtliche Aushandlung von Positionen: Der Machtanspruch auf die hegemoniale Strategie (verhandeln oder streiken) innerhalb der Gruppe der Arbeiter, bei dem marginale Männlichkeit des Körpers im Vordergrund steht, wurde auch physisch verhandelt.



Der Soziologe Pascal Duret behauptete, dass »für Söhne aus guten Elternhäusern starker Wille und Selbstvertrauen das Äquivalent der Kraft (der Arbeiterklasse) darstellt. Es handelt sich um eine andere heroische Referenz, sie ist nicht im Körper, sondern im Charakter verankert.«[47] Er bezog sich hiermit auf das, was R. Connell eine komplizenhafte Männlichkeit genannt hat, die allerdings durchaus nicht in Opposition zu der marginalen Männlichkeit der Arbeiterschaft steht.[48] Eine solche Gegenüberstellung der Körperlichkeit und des Charakters zeugt eher von klassenspezifischen Vorurteilen des Soziologen als von einer »unkörperlichen« Männlichkeit des Bürgertums. Zwar schätzte Velden die Verhandlungsbereitschaft von François, die von einer komplizenhaften Männlichkeit zeugte. Zu der in Veldens Augen positiven Männlichkeit gehörten aber auch ritterliche Eigenschaften, die für die Beschreibung der globalen Marktwirtschaft im Interview nur neu ausgelegt wurden, in denen sowohl Körperlichkeit als auch Sexualität eine Rolle spielten. Das Interview weist zahlreiche kriegerische Metaphern auf. Velden sprach vom »Überleben« in einem »Kampf um Leben und Tod«; Märkte sollten »erobert« werden. Er benutzte Kategorien wie »wir« oder »sie«, und Verben wie z. B. »überlegen sein« oder »sterben«, »siegen« oder »verlieren«. Er erklärte, dass man, um eine Firma aufzukaufen, erst einmal, wie im Krieg, »ein Objekt als Ziel identifizieren müsse«.[49] Sei das Ziel definiert, ginge es darum, »in einer Landschaft zu operieren«. Wie in der Kriegsberichterstattung wurde hier Sprache dazu verwendet, die Folgen der Fabrikschließung für die Betroffenen als ›Kollateralschäden‹ zu verschleiern: die Entlassung von 7.000 Menschen in die Arbeitslosigkeit und damit einhergehend die Verarmung ihrer Familien.

Die negativen Bilder des Mafia-Cowboys verkehrten sich in den Augen der Führungskräfte in die von positiven Rittern, die für sich und ihre Angestellten einen noblen Kampf führten. Dieser verlangte neben Charaktereigenschaften wie Hellsichtigkeit durchaus auch körperliche Fähigkeiten der Manager (z. B. Müdigkeit bekämpfen, Durchhaltevermögen). Manager wurden im Interview

47 Duret, Les Jeunes, S. 176, Übersetzung: A. Oeser.

48 Connell zeigt sehr überzeugend, wie auch innerhalb der Arbeiterklasse unterschiedliche Männlichkeiten konstruiert werden. Connell, Cool Guys, Swots and Wimps.

49 Interview mit William Velden.

mit Velden und Sydney zu ›Vorreitern‹; sie wurden als Offiziere dargestellt, die Strategien entwickelten, um den (ökonomischen) Feind zu täuschen und kollektiv Arbeit und Ressourcen zu erhalten oder zu schaffen – eine Sichtweise, die die verheerende Wirklichkeit im Endeffekt umkehrte – nicht der Verlust von Arbeitsplätzen (an einem Ort), sondern das Schaffen von Arbeitsplätzen (in internationalem Maßstab) wurde betont. Die Manager gebrauchten ebenfalls eine aggressive sexualisierte Sprache: »How do we penetrate these new growing markets?«,[50] fragten sie. So wurden Stärke und Macht in durchaus auch körperlichen bildlichen Repräsentationen dargestellt.

## Schluss



In den analysierten Diskursen des Arbeitskampfes wurden nationale Stereotype transnational verwendet, um Repräsentationen der Arbeit aktuellen Verhältnissen anzupassen. Diese Narrative wurden historisch konstruiert, transportierten Repräsentationen des Staates, des Zusammenlebens, der sozialen Verpflichtungen und der Politik, aber auch der (marginalen und komplizenhaften) Männlichkeiten von Arbeitern und Managern. Sie standen sich diametral gegenüber: eine internationalisierte, mobile, vielsprachige, Kapitalinteressen folgende Welt, repräsentiert von den USA, gegen eine lokale, verankerte, ländliche Arbeiterwelt Südfrankreichs. Diese Narrative, die stark von Erzählungen des 19. und frühen 20. Jahrhunderts durchzogen sind, wurden im Arbeitskampf vereinfacht, von JournalistInnen viel verwendet, sie basierten auf Repräsentationen von Kapitalismus und Kommunismus ebenso wie auf traditioneller Arbeitsteilung und Vorstellungen von männlicher Macht und Sexualität.

Die Entwicklung eines globalen Marktes mit transnationalen Anforderungen an Kapital und Arbeit lösten nationale Repräsentationen und Anhaltspunkte nicht auf, im Gegenteil: Sie wurden verstärkt und als Kampfmittel verwendet. Obwohl einige AkteurInnen Grenzen überschritten und weltweit agierten, galt es doch auf beiden Seiten, sowohl eine nationale als auch eine geschlechtliche Identität zu erhalten und zu verteidigen; die Nation war hier, wie schon häufig von Historikerinnen betont, eine weiße/europäische, heteronormativ männliche. Die Repräsentationen der Arbeit, die hierbei verwendet wurden, waren ebenfalls männliche. Der Fokus auf Gender-Perspektiven erlaubte hier einen erweiterten Blick auf die Machtverhältnisse in der Arbeitswelt. Statt eine statische Gegenüberstellung der AkteurInnen von Kapital und Arbeit, oder von HerrscherInnen und Beherrschten, die in den Stereotypen operierte, einfach zu übernehmen, zeigte die Genderperspektive, wie sehr Globalisierung und »Finanzialisierung«[51] der Wirtschaft und die aus ihr hervorgehenden Machtverschiebungen in Firmen (hegemoniale und komplizenhafte) Männlichkeiten in Frage stellte, und zwar sowohl bei den Arbeitern, als auch bei den Managern. Die Grenzen zwischen Arbeitgebern und Arbeitnehmern waren zwar sehr wohl gegendert, Männlichkeitsformen sozial unterschiedlich, die männlichen Akteure teilten allerdings die Erfahrung des Machtverlustes im Kontext der Globalisierung und spezifisch männliche Reaktionen darauf. Die Verteidigung der Virilität war so Teil der Strategien der Akteure auf dem Arbeitsmarkt, wenn auch je nach Position und Status unterschiedlich. Repräsentationen von Männlichkeiten stellten auch eine Form der Kompensation des Machtverlustes dar. Ein Fokus auf Gender erlaubte so Verschiebungen von Grenzen in der Analyse der Arbeitswelt.

50 Interview mit William Velden und Jonathan Sidney.

51 Siehe Fußnote 33.

Jan Taubitz

# Der Holocaust als Anfang oder als Höhepunkt? Die narrative Modellierung von Zeitzeugen-interviews vor und nach 1978/1979



In den letzten Jahrzehnten ist eine große Anzahl videografierter und auraler Interviews mit Überlebenden und anderen Zeitzeugen des Holocaust entstanden. Die Interviews prägten die Erinnerung an den Völkermord, veränderten die geschichts- und sozialwissenschaftliche Methode *Oral History* und wurden zu einem Experimentierfeld der *Digital Humanities.* Sie entstanden als Aufruf zu mehr Toleranz, als Mahnung, weitere Völkermorde zu verhindern, und zur Erziehung nachfolgender Generationen. Sie sollen Holocaust-Leugnern die Stirn bieten, die Ermordeten und die Überlebenden ehren und gleichzeitig den Zeitzeugen helfen, ihre traumatischen Erfahrungen zu verarbeiten. Die Interviews könnten, so der Wunsch, die Erinnerung an den Holocaust, wie sie heute existiert, konservieren und das drohende Ende der Zeitzeugenschaft, das seit den 1980er Jahren beschworen wird, überwinden. Auch in Zukunft sollen diese Zeugnisse einen authentischen Eindruck von denjenigen Menschen überliefern, die den Holocaust überlebten. Die Mehrzahl dieser Interviews, die fast auf der gesamten Welt entstanden, wurde auf Initiative US-amerikanischer Museen, Bibliotheken, Archive, Stiftungen und Graswurzelbewegungen aufgenommen. Allein die Anzahl der amerikanischen Interviews dürfte mittlerweile mehr als 80.000 betragen, die hunderttausende Stunden Ton- und Videomaterial füllen. Im Zeitalter der Zeitzeugen,[1] das in den späten 1970er und frühen 1980er Jahren begann, wurden sie zu quasi-sakralen Zeugnissen erhoben. In den letzten Jahren wird verstärkt ihre historische, institutionelle und mediale Kontextgebundenheit thematisiert.[2] Dies ist auch der Anspruch des vorliegenden Essays: Er zeigt, wie die aufnehmenden Organisationen das narrative Grundgerüst der Interviews festlegten und sich dabei unbewusst an populärkulturelle Darstellungen anlehnten, von denen sie sich jedoch vehement abgrenzten. Mit Hayden Whites *Metahistory* werden die grundsätzlichen narrativen Gemeinsamkeiten herausgearbeitet, mit der Schlussfolgerung, dass sich die Komödie (in einem narrativ-dramaturgischen Verständnis) als dominante Struktur der Zeitzeugeninterviews wie auch der Populärkultur durchgesetzt hat.

Um diese These zu entfalten, wird zunächst ein Interviewprojekt vorgestellt, das vor dem Boom der Erinnerung[3] initiiert wurde.

1 Annette Wieviorka, The Era of the Witness, übersetzt von Jared Stark, Ithaca 2006 [franz. 1998].

2 Neben Wieviorka, Era siehe vor allem Oren Baruch Stier, Committed to Memory. Cultural Mediations of the Holocaust, Amherst 2003; Gary Weissman, Fantasies of Witnessing. Postwar Efforts to Experience the Holocaust, Ithaca 2004; Alejandro Baer, El Testimonio Audiovisual. Imagen y Memoria del Holocausto, Madrid 2005; Tony Kushner, Holocaust Testimony, Ethics, and the Problem of Representation, in: Poetics Today 27 (2006) 2, S. 275–295; Andree Michaelis, Erzählräume nach Auschwitz. Literarische und videographierte Zeugnisse von Überlebenden der Shoah, Berlin 2013; Noah Shenker, Reframing Holocaust Testimonies, Bloomington 2015. Ausführlicher zur Fragestellung dieses Artikels siehe Jan Taubitz, Holocaust Oral History und das lange Ende der Zeitzeugenschaft, Göttingen 2016.

3 Für eine Einordnung der politischen, technologischen und philosophischen Impulse des »Memory-Booms« siehe Jay Winter, Die Generation der Erinnerung. Reflexionen über den Memory-Boom in der zeithistorischen Forschung, in: WerkstattGeschichte 30 (2001), S. 5–16.

### Der Holocaust als Anfang: *A Study in American Pluralism Through Oral Histories of Holocaust Survivors*

Zwischen 1974 und 1975 interviewte die *William E. Wiener Oral History Library*[4] des *American Jewish Committee* 250 jüdische Überlebende des Holocaust und ihre Angehörigen. Die Interviews wurden in 60 Städten in den Vereinigten Staaten von Amerika aufgezeichnet. Nach den legendären Interviews David Boders, die in der unmittelbaren Nachkriegszeit in *DP-Camps* in Europa entstanden waren, war dies eine der ersten amerikanischen Initiativen, die sich wieder der Aufgabe annahm, *Oral History Interviews*[5] mit Holocaust-Überlebenden zu führen. Die Interviews ergaben 650 Stunden Tonmaterial, das auf 19.350 Seiten transkribiert wurde. Publiziert wurden die Ergebnisse 1977 unter dem Titel *A Study in American Pluralism Through Oral Histories of Holocaust Survivors.*[6]



Die Autoren Louis Cowan, Milton Krents und Helen Epstein betonten, dass die dramatischen und kreativen Zeugenberichte die Aussagekraft konventioneller wissenschaftlicher Arbeiten übertrafen.[7] Sie wollten jedoch weniger die Opfer ermächtigen, die Deutungshoheit über ihre eigene Geschichte zu ergreifen, noch wollten sie nachkommende Generationen über die Schrecken des Holocaust unterrichten. Vielmehr strebten sie danach zu belegen, dass Holocaust-Überlebende gute und vollständig integrierte Amerikaner geworden waren, für die die Vereinigten Staaten – im Gegensatz zu vielen in Amerika Geborenen – noch das Land der unbegrenzten Möglichkeiten waren. »Holocaust survivors do not share the cynicism and loss of faith in American institutions which pollsters found true of their fellow citizens in the sixties and seventies«, lautete eine ihrer zentralen Erkenntnisse. »Their initial enthusiasm for America has remained largely unchanged.«[8] Der Holocaust wurde so als extremer Gegenpol zum Leben in den Vereinigten Staaten konzeptualisiert. Es sollte gezeigt werden, wie ein Übergang vom Konzentrationslager in das boomende Nachkriegs-Amerika möglich gewesen war.[9]

Die Interviews wie auch die auf ihnen basierende Studie sind spannende Quellen. Entstanden sind sie zu einer Zeit, als die geschichtswissenschaftliche Methode *Oral History* im Zuge einer sich formierenden Kultur- und Alltagsgeschichte transformiert wurde. Zunehmend wurde der Blick von den Mächtigen und den Funktionseliten auf die sogenannten »kleinen Leute« und auf Individuen marginalisierter Minderheiten gerichtet.[10] Die Studie des *American Jewish Committee* ist Ausdruck dieser Veränderung. Darüber hinaus ist sie in einer Zeit entstanden, bevor die Erinnerung an den Holocaust zu einem zentralen Bestandteil der amerikanischen Erinnerungskultur

4 Die *William E. Wiener Oral History Library* war 1969 als Teil des seit 1906 bestehenden *American Jewish Committee* gegründet worden, um die Stimmen der *American Jewish Experience* im 20. Jahrhundert aufzuzeichnen. Der Holocaust nahm nur einen kleinen Teil der *Oral History Library* ein, deren Auftrag lautete, die Berufswege, Lebensweisen, Gedanken und Themen des amerikanisch-jüdischen Lebens einzufangen. William E. Wiener Oral History Library, Catalogue of Memoirs of the William E. Wiener Oral History Library, Bd. 1, New York 1978.

5 *Oral History* wird in diesem Aufsatz als Oberbegriff für mittels auraler oder audiovisueller technischer Hilfsmittel aufgenommene Gespräche mit Zeitzeugen (in diesem Fall des Holocaust) verstanden.

6 Louis G. Cowan/Milton E. Krents/Helen Epstein (Hg.), A Study in American Pluralism Through Oral Histories of Holocaust Survivors, New York 1977.

7 Ebd., S. 1.

8 Ebd., S. 3.

9 Ebd., S. 5.

10 Lutz Niethammer, Oral History in den USA. Zur Entwicklung und Problematik diachroner Befragungen, in: Archiv für Sozialgeschichte 18 (1978), S. 457–501, hier S. 492f.

wurde. Insbesondere Holocaust-Überlebende spielten zu diesem Zeitpunkt nur eine untergeordnete Rolle, wie in einer Voruntersuchung hervorgehoben wird.[11]

Im Zentrum dieses Aufsatzes soll jedoch eine weitere Eigenschaft stehen: Die zwischen 1974 und 1975 entstandenen Interviews weisen eine distinktive narrative Modellierung auf. Und zwar beginnen sie mit dem Holocaust. Gewissermaßen ist der Holocaust die Einleitung der Interviews. Von den Organisatoren waren lediglich zehn Prozent der gesamten Interviewzeit für die Themenkomplexe *pre-war background, war-time experience* und *liberation* vorgesehen, der Rest für *immigration, first years in America* und *life in America.* In einem Fragebogen, der als Hilfestellung an die Interviewer ausgegeben wurde, waren 64 Fragen formuliert. Fünf betrafen die Vorkriegszeit, worunter jedoch auch biografische Fragen fielen, zum Beispiel: »Where and when were you born?« Lediglich zwei Fragen erkundigten sich nach den *war-time experiences.* Sie lauteten: »Where were you at the outbreak of the war?« und »What happened to you during the war? (Depending on the response, more detailed questions should be asked; e. g., names of ghettos, KZ camps, places, dates, etc).« Die folgenden 59 Fragen bezogen sich auf die Befreiung, die Emigration und vor allem das Leben in den Vereinigten Staaten. Weniger als acht Prozent der Fragen waren demnach für die Zeit vor und während des Holocaust vorgesehen.[12] Der Holocaust war zusammen mit seiner Vorgeschichte lediglich die Einleitung zu den Interviews mit Holocaust-Überlebenden. Dies war zumindest die Idee der Projektleitung. Die tatsächlich geführten Interviews nahmen dann eine etwas andere Form an. Etwa 30 Prozent der Interviewzeit wurden für die Vorkriegs- und Kriegszeit verwendet, der Rest für das neue Leben in den USA.



Einer der Interviewten war Sam Burke aus Cleveland, der am 2. November 1974 befragt wurde. Er hatte das Ghetto in Chust und Auschwitz überlebt. Sechs Prozent des Interviews behandeln die Vorkriegszeit, 23 Prozent die Kriegszeit und der Rest, also 71 Prozent, die Befreiung, Emigration und sein Leben in den USA. Sein Lageraufenthalt in Auschwitz wurde in dem Interview in drei Sätzen abgehandelt. Die Interviewerin fragte ihn: »How long were you in Auschwitz?« Seine Antwort: »I was three months in Auschwitz.« Die Anschlussfrage lautete: »And then what happened?« Woraufhin Burke erwiderte: »Then I was taken away to. They needed 35 people for a transport to go to, to a labor camp.«[13] Im Folgenden erwähnt Burke noch ein paar weitere Details über seine Erfahrungen in Auschwitz, wo sein Vater, seine Mutter und seine Großmutter ermordet wurden, aber im Grunde sind diese wenigen Sätze seine Auschwitz-Erzählung. Aus der heutigen Sicht ist die Vernachlässigung dieser Aspekte wie auch die Fokussierung der Fragestellung auf die Integration in der Nachkriegszeit schwer nachzuvollziehen. Sie verdeutlicht jedoch bereits die historische Kontextgebundenheit der mündlichen Rede der Überlebenden, die durch die Ziele und Interviewvorgaben eines sozialwissenschaftlich motivierten *Oral History*-Projekts der 1970er Jahre institutionell geformt und auf Tonband konserviert wurde.

11 Arthur Mann, The Holocaust. Direction Paper, in: Louis G. Cowan/Milton E. Krents/Helen Epstein (Hg.), A Study in American Pluralism Through Oral Histories of Holocaust Survivors, New York 1977, S. xvi.

12 Michael Mashberg/Isaiah Kuperstein/Robert Shapiro, Guidelines and Questions for Interviews, in: Cowan/Krents/Epstein, A Study in American Pluralism, S. xxxix ff.

13 Sam Burke, Interviewerin Bea Stadtler, Transkription, 2.11.1974, Holocaust Survivors Project, William E. Wiener Oral History Library of the American Jewish Committee, New York Public Library, Dorot Jewish Division, P, Oral Histories, Box 179, Nr. 4, S. 11.

## Der Holocaust als Höhepunkt: Videografierte Interviews seit 1979

Im Jahr 1979 – also nur wenige Jahre nach dem *Oral History*-Projekt des *American Jewish Committee* – begann das *Holocaust Survivors Film Project* in New Haven – das spätere *Fortunoff Video Archive for Holocaust Testimonies* der Yale University –, videografierte Interviews mit Holocaust-Überlebenden zu führen. Diese Interviews unterschieden sich auf verschiedenen Ebenen von denen, die noch Mitte der 1970er Jahre aufgenommen worden waren. Sie fügten den ausschließlich auralen Interviews eine visuelle Dimension hinzu. Sie waren als fortlaufendes Projekt ohne Ende und nicht als abgeschlossene Studie geplant und dienten zudem pädagogischen und sogar therapeutischen Zwecken.[14]



Schaut man sich die narrative Modellierung dieser Interviews an, so wird deutlich, dass diese eine andere Struktur aufweisen. Der Holocaust ist bei ihnen nicht die Einleitung oder der Anfang – sondern der Höhepunkt, der Hauptteil und das Zentrum des Erkenntnisinteresses. Die Einleitung dieser Interviews beschäftigt sich in aller Regel mit der unmittelbaren Vorkriegszeit. Sie enden mit der Befreiung und zumeist mit einer kurzen Beschreibung der Emigration, zumeist nach Israel oder in die USA.

Diese Modellierung hat sich letztendlich durchgesetzt. Heute erscheint die beschriebene Struktur der Interviews selbstverständlich und jede Abweichung davon ist auffällig. Das *Fortunoff Video Archive* wurde stilbildend für Interviews mit Zeitzeugen des Holocaust auf der ganzen Welt. In den 1980er und frühen 1990er Jahren begannen zahlreiche weitere Organisationen, Interviews aufzunehmen. 1994 stieg Spielbergs *Shoah Foundation* ein, die durch ihre massenhafte Interviewproduktion ein bis dato beispielloses Zeitzeugenprojekt initiierte.

Diese Organisationen formalisierten und kodifizierten die Struktur der Interviews nachhaltig. Das geschah einerseits durch die performative Praxis der Interviewaufnahmen, aber auch durch immer umfangreichere *pre interview questionnaires,* also Fragebögen, die mit den Zeitzeugen einige Tage vor dem Interview durchgegangen wurden. Diese determinierten bereits vor dem eigentlichen Interview die spätere Erzählung.[15] Das ideale Interview hatte etwa die Aufteilung 15–20 Prozent Vorkriegszeit, 60–70 Prozent Kriegszeit und 15–20 Prozent Nachkriegszeit – Idealwerte, denen sich viele Interviews annäherten.[16]

Im Jahr 1997 wurde Sam Burke noch einmal von der *Shoah Foundation* interviewt. Das Interview dauerte nun sechs Stunden, womit es sich deutlich von dem Interview des Jahres 1974 unterscheidet. Ebenso auffällig ist jedoch, dass seine Erzählung nun das gängige Narrativ angenommen hatte. Anderthalb Stunden befassen sich mit der Vorkriegszeit, insbesondere seiner

14 Joanne W. Rudof, A Yale University and New Haven Community Project. From Local to Global, New Haven 2012, http://www.library.yale.edu/sites/defaults/files/files/Local_to_Global.pdf (letzter Zugriff 1.11.2015).

15 Michaelis, Erzählräume, S. 242.

16 Für die Vorgaben der Shoah Foundation siehe Darlene Basch, Interviewer Training. Methodology and Introduction/VHS, USC Shoah Foundation, University of South California, Internal Archives, Media ID: ALT02973. Siehe auch Wieviorka, Era, S. 112ff. Das *Fortunoff Video Archive* gibt keine genaue Verteilung vor. Es unterteilt das Interview jedoch in drei gleich gewichtete Phasen. Die erste Phase beschäftigt sich mit den Vorkriegserfahrungen*:* Der Geburtsort, das Familienleben, religiöse Erlebnisse und Schulerfahrungen sollten hier besprochen werden. Die zweite Phase behandelt die Besatzungserfahrungen, die Deportationen, die Lager usw. In der dritten Phase wird der Moment der Befreiung thematisiert, die Rückkehr in die Normalität und die Familienverhältnisse nach dem Krieg. Alberta Gotthardt-Strage, Capturing History on Tape. A Lasting Memorial, in: Maurice Cling/Yannis Thanassekos (Hg.), Ces Visages qui Nous Parlent – These Faces Talk to Us, Brüssel 1995, S. 101.

Familiengeschichte, dreieinhalb Stunden nimmt der Hauptteil, der vom Holocaust handelt, in Anspruch und eine halbe Stunde wird über die Befreiung, die Emigration und das Leben in den USA gesprochen. Eine weitere halbe Stunde dient der Vorstellung der Familie und der Präsentation von Dokumenten und Fotos.[17] Das Interview hat die Aufteilung 25 Prozent Vorkriegszeit, 58 Prozent Holocaust und acht Prozent Nachkriegszeit angenommen (weitere acht Prozent werden für ein Gruppenbild im Kreise seiner Angehörigen – ein Markenzeichen der *Shoah Foundation* – und das Zeigen von Dokumenten in Anspruch genommen) und sich somit den Vorgaben der *Shoah Foundation* angenähert. Wie stark das Narrativ von der Interviewerin geprägt wird, zeigt folgende Episode: Burke möchte selbstständig mit seiner Lebensgeschichte starten, wird aber von der Interviewerin daran gehindert. »No, I ask you the questions, […] I ask you, I try to lead you«.

Der Verweis auf die narrative Modellierung, deren Herausbildung durch einen klaren Bruch in den späten 1970er Jahren gekennzeichnet ist, soll jedoch nicht heißen, dass alle *Oral History Interviews* gleich sind, geschweige denn, dass alle Holocaust-Überlebenden ähnliche Erfahrungen machten. Der Holocaust war ein räumlich und zeitlich weit ausgreifendes Ereignis, was sich in den Zeugnissen widerspiegelt.



Es geht mir vorrangig um die narrative Modellierung, also um die generelle Struktur der Erzählung. Bereits Lawrence Langer, der selbst zahlreiche Interviews für das *Fortunoff Video Archive* führte, merkte mit Blick auf den vergleichbaren Aufbau an, dass quasi alle Interviews auf die gleiche Art und Weise begönnen und die meisten auch auf die gleiche Art endeten.[18] Diese Äußerung macht deutlich: Jedes *Oral History Interview* ist einer Rahmung unterworfen, die sowohl auf direkte institutionalisierte Auslöser als auch auf indirekte und vorkritische, diskursiv hervorgebrachte Impulse zurückzuführen ist.

## Das Schlüsselereignis: NBCs Miniserie *Holocaust*

Ich konstatiere, dass sich die narrative Modellierung der *Oral History Interviews* mit Holocaust-Zeitzeugen geändert hat, möglicherweise in eine Form, die den Anforderungen unserer Erinnerungskultur besser entspricht. Wir sind heute schließlich in erster Linie an den außerordentlichen Ereignissen des Holocaust interessiert und nicht so sehr an einer Migrations- oder Akkulturationsgeschichte, obwohl selbstverständlich auch diese relevant und nach wie vor Gegenstand der Forschung ist. Diese Entwicklung hatte jedoch zur Folge, dass die gleichen Zeitzeugen, die in den 1970er Jahren aufgrund ihrer Migrations- und Integrationserfahrungen befragt wurden, später vor allem als Überlebende historischer Gewalterfahrung ins Interesse rückten. Aus Zeugen der Integration in den *American Way of Life* wurden Holocaust-Überlebende. Dass das Interesse an sozialen Prozessen und Ereignissen sowie deren Analyse häufigen Änderungen und Neubewertungen unterworfen ist, ist weder wissenschaftshistorisch noch aus einer kultur- oder sozialgeschichtlichen Perspektive verwunderlich. Es bleibt jedoch die Frage, warum diese neue narrative Modellierung gerade in der zweiten Hälfte der 1970er Jahre entstand. Woher kommt diese Transformation, die als kreativer und präfigurativer Akt verstanden werden muss?

In die Jahre zwischen 1975 und 1979 fällt ein Ereignis, das in fast jeder Auseinandersetzung mit der Erinnerungskultur erwähnt wird. 1978 katapultierte die Miniserie *Holocaust* das gleichnamige Ereignis in das Bewusstsein einer breiten Öffentlichkeit.[19] An vier aufeinanderfolgenden

17 Sam Burke, Interviewerin Rose Gelbhart, 20. Mai 1997, USC Shoah Foundation, University of South California, Visual History Archive, 29464.

18 Lawrence Langer, Holocaust Testimonies. The Ruins of Memory, London 1991, S. 67.

19 Peter Novick, The Holocaust in American Life, New York 1999, S. 209.

Tagen, vom 16. bis zum 19. April, strahlte der Fernsehsender NBC die insgesamt acht Stunden dauernde Miniserie zur *prime time* aus und bis zu 120 Millionen Amerikaner schauten zu.[20] »More information about the Holocaust was imparted to more Americans over those four nights than over all the preceding thirty years«, fasste Peter Novick den Einfluss des Filmereignisses zusammen.[21] Er steht mit seiner Einschätzung nicht allein: Einstimmig haben Holocaust-Forscher die Bedeutung der Miniserie für die Erinnerungskultur hervorgehoben. Bereits 1979 merkte Theodore Ziolkowski an, die Serie habe Wissen verbreitet und selbst das Sprechen über das Ereignis transformiert: »Unpronounceable Polish place-names and sinister German acronyms crop up regularly in English while ›der Holocaust‹ has been naturalized in German.«[22] Judith Doneson erklärte, *Holocaust* habe durch sein unkompliziertes Narrativ eine verständliche Interpretation für die Öffentlichkeit geschaffen, und Daniel Levy und Natan Sznaider bezeichneten die Miniserie als Meilenstein in der Medienrepräsentation des Holocaust.[23] Zum ersten Mal wurde das Fernsehen als eigenes Genre der Holocaust-Repräsentation umfassend und kritisch diskutiert.[24] Die Serie erzielte eine große Wirkung über die USA hinaus. Einige Monate nach der dortigen Ausstrahlung wurde sie auch in Israel und Westeuropa gezeigt, im Allgemeinen mit überdurchschnittlichen Einschaltquoten.



*Holocaust* entfaltete seine Wirkung als *der* Katalysator der Erinnerungskultur nicht aus dem Nichts heraus, sondern hatte eine Vorgeschichte. Ein Blick auf die größeren kulturellen und politischen Zusammenhänge offenbart, dass die Zeit für eine große TV-Produktion über den Holocaust gekommen war. Der Vietnamkrieg hatte die USA in eine Krise gestürzt, in der moralische Botschaften, wie sie die Miniserie *Holocaust* anbot, sehr willkommen waren. Gleichzeitig setzten sich die politische Formulierung und Ausformung ethnischer Gruppenzugehörigkeitsgefühle fort, die bereits in den 1960er Jahren im Kampf der schwarzen Bürgerrechtsbewegung einen Ausdruck gefunden hatten.[25] In diesem Zusammenhang weist Doneson auf eine paradoxe Situation hin: *African Americans* und *Native Americans* rekurrierten auf eine Geschichte des Untergangs, die sukzessive von einer prächtigen Vergangenheit in Unterdrückung und Zerstörung führte, wohingegen der Holocaust die Möglichkeit einer Gegenerzählung bot. Jüdisches Leben und jüdische

20 NBC gab an, dass 120 Millionen Zuschauer die Serie angeschaut hätten, was einer Einschaltquote von 49 Prozent entspräche. Lediglich die ABC-Miniserie *Roots* über die Geschichte der Sklaverei in den USA, die an acht Abenden im Januar 1977 ausgestrahlt wurde, war mit 130 Millionen Zuschauern noch erfolgreicher. NBC-TV Says Holocaust Drew 120 Million, New York Times, 21.4.1978, S. B4. Peter Novick geht jedoch von konservativeren Zahlen aus und spricht von 100 Millionen Zuschauern, die *Holocaust* in den USA erreichte. Novick, Holocaust in American Life, S. 209.

21 Ebd., S. 209.

22 Theodore Ziolkowski, Versions of Holocaust, in: The Sewanee Review 87 (1979) 4, S. 676–685, hier S. 676.

23 Judith E. Doneson, Holocaust Revisited. A Catalyst for Memory or Trivialization?, in: Annals of the American Academy of Political and Social Science 548 (1996), S. 70–77, hier S. 75; Daniel Levy/Natan Sznaider, Erinnerung im globalen Zeitalter. Der Holocaust, Frankfurt a.M. 2001, S. 137. Für eine Übersicht zur öffentlichen Diskussion, die *Holocaust* entfachte, siehe auch Sander A. Diamond, Holocaust Film's Impact on Americans, in: Patterns of Prejudice 12 (1978) 4, S. 1–19.

24 Jeffrey Shandler, Schindler's Discourse. America Discusses the Holocaust and Its Mediation, from NBC's Miniseries to Spielberg's Film, in: Yosefa Loshitzky (Hg.), Spielberg's Holocaust. Critical Perspectives on Schindler's List, Bloomington 1997, S. 153–170, hier S. 153.

25 Der Erfolg der Miniserie *Roots,* die das Schicksal einer schwarzen Familie über verschiedene Generationen von ihrer Verschleppung in Afrika bis zur Emanzipation nach dem Bürgerkrieg abbildete, hatte gezeigt, dass die Opfergeschichte einer Minderheit die Aufmerksamkeit einer großen Öffentlichkeit erhalten konnte. Der Regisseur von *Holocaust,* Marvin J. Chomsky, hatte bereits bei *Roots* Regie geführt.

Kultur waren in Europa zerstört worden und fanden in den Vereinigten Staaten Erneuerung.[26] Die jüdische Geschichte konnte sich dementsprechend in den konservativen amerikanischen Nationalmythos von Hoffnung und Erlösung im Exil einreihen, von dem sich andere Minderheiten zuweilen deutlich abgrenzten.

## Dramaturgie und Inhalt von NBCs *Holocaust*

*Holocaust* war somit das richtige Produkt zum richtigen Zeitpunkt, denn es vereinte eine Reihe von Eigenschaften, die die TV-Serie regelrecht zum Katalysator der Erinnerungskultur werden ließ. Der nachhaltige Eindruck lässt sich darauf zurückführen, dass die Miniserie in der Lage war, einem so vielschichtigen, räumlich ausgreifenden und sämtliche Ebenen sozialer Interaktion betreffenden Ereignis wie dem Holocaust eine relativ einfach nachvollziehbare und konventionelle Plotstruktur mit einem zentralen Subjekt (zwei Familien), einem eindeutig definierbaren Anfang, Mittelteil und Ende sowie einer Auflösung mit einer klaren und läuternden Botschaft zu verleihen.

Die Miniserie porträtiert zwei fiktionale Familien aus Berlin in den Jahren 1935 bis 1945. Familie Weiss besteht aus assimilierten Juden der oberen Mittelschicht. Ihr Leben wird kontrastiert mit dem der Familie Dorf. Erik Dorf, der Vater und Ehemann, macht nach längerer Arbeitslosigkeit Karriere als SS-Offizier unter Reinhard Heydrich und ist maßgeblich an der Entwicklung der nationalsozialistischen Vernichtungspolitik beteiligt. Die Geschicke der beiden Familien sind eng miteinander verknüpft und nehmen im Verlauf der Serie eine gegensätzliche Entwicklung. Während sich die Situation der Familie Dorf stetig verbessert, ist Familie Weiss von zunehmender Ausgrenzung und Verfolgung betroffen, die im Tod beinahe aller Familienmitglieder endet. Der Holocaust wird so als schicksalhafte Begegnung zweier Familien erzählt: dem Überlebenskampf der Familie Weiss und dem Vernichtungsfeldzug des SS-Schergen Dorf und seiner Familie.[27]

Das Markenzeichen der Miniserie, anhand zweier Familien den gesamten Holocaust darzustellen, war ein verwegener Kniff, den Historiker mittlerweile als korrelierend zur gleichzeitigen historiografischen Hinwendung zur Alltagsgeschichte und *Oral History* und als Abkehr von der intentionalistischen Hitler-Welle preisen,[28] zeitgenössische Kritiken jedoch missbilligten. John O'Connor warf dem Fernsehstück vor, Ereignisse und ideologische Ansichten in hölzerne Charaktere und eine Aneinanderreihung lächerlicher Zufälle zu pressen.[29] Ähnlich verärgert zeigte sich Elie Wiesel über den vermessenen Versuch, den Holocaust anhand zweier Familiengeschichten abzubilden. In seiner ubiquitären Kritik an der Miniserie, die am Tag des ersten Sendetermins in der *New York Times* erschien, argumentierte er aus der Perspektive des *survivors* und als Sprachrohr der Ermordeten:

> *»Untrue, offensive, cheap: as a TV production, the film is an insult to those who perished and to those who survived. In spite of its name, this »docu-drama« is not about what some of us*

26 Judith E. Doneson, The Holocaust in American Film, 2. Aufl., Syracuse 2002, S. 151f.

27 Daniel R. Schwarz, Imagining the Holocaust, New York 1999, S. 172.

28 Frank Bösch, Film, NS-Vergangenheit und Geschichtswissenschaft. Von »Holocaust« zu »Der Untergang«, in: Vierteljahresheft für Zeitgeschichte 55 (2007) 1, S. 1–32, hier S. 4f. Möglicherweise muss die Serie durch die Einbeziehung sowohl der Opfer- als auch der Täterperspektive als frühes Beispiel einer integrierten Geschichte des Holocaust gelten, wie sie seit einiger Zeit von Saul Friedländer und anderen gefordert wird. Saul Friedländer, Eine integrierte Geschichte des Holocaust, in: Aus Politik und Zeitgeschichte 14–15 (2007), S. 7–14.

29 John O'Connor, Holocaust. Intelligent, Sincere Efforts Can't Bring Off Production, Wilmington Star-News, 16.4.1978, S. 9B.

*remember as the Holocaust. […] It tries to show what cannot even be imagined. It transforms an ontological event into soap-opera.«* [30]

In diesen Sätzen findet sich in komprimierter Form Wiesels geschichts-philosophische Überzeugung wieder, die auf dem unauflöslichen Widerspruch gründet, dass der Holocaust ein singuläres Ereignis gewesen sei, das sich weder visualisieren noch beschreiben lasse, was gleichzeitig den aporetischen Imperativ des »Sprechen-Müssens« fundiere. Wiesel überträgt den Überlebenden diese Aufgabe.[31] Es ist sicher kein Zufall, dass gerade zu dem Zeitpunkt, als der Holocaust von einer TV-Serie als eigenständiges, klar definierbares und abgrenzbares Ereignis mit einer nachvollziehbaren narrativen Modellierung präsentiert wurde, zunehmend auf seine prinzipielle Undarstellbarkeit rekurriert wurde und somit ein wirkmächtiger Topos in die Erinnerungskultur Einzug hielt, der noch heute eine wesentliche Rolle spielt.[32] Der einzige Einwand, den Wiesel gelten ließ, war, dass der Film nicht für Zuschauer wie ihn gemacht sei, »but for those who were not there or not even born yet, those who are only beginning to discover the reality of death-factories in the heart of civilized Europe.«[33]



Damit waren die Grundpfeiler der Konfliktlage gesetzt, die von nun an die Diskussionen um die Repräsentation des Holocaust in Populärkultur und Zeitzeugeninterviews beherrschen sollten. Populärkultur, insbesondere eine fiktionalisierte, filmische Darstellung, ist zwar in der Lage, Aufmerksamkeit zu schaffen und eine große Zuschauerzahl zu erreichen, gleichzeitig ist die Vergangenheit oftmals vereinfachend, melodramatisierend und trivial dargestellt. Zeitzeugenberichte sind in der Lage, dieser problematischen Repräsentation ein authentisches und vielschichtiges Korrektiv entgegenzusetzen – ein Argument, das in den Diskussionen um *Schindlers Liste* (1993) noch stärker zum Tragen kommen sollte.[34] Mit Blick auf das *Fortunoff Video Archive* hatte Judith Miller bereits 1990 den Konflikt zwischen Zeitzeugeninterviews und Populärkultur plakativ auf den Punkt gebracht: »Americans will get the Holocaust that Yale or that Hollywood gives them, the Holocaust of fact, or of imagination.«[35]

Ans Ende seiner Kritik an der Miniserie hatte Wiesel in der *New York Times* noch eine offene Frage gestellt: »What will happen when the last survivor is gone?«[36] Eine Reaktion auf diese Frage ließ nicht lange auf sich warten. Etwa ein Jahr nach der Ausstrahlung der Miniserie begann das *Holocaust Survivors Film Project* in Connecticut mit der Aufzeichnung audio-visueller Interviews

30 Elie Wiesel, Trivializing the Holocaust. Semi-Fact and Semi-Fiction, New York Times, 16.4.1978, Sektion 2, S. 1 u. 29.

31 Kritik an der postulierten Singularität des Holocaust wurde bereits in den 1970er Jahren von Yehuda Bauer geäußert, der argumentierte, dass das Beharren auf der Einzigartigkeit und Undarstellbarkeit letztendlich zur überirdischen Mystifizierung und Bedeutungslosigkeit führe. Yehuda Bauer, Against Mystification. The Holocaust as a Historical Phenomenon, in: ders. (Hg.), The Holocaust in Historical Perspective, Seattle 1978, S. 98–117. Für eine weitere frühe Kritik siehe auch Ziolkowski, Versions of Holocaust.

32 Für eine Problematisierung des Topos der Undarstellbarkeit, der eine uneinlösbare Bürde auf die Repräsentation des Holocaust lege, siehe Weissman, Fantasies, S. 208f.

33 Wiesel, Trivializing, Sektion 2, S. 1.

34 Trudy Gold/Rudy Kennedy/Trude Levi/Frank Reiss, The Survivors' Right to Reply, in: Toby Haggith/Joanna Newman (Hg.), Holocaust and the Moving Image. Representations in Film and Television Since 1933, London 2005.

35 Judith Miller, One, by One, by One. Facing the Holocaust, New York 1990, S. 275.

36 Wiesel, Trivializing, Sektion 2, S. 29.

mit Holocaust-Überlebenden. Geoffrey Hartman, der 1982 dem Projekt an der Yale University eine dauerhafte Heimat vermittelte, schrieb zu den Anfängen:

> *»It was, in fact, the television series Holocaust that prompted the New Haven chapter of the Farband, comprised mainly of survivors, to agree to form a »Holocaust Survivors Film Project.« The influential medium of television was trivializing or falsifying their past, they felt. They would break a silence most of them had kept. [...] Zachor, the command to remember, could not be left to the media or even the historians.«*[37]

Joanne Rudof, seit 1984 für das FVA tätig, bestätigte dieses Gründungsnarrativ: »Everything had been taken from them. Now television was trying to take away their stories too.«[38] Die ersten Videointerviews mit Holocaust-Überlebenden wurden somit als Abgrenzung zu einer TV-Serie verstanden, die ebenso wenig wie die Geschichtswissenschaft in der Lage sei, dem Gebot zu erinnern gerecht zu werden. Es entbehrt nicht einer gewissen Ironie, dass sich in Gestalt der Videokamera dabei eines Mediums bedient wurde, das sich problemlos ins Fernsehen integrieren lässt. Hartman hob jedoch an verschiedenen Stellen die Unterschiede zwischen Fernsehen/Film und den Videointerviews hervor. Filmische Produktionen, sowohl fiktionalisierte als auch dokumentarische, erschüfen mit der Präsentation des Themas durch einen Erzähler oder ein traditionelles Narrativ eine isolierende Distanz zwischen den Zuschauern und den Opfern. Die in der Gegenwart stattfindenden Videointerviews bewirkten hingegen eine Unmittelbarkeit, die er als *counter-cinematic integrity* beschrieb.[39] In einem Videointerview stehe nichts zwischen uns und dem Überlebenden und wenn das Interview erst einmal richtig in Gang gekommen sei, gebe es zudem nichts zwischen dem Überlebenden und seinen Erinnerungen.[40]

Somit lässt sich festhalten, dass *Holocaust* nicht nur die Rückkehr der Geschichte symbolisiert, wie es Frank Bösch beschreibt, sondern ursächlich für die Entstehung der ersten videografierten Zeitzeugeninterviews mit Holocaust-Überlebenden war – und somit als wirkungsvoller Katalysator des Booms anzusehen ist, den die Erinnerungskultur seit dieser Zeit erlebt.[41]

Die soeben skizzierte Verbindung zwischen Fernsehen und *Holocaust Oral Histories* basiert vor allem auf der Abgrenzung der *Oral History*-Initiativen von einer fiktionalisierten und kommerziellen TV-Darstellung. Diese Verbindung soll nun jedoch gegen den Strich gelesen werden. Denn obwohl die Videointerviews mit Holocaust-Zeitzeugen als Gegenbewegung zur Miniserie *Holocaust* entstanden, zeichnen sie sich doch durch eine Reihe bedeutsamer Gemeinsamkeiten aus, die bis zur konkreten narrativen Modellierung und Verwendung gleichartiger Sprachfiguren der beiden als so unterschiedlich wahrgenommenen medialen Repräsentationen des Holocaust reichen.

37 Geoffrey Hartman, Preserving the Personal Story. The Role of Video Documentation, in: Marcia Littell/Richard Libowitz/E. B. Rosen (Hg.), The Holocaust Forty Years After, Lewiston 1989, S. 53–60, hier S. 53f.

38 Miller, One, S. 273.

39 Geoffrey Hartman, Learning from Survivors. The Yale Testimony Project, in: Holocaust and Genocide Studies 9, (1995) 2, S. 192–207, hier S. 198. An anderer Stelle argumentierte er jedoch, dass *videotestimonies* gleichermaßen *cinematic* und *counter-cinematic* seien. Geoffrey Hartman, The Cinema Animal, in: Loshitzky (Hg.), Spielberg's Holocaust, S. 61–76, hier S. 69.

40 Hartman, Learning, S. 198.

41 Frank Bösch, Umbrüche in die Gegenwart. Globale Ereignisse und Krisenreaktionen um 1979, in: Zeithistorische Forschungen/Studies in Contemporary History 9 (2012) 1, S. 8–32, hier S. 12f. http://www.zeithistorische-forschungen.de/16126041-Boesch-1-2012 (letzter Zugriff 3.8.2015). Siehe auch Winter, Memory Boom.

Analysiert man die narrative Struktur des Plots, der der jüdischen Familie folgt, so wird deutlich, dass die TV-Serie ähnlich strukturiert ist wie die in Abgrenzung zu ihr entstandenen Videointerviews. Erzählt wird sie aus der Perspektive des jüngsten Sohnes der Familie, Rudi. Er ist der genuine Held und einer der wenigen, der den Holocaust überlebt. Er legt Zeugnis ab von dem Untergang seiner Familie und seinem eigenen Überleben. Der Plot beginnt mit einer glücklichen Hochzeit in Berlin, entwickelt sich dann ins Unglück, bis er in Auschwitz seinen Tiefpunkt findet. Er endet mit dem Kriegsende, der Befreiung und den Planungen für die Emigration nach Israel.

Die Zeitzeugeninterviews griffen diese Modellierung der Miniserie auf, die sie perpetuierten und dauerhaft in der Erinnerungskultur verankerten. Diese wurde zum dominanten Holocaust-Narrativ, das sich in zahlreichen Holocaust-Repräsentationen wiederfindet, nicht nur in den *Oral History Interviews,* sondern auch in Ausstellungen, Filmen und Memoiren. Dass sich diese Modellierung nicht als selbstverständlich oder natürlich anbietet, zeigen unter anderem die Interviews des *American Jewish Committee*, die vor der Miniserie entstanden.



## Hayden White und die Modellierung historischer Narrative

Bleibt noch als letzte Frage: Warum hat sich diese Modellierung durchgesetzt? Warum beginnt für uns wie selbstverständlich der Holocaust mit der Vorkriegszeit – und zwar mit der unmittelbaren Vorkriegszeit? Warum würde uns ein Interview überraschen, das ohne Einleitung direkt *in medias res* geht? Oder eines, in dem der Holocaust nur die Einleitung ist? Anders gefragt: Warum spiegeln die Interviews die narrative Modellierung der Miniserie *Holocaust*, von der sie sich so deutlich abgrenzten?

Hier hilft ein Griff in den Werkzeugkasten der Theorien: Hayden White hat in *Methahistory: Die historische Einbildungskraft im 19. Jahrhundert in Europa* demonstriert, dass geschichtswissenschaftliche Werke als formalisierte poetische Artefakte beschrieben werden können, vergleichbar mit den rhetorischen Formen fiktionaler Texte.[42]

White entlarvte den Glauben an die prinzipielle Möglichkeit einer objektiven und realistischen Darstellung der Vergangenheit als einen mystifizierenden Selbstbetrug, denn Historiker konstruierten die Vergangenheit stets nach ihren ethischen, politischen und ästhetischen Vorstellungen. Nach dem Siegeszug des *linguistic turn* gilt diese Erkenntnis sicherlich als Binsenweisheit und nur noch wenige Hartgesottene verschließen sich der Überlegung, dass (geschichts)wissenschaftliche Texte stets einer mehrdimensionalen sprachlichen Konstruiertheit unterworfen sind.[43] Das Revolutionäre an Whites *Metahistory* ist demnach nicht, dass er den historischen Realismus des 19. Jahrhunderts entmystifizierte, sondern vielmehr, dass er eine Methodik entwickelte, um die sprachlich-poetische Konstruktion historischer Narrative zu untersuchen. Es handelt sich hierbei um eine Form der Diskursanalyse, die es gestattet, die diskursiven Formationen herauszuarbeiten, denen Historiker unterworfen sind und die sie gleichermaßen reproduzieren und hervorbringen.[44]

42 Hayden White, Metahistory. Die historische Einbildungskraft im 19. Jahrhundert in Europa, übersetzt von Peter Kohlhaas, Frankfurt a. M. 2008 [engl. 1973].

43 Für eine Historisierung des *lingustic turns* in der Geschichtswissenschaft unter besonderer Berücksichtigung seiner Kritiker siehe Peter Schöttler, Wer hat Angst vor dem linguistic turn?, in: Geschichte und Gesellschaft 23 (1997) 1, S. 134–151; ders., Nach der Angst. Was könnte bleiben vom linguistic turn?, in: Internationales Archiv für Sozialgeschichte der deutschen Literatur 36 (2011) 1, S. 135–151.

44 Siehe hierzu White, Metahistory, S. 568, Anm. 4; ders., Foucault dekodiert. Notizen aus dem Untergrund, in: ders. (Hg.), Auch Klio dichtet oder die Fiktion des Faktischen. Studien zur Tropologie des historischen Diskurses, Stuttgart 1986, S. 268–302.

White argumentierte, dass historische Ereignisse unter Zuhilfenahme poetischer, archetypischer Modellierungen präfiguriert werden, wozu die Verwendung vertrauter Metaphern und die Strukturierung des Ereignisses in der Form eines kohärenten Plots mit einem Anfang, Höhepunkt und Ende zählen. Die Strukturierung orientiert sich dabei an den klassischen Dramentypen Tragödie, Romanze, Komödie und Satire. Neben den vier narrativen Modellierungen hat White weitere Analysekategorien entwickelt, um darzulegen, wie aus einer Unmenge von Ereignissen und Quellen eine historische Darstellung entsteht. Im Folgenden soll nicht das gesamte Theoriemodell durchexerziert werden, sondern ausschließlich die narrative Modellierung herangezogen werden, um die Gemeinsamkeiten in der Erzählstruktur von Zeitzeugeninterviews und der Miniserie *Holocaust* zu erklären.

White hat sich in *Metahistory* und den darauf aufbauenden Arbeiten ausschließlich auf geschichtswissenschaftliche Texte konzentriert. Es spricht jedoch einiges dafür, dass sich seine Schlüsse auch auf andere vergangenheitsbezogene Darstellungsformen übertragen lassen – unter anderem auf *Oral History Interviews* und filmische Dramatisierungen der Vergangenheit.[45] Denn Whites primäres Interesse galt nicht der Geschichtswissenschaft als einer Forschungsdisziplin mit ihrer eigenen Methodenlehre, so Reinhardt Koselleck, sondern der Frage, wie die kulturelle Verarbeitung geschichtlicher Erfahrung überhaupt sprachlich ermöglicht wird.[46] So können meines Erachtens auch Zeitzeugenberichte, TV-Serien oder Filme als sprachliche Gebilde in Form alltäglicher Rede verstanden werden. Auch sie beanspruchen, ein »Modell oder Abbild vergangener Strukturen und Prozesse« zu sein, die auf dem Weg ihrer Darstellung das »wirkliche Geschehen« abbilden.[47] Gerade die in der Tradition des klassischen Realismus stehende Miniserie *Holocaust* bietet vermutlich mehr Anknüpfungspunkte zu geschichtswissenschaftlichen Texten des Realismus im 19. Jahrhundert und lässt sich somit besser mit *Metahistory* fassen als beispielsweise Saul Friedländers *Years of Extermination,* das häufig als Beispiel einer modernistisch collagierten und Chronologien aufbrechenden Geschichtsdarstellung besprochen wird.[48]



45 Dass nicht nur die Geschichtswissenschaft auf Narrativen basiert, sondern ebenso die Wirtschafts- und Rechtswissenschaften, journalistische Arbeiten und das Feld der Politik zeigt beispielsweise Ann Rigney, The Point of Stories. On Narrative Communication and Its Cognitive Functions, in: Poetics Today 13 (1992) 2, S. 263–273.

46 Reinhart Koselleck, Einführung, in: White (Hg.), Klio, S. 1–6, hier S. 2.

47 White, Metahistory, S. 16.

48 Wulf Kansteiner, Gefühlte Wahrheit und ästhetischer Relativismus. Über die Annäherung von Holocaust-Geschichtsschreibung und Geschichtstheorie, in: Norbert Frei/Wulf Kansteiner (Hg.), Den Holocaust erzählen. Historiographie zwischen wissenschaftlicher Empirie und narrativer Kreativität, Göttingen 2013, S. 12–50, hier S. 30; Wulf Kansteiner, Success, Truth, and Modernism in Holocaust Historiography. Reading Saul Friedländer Thirty-Five Years after the Publication of Metahistory, in: History and Theory 47 (2009), S. 25–53. Auch in der Holocaust-Forschung wurde White rezipiert und zum Teil harsch kritisiert. Seine geschichtsphilosophischen Überlegungen wurden als potentielle Relativierung des Holocaust betrachtet, da nach seiner Theorie verschiedene Darstellungen der Geschichte gleichermaßen legitim seien, auch wenn sie sich gegenseitig ausschlössen. Diese Kritik, die unter anderem von Saul Friedländer, Carlo Ginzburg oder Richard Evans formuliert wurde, führte dazu, dass White sein Modell weiterentwickelte und eine modernistische Modellierung für ein genuin modernistisches Ereignis wie den Holocaust proklamierte. Saul Friedländer, Introduction, in: ders. (Hg.), Probing the Limits of Representation. Nazism and the Final Solution, Cambridge 1992, S. 1–21, hier S. 2; Carlo Ginzburg, Just One Witness, in: ebd., S. 82–96, hier S. 94; Richard J. Evans, In Defense of History, London 1997, S. 124. Den modernistischen Stil deutete er zunächst in den literarisch-autobiografischen Schriften Primo Levis an, siehe Hayden White, Historical Emplotment and the Problem of Truth, in: Friedländer (Hg.), Probing the Limits, Cambridge 1992, S. 37–53. Zwanzig Jahre später führte er dies

## Die dramatische Darstellung des Holocaust – als Tragödie oder Komödie?

Hayden Whites Theoretisierungen folgend, haben die Miniserie *Holocaust* und die seit 1979 entstehenden Videointerviews dem Holocaust ein kohärentes und effektives Narrativ in einer archetypischen Form verliehen. Diese ist nicht – wie umgangssprachlich oft angenommen wird – die Tragödie, sondern die Komödie. Hierbei beziehe ich mich im Anschluss an White nicht auf die humorigen oder spöttischen Elemente einer Komödie, sondern auf ihre strukturelle Form.

Geht es um die narrative Modellierung des Holocaust, wird häufig argumentiert, der Holocaust verschließe sich willkürlichen Modellierungen und einzig die Tragödie sei seine angemessene Form. So postulierte Richard Evans: »Auschwitz was indeed inherently a tragedy and cannot be seen as either a comedy or a farce.«[49] Diese Position wird einerseits durch zahllose Darstellungen über den Holocaust und seine Nachkriegsgeschichte widerlegt, die jede denkbare kreative Formalisierung aufgegriffen haben, und offenbart zudem ein umgangssprachliches Verständnis der Tragödie. Vergegenwärtigt man sich, aus welchen Elementen eine Tragödie besteht, so müssen erhebliche Einwände gegen eine solche narrative Modellierung erhoben werden. Eine Tragödie zeichnet sich dadurch aus, dass sich die Handlung zunächst günstig entwickelt und aufgrund gut gemeinter, jedoch falscher Entscheidungen der Protagonisten eskaliert. In aller Regel hätte deren Scheitern durch Nichtstun verhindert werden können. Eine Tragödie ist somit die Geschichte von sterbenden Göttern oder Helden, die durch ihr eigenes Verhalten und den Verstoß gegen moralische oder göttliche Gesetze ihren Untergang selbst eingeleitet haben.[50] Auf den Holocaust übertragen würde dies bedeuten, dass nicht Rassenwahn und Krieg schuld am Holocaust gewesen wären, sondern die falschen Entscheidungen und Fehler der Opfer. Ödipus, Phädra oder Antigone (allesamt tragische Gestalten der griechischen Mythologie) hätten ihr Schicksal selbst beeinflussen können, so Lawrence Langer, und affirmierten das urmenschliche Vermögen, Handlungsmacht über den eigenen Tod auszuüben, auch wenn sie letztendlich dadurch sterben müssten. Die *Holocaust story* hingegen »cannot be told in terms of heroic dignity, moral courage, and the triumph of the human spirit in adversity«.[51]

Ähnlich wie Langer hat auch White argumentiert. Es eigne sich keine archetypische antike Modellierung, insbesondere nicht die Tragödie, zur Repräsentation des Holocaust. Ein grundsätzlich modernistisches Ereignis wie der Holocaust erfordere ein modernistisches *emplotment*.[52] Konfrontiert man die Miniserie *Holocaust* und die seit den späten 1970er Jahren entstehenden vi-



an den geschichtswissenschaftlichen Arbeiten Saul Friedländers weiter aus. Hayden White, Historical Discourse and Literary Theory. On Saul Friedländer's Years of Extermination, in: Frei/Wulf (Hg.), Holocaust erzählen, S. 51–78.

49 Evans, Defense, S. 124. Siehe auch Amos Goldberg, Forum. On Saul Friedländer's The Years of Extermination, in: History and Theory 48 (2009) 3, S. 220–237, hier S. 233. »I thus claim that in the beginning was the tragic, which then gradually made way for the melodramatic to take center stage.« Siehe weiter Sidra DeKoven Ezrahi, By Words Alone. The Holocaust in Literature, Chicago 1980, S. 96–148.

50 Northrop Frye, Anatomy of Critics. Four Essays With a Foreword by Harold Bloom, Princeton 1990 [1957], S. 36 u. 207ff.

51 Lawrence Langer, The Americanization of the Holocaust on Stage and Screen, in: Sarah Blacher Cohen (Hg.), From Hester Street to Hollywood. The Jewish-American Stage and Screen, Bloomington 1986 [1983], S. 213–230, hier S. 213. Auch als Phänomen der Erkenntnis, das den Zuschauern ermöglicht, ihr Dasein zu bejahen und die Welt in ihrem Zusammenhang zu sehen, wie es Friedrich Nietzsche in *Die Geburt der Tragödie* beschrieben hat, vermag die Tragödie nicht recht zum Holocaust passen. Friedrich Nietzsche, Die Geburt der Tragödie. Oder: Griechenthum und Pessimismus, Stuttgart 2007 [1872].

52 White, Emplotment, S. 52; ders., Historical Discourse, S. 53f.

deografierten Zeitzeugeninterviews jedoch mit Whites *Metahistory*, lassen sich durchaus Elemente antiker Modellierungen nachweisen. Hayden White und der antiken Dramenlehre folgend, haben die Miniserie und die *Oral History Interviews* den Holocaust jedoch nicht als Tragödie, sondern als Komödie strukturiert. An dieser Stelle muss noch einmal vergegenwärtigt werden, wie White die Komödie zur Beschreibung historischer Narrative definiert hat. Die dreifache Gliederung der Komödie führt »von einem Zustand äußeren Friedens über die Enthüllung des Konflikts bis zu seiner Auflösung mit der Errichtung einer wahrhaft friedlichen Gesellschaftsordnung.«[53] Der äußere Frieden als Ausgangspunkt ist, wie bereits ausgeführt, integraler Bestandteil der Miniserie wie auch fast aller *Holocaust Oral Histories*. Diese Welt wird ins Chaos gestürzt, aus dem jedoch – und dies ist der melodramatische Kniff der Miniserie und gewissermaßen originäres Element eines *Oral History Interviews*, indem aus der sicheren Retrospektive auf die Vergangenheit reflektiert wird – eine friedliche Gesellschaftsordnung erwächst: »Die Versöhnungen, die am Ende der Komödie stattfinden, sind Versöhnungen zwischen Menschen, der Menschen mit ihrer Welt und ihrer Gesellschaft; der Zustand der Gesellschaft scheint nun reiner, vernünftiger und verbessert.«[54] Die Komödie besitzt somit eine diachrone Erzählweise, die auf Veränderung und Entwicklung ausgerichtet ist. Kenntlich gemacht wird dieses in der Miniserie durch zwei Feste: Die Hochzeit am Beginn und das Fest zum Kriegsende sind wirkungsvolle Markierungen des Anfangs und des Endes einer Komödie. Die Interviews ersetzen diese dramaturgisch wirkungsvollen Feste durch das Rekurrieren auf ein glückliches Familienleben zu Beginn des Interviews und durch die Darstellung einer geglückten Eingliederung in die neue amerikanische Heimat, die am Ende des Interviews steht.[55] Eine Tragödie hingegen beharrt auf der Existenz unabänderlicher Wahrheiten über das menschliche Zusammenleben und proklamiert damit Synchronität und Kontinuität. Im Gegensatz hierzu ist die diachrone Entwicklung das Markenzeichen sowohl der *Holocaust Oral Histories* als auch der Miniserie und lässt sich als Grundpfeiler oder »optimistischer Imperativ«[56] eines US-amerikanischen Holocaust-Narrativs betrachten.[57] Gerade die *Oral History Interviews* waren in der Lage, diese amerikanische Holocaust-Erzählung ohne die Gefahr, als Amerikanisierung, McDonaldisierung, oder Hollywoodisierung in Europa und Israel abgelehnt zu werden, zu exportieren.



53 White, Metahistory, S. 232.

54 Ebd., 23. *Das* zentrale Element einer Tragödie ist der Untergang des Protagonisten, wohingegen er in der Komödie überlebt. Ein *Oral History Interview* mit einem Zeitzeugen des Holocaust kann nur mit einem Überlebenden geführt werden. So schrecklich die Geschichte auch ist, der Zuschauer oder Zuhörer kann sicher sein, dass der Erzähler überlebt hat. Eine Fernsehserie unterliegt nicht dieser Beschränkung. Es war somit die kreative Entscheidung der Verantwortlichen, Familienmitglieder überleben zu lassen und aus deren Perspektive die Ereignisse darzustellen.

55 Es gibt auch Interviews, die mit einer Hochzeit beginnen, siehe das Interview mit Marianne Rosner, 12. Mai 1995, U. S. Holocaust Memorial Museum, RG-50.030*0312: »My family life was beautiful, just beautiful. I had very good parents. I had a sister. My father was a well-to-do businessman in Vienna. And I had the most beautiful childhood and youth life that ever you can image. And I was very young when I met my husband. And when I was 19 years old, we got married in 1930 in Vienna.«

56 Wieviorka, Era, S. 123.

57 Zum amerikanischen Holocaust-Narrativ siehe Alvin H. Rosenfeld, The Americanization of the Holocaust, in: ders. (Hg.), Thinking about the Holocaust. After Half a Century, Bloomington 1997, S. 123–127; Ilan Avisar, Holocaust Movies and the Politics of Collective Memory, in: Rosenfeld (Hg.), Thinking About the Holocaust, S. 38–60, S. 53.

## Fazit

Die Miniserie *Holocaust* wie auch die seit 1979 aufgezeichneten Videointerviews haben ein Narrativ des Holocaust modelliert, das sich als so wirkungsvoll erwiesen hat, dass es noch heute, mehr als 35 Jahre später, in ähnlicher Form reproduziert wird. Der Dreiklang von unbeschwerter Vorkriegszeit als Einleitung, verheerender Kriegszeit als Mittelteil und versöhnlicher Nachkriegszeit als Schlussteil entspricht der Strukturierung einer Komödie und ist damit konziser, effektiver und kohärenter als beispielsweise die simplen Erlösung-im-Exil-Geschichten der frühen *Oral History Interviews* der *Wiener E. William Oral History Library*, die aus der Katastrophe direkt in die Versöhnung mit der Welt und der Gesellschaft führten.



Der Verweis auf diese Modellierung, deren Herausbildung durch einen klaren Bruch in den späten 1970er Jahren gekennzeichnet ist, bedeutet jedoch nicht, dass sich alle Zeitzeugeninterviews gleichen, geschweige denn, dass alle Überlebenden ähnliche Erfahrungen gemacht haben. Es geht lediglich um die generelle Struktur der Erzählung. Hier hat sich seit 1978 eine distinktive Form durchgesetzt, die durch die fiktionale Geschichte der jüdischen Familie Weiss in der TV-Serie *Holocaust* etabliert und von den *Oral History Interviews* aufgegriffen wurde. Die Miniserie wird aus der Perspektive des jüngsten Sohns der Familie, Rudi, erzählt. Er legt Zeugnis ab von dem Untergang seiner Familie und seinem eigenen Überleben. Der Plot beginnt mit einer glücklichen Hochzeit in Berlin, entwickelt sich dann ins Unglück, bis er in Auschwitz seinen Tiefpunkt findet. Er endet mit dem Kriegsende, der Befreiung und den Planungen für die Emigration. Obwohl die ersten Videointerviews als Abgrenzung zu *Holocaust* entstanden, spiegeln sie den Aufbau der Miniserie. Diese wurde zum dominanten Narrativ und ist in zahlreichen Holocaust-Repräsentationen aufgegriffen worden. Dass sich eine solche narrative Modellierung nicht zwangsläufig anbietet, zeigen Auseinandersetzungen mit dem Holocaust, die vor der Miniserie entstanden sind. Diese Entwicklung hat sich zudem vorkritisch und präkognitiv herausgebildet. Holocaust-Überlebende müssen die Miniserie nicht zwingend selbst rezipiert haben, um ihrer wirkmächtigen narrativen und sicherlich auch subjektivierenden Modellierungskraft unterworfen worden zu sein.

Ein letztes Beispiel soll demonstrieren, wie wirkungsvoll die narrative Modellierung war, die durch die Miniserie und die Videointerviews etabliert wurde: 1981 veröffentlichte Sylvia Rothchild das Buch *Voices from the Holocaust*, in dem einige der Transkriptionen der Interviews, die zwischen 1974 und 1975 vom *American Jewish Committee* aufgenommen wurden, in stark editierter Form abgedruckt sind.[58] Wie die Videointerviews dieser Zeit – also der 1980er Jahre – ist das Buch nun in drei Abschnitte aufgeteilt: *Life before the Holocaust* (80 Seiten), *Life during the Holocaust* (200 Seiten) und *Life in America* (150 Seiten). Das Leben vor und während des Holocaust wurde so editiert, dass es nun zwei Drittel der Darstellung einnimmt, während es in der ursprünglichen Studie, auf deren Transkriptionen das Buch basiert, nur einen marginalen Platz erhalten hatte.

58 Sylvia Rothchild (Hg.), Voices From the Holocaust, New York 1981.

JAN-HENRIK FRIEDRICHS

# Mapping Kreuzberg – Karten als Quelle der Bewegungsgeschichte

Im Mai 1981 veröffentlichte die alternative *Tageszeitung* eine Karte der Bundesrepublik, in der alle seit Anfang des Jahres besetzten Häuser verzeichnet worden waren. Ungewöhnliche Perspektiven eröffnen sich durch diese Darstellungsweise: Während Westberlin als symbolisches Zentrum der Besetzungsszene (und beliebtes Objekt der historiographischen Aufarbeitung dieser Bewegung) scheinbar zu einer Fußnote schrumpft, springen unvermutete regionale Zentren der Bewegung ins Auge, wie Stuttgart, Bielefeld oder Gummersbach. Auch die Verzeichnung von Klein- und Mittelstädten wie Emden, Kirchheim/Teck und Iserlohn irritiert heutige Sichtweisen. Aus zeitgenössischer Perspektive standen freilich andere Aspekte im Vordergrund einer solchen Darstellung. Sie erlaubte es, geographisch getrennte Phänomene als Teil einer einheitlichen Bewegung wahrzunehmen. Darüber hinaus diente eine solche Karte der Mobilisierung der Leser_innenschaft der *taz*. Dies zeigte sich auch in den figürlichen Zeichnungen, die die Karte rahmten: In einer Umkehrung hegemonialer Zuschreibungen schienen Polizisten und Bulldozer die Republik zu bedrohen, während junge Leute, sonst als »Chaoten« verschrien, im Verbund mit einer alten Frau ein vom Abriss bedrohtes, verängstigtes Haus in Sicherheit brachten. Die Karte diente also vielfältigen Zwecken: der Information, der Konsolidierung einer überregionalen politischen Bewegung, der Mobilisierung ihrer Unterstützer_innen sowie der Legitimierung ihres Anliegens. 89

**Abb. 1: Hausbesetzungen in der Bundesrepublik, ursprünglich erschienen in der taz vom 4. Mai 1981. Quelle: A.G. Grauwacke (Hg.), Autonome in Bewegung. Aus den ersten 23 Jahren, Berlin u.a. 2008, S. 14.**

Dieses Potenzial macht Kartierungen zu einer fruchtbaren Quelle für die Alltags- und Bewegungsgeschichte. Am Beispiel der Westberliner Hausbesetzungsszene der frühen 1980er Jahre werde ich zeigen, wie Prozesse des Kartierens vor allem den lokalen Nahraum zu organisieren halfen und dadurch die Besetzungsbewegung insgesamt in spezifischer Weise strukturierten. Im Rückgriff auf die Arbeiten Michel Foucaults und Michel de Certeaus rückt dabei die soziale Konstruiertheit urbanen Raums in den Fokus: Karten bilden den Raum nicht einfach ab, sondern sie sind ein Mittel Räume zu deuten, zu organisieren und in diesem Sinne überhaupt erst zu schaffen. Dabei sind sie stets eingebettet in vielfältige Praxen, als deren Ergebnis sich soziale Räume herstellen und erfahren lassen. Die Karten selbst »besetzten« also den urbanen Raum mit vielfältigen Bedeutungen, strukturierten ihn und hatten so maßgeblichen Anteil an der Schaffung des geographischen, sozialen und kulturellen Raums der Hausbesetzungsszene der 1980er Jahre.



Der vor nunmehr gut zwanzig Jahren ausgerufene *spatial turn* in der Geschichtswissenschaft hat die Aufmerksamkeit auf die historische Konstruktion und Repräsentation sozial-geographischer Räume gelenkt. Unter dem Stichwort der *mental maps* wurde gefragt, wie Menschen räumliche Zusammenhänge – und damit Raum als solchen – unter sich verändernden historischen Bedingungen herstellen. Der geographische Raum erscheint damit nicht mehr als ein vermeintlich unveränderbarer, vordiskursiver Container für historische Ereignisse, sondern selbst als Produkt von Handlungen, Diskursen und Repräsentationen. Dadurch kam neben den *mental maps* auch Landkarten, als sinnfälligster materieller Repräsentation dieser Räume, eine Schlüsselrolle in der Analyse historischer Raumkonstruktionen zu. Kartographische Darstellungen wurden dahingehend befragt, welche Imaginationen ihnen eingeschrieben waren und welche Effekte die grafische Darstellung wiederum auf die Vorstellungswelt und Praxen der Zeitgenoss_innen hatte.[1] Dabei beschränkte sich die wissenschaftliche Forschung weitgehend auf die Untersuchung von Kartenwerken politischer Gebilde nationaler oder supranationaler Größenordnung. Vorstellungen etwa »Europas«, des »Balkans« oder des »Orients« kamen so in den Blick.[2]

Für die Hausbesetzungsbewegung in Berlin und anderen bundesdeutschen Großstädten war hingegen der lokale Nahraum, der »Kiez«, von zentraler Bedeutung.[3] Im Gegensatz zu den als kalt

1 Siehe exemplarisch Linda Colley, Captives: Britain, Empire and the World 1600–1850, London 2004, S. 4 ff.

2 Sybille Bauriedl, »Der Orient« als Raumkonstruktion in der Geographie, in: Iman Attia (Hg.), Orient- und Islambilder. Interdisziplinäre Beiträge zu Orientalismus und antimuslimischem Rassismus, Münster 2007, S. 137–154; John B. Harley, The New Nature of Maps. Essays in the History of Cartography, Baltimore, MD 2001; Christof Dipper/Lutz Raphael, ›Raum‹ in der Europäischen Geschichte, in: Journal of Modern European History 1 (2011), S. 27–41; Frithjof Benjamin Schenk, Mental Maps. Die Konstruktion von geographischen Räumen in Europa seit der Aufklärung, in: Geschichte und Gesellschaft 28 (2002), S. 493–514; Maria Todorova, Imagining the Balkans, Oxford 1997.

3 Verschiedene Facetten der Geschichte der Hausbesetzungen sind in jüngster Zeit in einer ganzen Reihe von Studien untersucht worden. Verwiesen sei hier u. a. auf Amantine, Gender und Häuserkampf, Münster 2011; Freia Anders, Wohnraum, Freiraum, Widerstand. Die Formierung der Autonomen in den Konflikten um Hausbesetzungen Anfang der achtziger Jahre, in: Sven Reichardt/Detlef Siegfried (Hg.), Das Alternative Milieu. Antibürgerlicher Lebensstil und linke Politik in der Bundesrepublik Deutschland und Europa 1968–1983, Göttingen 2010, S. 473–498; Sabin Bieri, Vom Häuserkampf zu neuen urbanen Lebensformen. Städtische Bewegungen der 1980er Jahre aus einer raumtheoretischen Perspektive, Bielefeld 2012; Eric Duivenvoorden, Een voet tussen de deur. Geschiedenis van de kraakbeweging 1964–1999, Amsterdam 2000; Jan-Henrik Friedrichs, Urban Spaces of Deviance and Rebellion. Youth, Squatted Houses and the Heroin Scene in West Germany and Switzerland in the 1970s and 1980s, Dissertation, Vancouver, BC 2013; Sebastian Haumann, »Schade, daß Beton nicht brennt«. Planung, Partizipation und Protest in Philadelphia und Köln 1940–1990, Stuttgart 2011; Armin Kuhn,

und lebensfeindlich empfundenen Neubausiedlungen wurden proletarisch und/oder migrantisch geprägte Stadtviertel mit einem hohen Anteil an Altbauten als lebendiger und, in den Worten eines Besetzers, »den Neubauten um vieles überlegen« wahrgenommen.[4] Das Ringen um »Authentizität«, das zuletzt von Sven Reichardt als wesentlicher Kern eines »alternativen« Lebensstils beschrieben wurde, fand seine Entsprechung in der Konstruktion vermeintlich organisch gewachsener und traditionell widerständiger Stadtviertel.[5]

In dem Moment, da der Kiez zur zentralen Bezugsgröße für Aktivist_innen wurde, mussten nicht nur bestimmte Nachbarschaften von ihrem Umfeld symbolisch abgegrenzt werden. Die Besetzer_innen mussten auch eine Identifikation mit dem so abgegrenzten Kiez herstellen, sowohl was ihre Wahrnehmung von außen als auch ihr eigenes Zugehörigkeitsgefühl betraf.

Es ist unklar, wie groß der Anteil an Zugezogenen in der Berliner Hausbesetzungsszene war. Zeitgenössische Angaben des Senats, nach denen zwei Drittel der Besetzer_innen keine Berliner_innen seien, dienten offensichtlich der Delegitimierung der Aktivist_innen und der Transformation sozialen Protestes in eine äußere Bedrohung.[6] Gleichwohl war Berlin seit den 1960er Jahren Anlaufpunkt für Linke aus dem gesamten Bundesgebiet gewesen. Als links geltende Universitäten trugen ebenso zur Attraktivität Berlins bei wie die Ereignisse um 1968 und nicht zuletzt die Möglichkeit für junge Männer, sich durch einen Umzug nach Berlin dem Wehrdienst zu entziehen. Doch auch für diejenigen, die aus anderen Berliner Stadtbezirken in ein besetztes Haus etwa in Kreuzberg zogen, galt es, Teil einer als organisch gewachsen imaginierten Umgebung zu werden. Ein beliebter Topos in Berichten und Interviews ist daher die solidarische bis herzliche Begegnung mit alteingesessenen Nachbar_innen, auch wenn das tatsächliche Ausmaß solcher Kontakte unklar bleibt.[7] Aber auch die sichtbare Markierung öffentlicher Räume durch Graffiti, Wandgemälde und Transparente diente der Identifikation bestimmter Stadtteile mit den Besetzer_innen – und umgekehrt.



Vom Häuserkampf zur neoliberalen Stadt. Besetzungsbewegungen und Stadterneuerung in Berlin und Barcelona, Münster 2014; Thomas Stahel, Wo-Wo-Wonige! Stadt- und wohnpolitische Bewegungen in Zürich nach 1968, Dissertation, Zürich 2006; Andreas Suttner, »Beton brennt«. Hausbesetzer und Selbstverwaltung im Berlin, Wien und Zürich der 80er, Wien 2011.

4 Ein Hausbesetzer in Dorothea Hilgenberg/Uwe Schlicht, Was Hausbesetzer denken. Über das Leben in den Häusern, über die Gesellschaft, den Staat, die Gewalt, Der Tagesspiegel, 10.10.1981, S. 12ff.

5 Sven Reichardt, Authentizität und Gemeinschaft. Linksalternatives Leben in den siebziger und frühen achtziger Jahren, Berlin 2014, zu Wohnformen S. 351–571. Zur Konstruktion rebellischer Stadtviertel trug vor allem eine linke Geschichtsschreibung »von unten« bei, die die Geschichte dieser Viertel als eine Abfolge von Auseinandersetzungen zwischen Bevölkerung und Eliten beschrieb. Für Berlin: Rainer Nitsche (Hg.), Häuserkämpfe: 1872, 1920, 1945, 1982, Berlin 1981; vgl. auch die entsprechende Rezension: Volker Volksmasse, Buchbesprechung. Häuserkämpfe: 1872, 1920, 1945, 1982, radikal 100 (1982), S. 7.

6 In der vom Berliner Innensenator Lummer 1981 vorgestellten Studie galten all jene nicht als Berliner_innen, die nach 1975 nach Berlin gezogen waren oder noch einen Zweitwohnsitz in Westdeutschland besaßen. Senator Lummer ließ verkünden, dass die Problematik der Hausbesetzungen »mit Berlin gar nichts zu tun« habe. Rolf Amman, Der moralische Aufschrei. Presse und abweichendes Verhalten am Beispiel der Hausbesetzungen in Berlin, Frankfurt a. M. 1985, S. 91; Berlin: Lummer läßt räumen, Der Spiegel, 28.09.1981, S. 27.

7 Eine wichtige symbolische Rolle spielten hier alte Menschen, vor allem »Omas« (s. a. Abb. 1). Die Mischung aus Paternalismus, Sehnsucht nach der guten alten Zeit und die mögliche Geschlechtsspezifik, die in diesen Darstellungen mitschwingt, lassen das Verhältnis von radikaler Linker zur Figur der »Oma« als ein noch unerschlossenes Feld der Kulturgeschichte sozialer Bewegungen erscheinen.

Ich werde mich im Folgenden zwei Aspekten solcher Aneignungen und Repräsentationen von Räumen zuwenden, die für den Begriff des *mappings* von zentraler Bedeutung sind. Denn die Räume der Besetzer_innenszene existierten auf zweierlei Weise. Einerseits stellten sie sich als ein Netzwerk insulärer Orte dar – die einzelnen besetzten Häuser, aber auch Wohngemeinschaften, Kneipen, Kollektivbetriebe –, das sich nicht so sehr durch eine geographische sondern durch eine politische und kulturelle Nähe der einzelnen Orte auszeichnete. Auf der anderen Seite stand der Kiez als eine territoriale Kategorie, die sich anhand geographischer Begebenheiten bestimmen ließ und eine soziale, politische und kulturelle Identität eines geschlossenen Gebietes behauptete. Beide Vorstellungen – Netzwerk und Territorium – ließen sich produktiv aufeinander beziehen, manifestierten sich jedoch in unterschiedlichen Repräsentationsformen und Praktiken.



Um diese unterschiedlichen Formen der Repräsentation von Raum einerseits und räumlichen Praxen andererseits fassen zu können, lohnt sich ein Blick in das Werk Michel de Certeaus. Dieser hat in seiner *Kunst des Handelns* auf die verschiedenen Arten, Raum zu erfahren und über Raum zu sprechen, hingewiesen. Während Stadtplaner_innen und Kartograf_innen einen distanzierten Blick von oben auf die Stadt würfen – de Certeau vergleicht sie mit einem »Voyeur-Gott« –, biete sich »den gewöhnlichen Benutzer[n] der Stadt« kein Bild, kein entzifferbarer Text dar. Stattdessen würden diese den urbanen Raum nicht *sehen* sondern im Gehen *erfahren*. Dem entspreche auf der Darstellungsebene der Unterschied zwischen der Karte – die die Stadt als entzifferbares Text/Bild aus der Perspektive des Voyeur-Gottes darstellt – und der Beschreibung von Wegen durch die Stadt.[8]

Gehen und Schauen, Wegbeschreibung und Karte stehen für de Certeau also in einem spannungsreichen Verhältnis, in dem die Fußgängerin die Stadt durch ihr Gehen erst in einen gelebten Raum verwandelt.[9] Konsumpraktiken, hier die Praxis des Gehens, lassen sich somit als eine Form der Produktion fassen.[10] Damit wird de Certeau anschlussfähig an eine poststrukturalistisch geschulte Analyse, die Raum nicht als etwas den Diskursen und individuellen Handlungen Vorgelagertes versteht, sondern Praxen (z. B. das Gehen) und Repräsentationen (z. B. Karten) als Teil einer kontinuierlichen (Re-)Produktion von Räumen begreift.[11] Ein Blick auf die vielfältigen Formen,

8 Michel de Certeau, Kunst des Handelns, übersetzt von Ronald Voullié, Berlin 1988 [L'Invention du Quotidien, 1980], S. 181f., S. 220–26. De facto unterscheidet de Certeau im Rückgriff auf Charlotte Linde und William Labov mit »Karte« und »Weg« zwei Arten, über Raum zu sprechen. Dem Begriff der Karte entspräche dann die Beschreibung »Neben der Küche ist das Nebenzimmer«, während die Wegstrecke in Sätzen wie »Du wendest dich nach rechts und kommst ins Wohnzimmer« realisiert wird (222). »Anders gesagt: die Beschreibung schwankt zwischen Alternativen: entweder *sehen* (das Erkennen einer Ordnung der Orte) oder *gehen* (raumbildende Handlungen).« Ebd. S. 221, Hervorh. i. O.

9 »Insgesamt *ist der Raum ein Ort*, mit dem man etwas macht.« Ebd., S. 218, Hervorh. i. O.

10 »Wenn es also zunächst richtig ist, daß die räumliche Ordnung eine Reihe von Möglichkeiten (z. B. durch einen Platz, auf dem man sich bewegen kann) oder von Verboten (z. B. durch eine Mauer, die einen am Weitergehen hindert) enthält, dann aktualisiert der Gehende bestimmte dieser Möglichkeiten. Dadurch verhilft er ihnen zur Existenz und verschafft ihnen eine Erscheinung. [...] Und wenn er einerseits nur einige der von der baulichen Ordnung festgelegten Möglichkeiten ausschöpft (er geht nur hier und nicht dort lang), so vergrößert er andererseits die Zahl der Möglichkeiten (indem er zum Beispiel Abkürzungen und Umwege erfindet) und der Verbote (er verbietet sich zum Beispiel erlaubte oder vorgeschriebene Wege). Er wählt also aus.« Ebd., S. 190.

11 Als wichtigster früher Vertreter dieser Strömung kann, trotz starker marxistischer Anklänge, der Soziologe Henri Lefebvre gelten. Einen stärkeren Fokus auf die Stadt als Ort von Überwachung, Macht/Wissen und Subjektivierung legt dagegen der Geograph Edward Soja. Für den deutschsprachigen Raum hat sich Martina Löw um eine Operationalisierung dieser stark durch die Arbeiten Michel Foucaults und Pierre Bourdieus beeinflussten Konzepte bemüht. Henri Lefebvre, The Production of Space, Ox-

städtischen Raum erzählerisch und bildlich darzustellen, verspricht daher einen hohen Erkenntnisgewinn in Bezug auf die Raumproduktionen und -aneignungen der Besetzungsbewegung der 1980er Jahre im Besonderen und sozialer Bewegungen im Allgemeinen.

## Netzwerke – Gehen – Erzählung

Für eine historische Analyse der Räume der Hausbesetzungsszene heißt das, zunächst den Blick auf die einzelnen Orte dieser Szene zu richten. Da diese über weite Teile des Stadtgebietes verstreut waren, konnten sie nicht ohne Weiteres im Gehen als ein räumlicher Zusammenhang erfahren werden. Die vereinzelten Orte der Besetzungsszene mussten zu einem Netzwerk zusammengefügt werden. Am Beispiel eines Adressverzeichnisses und einer Wegbeschreibung aus dem Umfeld der Besetzungsbewegung werden die Prozesse deutlich, die der Synthese vereinzelter Orte zu einer *mental map* des »alternativen« Berlins zugrunde lagen.



Die besetzten Häuser sind durchaus zu Recht als »Inseln der Improvisation«[12] bezeichnet worden, diese Inseln existierten jedoch nicht in Isolation voneinander oder von ihrer Umgebung. Dies zeigte sich einerseits in den bereits erwähnten nachbarschaftlichen Kontakten, ergab sich aber auch aus dem Aufbau einer alternativen ökonomischen Struktur durch die Besetzer_innen.[13] Das *Stattbuch*, ein »alternativer Wegweiser durch Berlin«, der 1978 zum ersten Mal erschien, führte für das Jahr 1980 über 1.800 Adressen und Selbstdarstellungen alternativer Projekte auf. Diese spiegelten die ganze Bandbreite des alternativen Mikrokosmos' wider und umfassten Themen wie Technik, Tourismus, Drogen, Frauen, Männer, Jugend, Umweltschutz sowie Wohnen und Miete.[14] Die schiere Menge von Initiativen in Berlin machte einen solchen Wegweiser notwendig, um sich innerhalb der Szene orientieren zu können. Dabei versprach das *Stattbuch* nicht nur Orientierung in politischer Hinsicht, sondern erhob den Anspruch, überhaupt erst Zugang zum wahren, eigentlichen Berlin zu ermöglichen, denn, so hieß es auf dem Titel der dritten Ausgabe: »Berlin ist woanders als Kudamm, Tauentzien, Staatliche Theater, Rathaus Schöneberg, einhundertsechzig Kilometer Mauer.« Der offiziellen Topologie der Stadt wurde das Berlin der »Ungeliebten, Ausgestiegenen, [der] politisch Unbeugsamen« entgegengestellt. Das *Stattbuch* war in diesem Sinne nötig, »um sich in diesem anderen Berlin zurechtzufinden«.[15] Durch die Aufteilung in thematische Kapitel erfolgte die Orientierung in diesem »anderen« Berlin nach politischen, nicht nach geographischen Kriterien: Das *Stattbuch* organisierte Raum entlang insulärer Netzwerke (indem etwa alle Drogeneinrichtungen Berlins gesammelt aufgeführt wurden), nicht aufgrund territorialer Verteilungen (alle alternativen Projekte einer bestimmten Nachbarschaft).

Diese Netzwerke sollten jedoch auch in der Praxis erfahrbar werden. Um die Orte der Hausbesetzungsszene zu einer sozio-geographischen Struktur zu verbinden, die getrennt von ihrem

ford 1991 [La Production de l'Espace, 1974]; Edward W. Soja, Taking Los Angeles Apart. Towards a Postmodern Geography, in: ders. (Hg.), Postmodern Geographies. The Reassertion of Space in Critical Social Theory, London 1989, S. 222–248; Martina Löw, Raumsoziologie, Frankfurt a.M. 2001. Vgl. auch Michel Foucault, Raum, Wissen und Macht, in: ders.: Schriften in vier Bänden. Dits et Ecrits, Bd. 4: 1980–1988, Frankfurt a.M. 2005, S. 324–340.

12 Werner Lindner, Jugendprotest seit den fünfziger Jahren. Dissens und kultureller Eigensinn, Opladen 1996, S. 418.

13 Vgl. zu Berlin: Reichardt, Authentizität, S. 323–325 (mit Quellenangaben).

14 Arbeitsgruppe WestBerliner Stattbuch (Hg.), Stattbuch 2. Ein alternativer Wegweiser durch Berlin, Berlin 1980.

15 Arbeitsgruppe Stattbuch 3 Berlin (Hg.), Stattbuch 3 Berlin, Berlin 1984.

**Abb. 2: Amsterdam in Berlin, Programmheft. Quelle: K.O.B.: Amsterdam in Berlin. 28. Mai–11. Juni, mehrseitiger Flyer, 1983, APO-Archiv Berlin, R6, Hausbesetzer. Berlin 1980–1986, S. 12.**

»normalen« Umfeld existierte,[16] war eine andere Form der Repräsentation nötig. Benötigt wurde ein Text, eine Erzählung, die die Synthese mehrerer Orte zu einem gelebten Raum (der »Szene«) ebenso zum Ziel hatte wie die Organisierung der damit verbundenen räumlichen Praxen.

Eine solche Erzählung findet sich etwa im Programmheft eines selbstorganisierten Kulturfestivals vom Sommer 1983, das die Kunstproduktion im Umfeld der Amsterdamer Besetzer_innenszene feierte. Dort leiteten die Veranstalter_innen eine Beschreibung der Spielstätten wie folgt ein:

> *»Kennen Sie die Orte des wilden Geschehens, die Schauplätze unserer Geschichte, die Treffpunkte von Frust und Lust? Nein? Wie finden Sie sich hier nur zurecht? Nicht nur für ›Amsterdam – Berlin‹ gehört das Wissen um Lage und Beschaffenheit der folgenden Treffpunkte zur unerläßlichen Grundausstattung von Kultur-, Politik- oder Lebensdurstigen. Das K.O.B., Potsdamerstr. 157, im modischen schwarz/weiß Design, zwischen U-Bahnhof Kleistpark und Kurfürstenstrasse gelegen, ist Geburtsort dieser Veranstaltungsreihe.«*[17]

Es wurde also ein ähnlicher Anspruch erhoben wie mit dem *Stattbuch*: einen Zugang zum anderen, »lebendigen« Berlin zu ermöglichen. Was folgte, war ein imaginärer Stadtrundgang zu den Spielstätten und Ausstellungsorten des »Amsterdam – Berlin«-Festivals, der sich mit de Certeau als ein »Prozeß der *Aneignung* des topographischen Systems durch den Fußgänger« verstehen lässt.[18] Die Teilnehmer_innen des Festivals wurden nämlich aufgefordert, die Stadt aktiv zu erkunden und sie sich damit zu Eigen zu machen. »Schlendernd die Potse [Potsdamer Straße] runter in Richtung Nationalgalerie […]. Links abgebogen und dann immer geradeaus […].« Der solcherart schlendernde alternative Flaneur bewegte sich distanziert durch die Räume des ›normalen‹ Berlins, bis er (oder sie) einen weiteren Knotenpunkt alternativen Lebens erreichte:

> *»Über die Stresemannstrasse mit verschämten Blick aufs Frauenzentrum, mit erstauntem über den Trutzburgbau des Finanzamtes Kreuzberg, den Mehringdamm entlang, erreicht der*

16 Vgl. Michel Foucault, Von anderen Räumen, in: ders., Schriften in vier Bänden, Bd. 4, S. 931–942.

17 Hier und im Folgenden: K. O. B., »Amsterdam in Berlin. 28. Mai–11. Juni«, 1983, APO-Archiv, R6, Hausbesetzer. Berlin 1980–1986, S. 3.

18 De Certeau, Kunst des Handelns, S. 189, Hervorh. i. O.

*inzwischen müde Wanderer das »Spektrum«, Arbeitsstätte des ältesten Berliner Kneipenkollektivs. Im Parterre des Mekkas der Alternativen, mit dem Flair einer Bahnhofshalle ist dieser Teil des Mehringhofs Umschlageplatz für Gerüchte, Infos, manchmal sogar Tatsachen. Frisch gestärkt geht es mit Bus 19, oder die Yorckstrasse runtergetrampt zurück.«*

Es ist hier wichtig, sich bewusst zu machen, dass solche Wegbeschreibungen das Gehen nicht ersetzten sondern strukturierten. »Sie lenken tatsächlich die Schritte. [*En fait, elles organisent les marches.*] Sie machen eine Reise, bevor oder während die Füße sie nachvollziehen.«[19] Nicht allein wurde den Leser_innen also der Weg gewiesen (»den Mehringdamm entlang«), ihnen wurde außerdem mitgeteilt, was sie zu sehen und zu fühlen hätten (»erstaunt«, »verschämt«). Auf diese Weise wurden alternative Räume konstituiert und die Zugehörigkeit zu diesem Raumensemble organisiert. Der Hinweis auf das Trampen als Mittel der Fortbewegung ist hier, an einer innerstädtischen Verkehrsachse, denn auch weniger als praktischer Tipp als als Verweis auf die kulturellen Codes innerhalb der Alternativ- und Hausbesetzungsszene zu verstehen.



Genau hier liegt auch die Bedeutung der zitierten Wegbeschreibung. Am Ende des Programmheftes fand sich eine selbstgezeichnete Karte, in der die meisten Veranstaltungsorte eingezeichnet waren. Über das Verhältnis dieser Orte zu ihrer Umgebung, ihre (imaginierte) Verbundenheit, sowie über die Art und Weise, sich zwischen und in ihnen zu bewegen, sagte eine solche Karte jedoch nichts aus. Denn in Hinweisen auf das Schlendern, Wandern und Trampen als Bewegungsformen fanden sich auch implizite Abgrenzungen gegenüber den »normalen« Bürgern, die sich

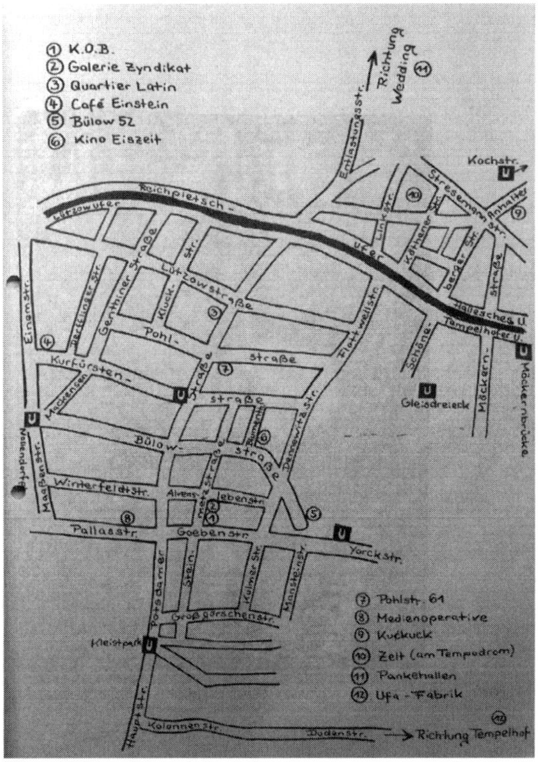


**Abb. 3: Amsterdam in Berlin, Übersichtskarte. Quelle: wie Abb. 2, S. 11.**

19 Ebd., S. 216.

im Umkehrschluss als durch die innerstädtischen Konsumzonen Getriebene vorgestellt werden konnten. Die *mental map* des alternativen Berlins entstand so zunächst als literarische Beschreibung von Orten und der sie verbindenden Wege; die Stadt wurde damit auf spezifische Weise begeh- und erfahrbar.[20]

Das Nebeneinander von Wegbeschreibung und Karte illustriert dabei jedoch Martina Löws Feststellung, dass »die Entstehung von Räumen, in denen sich Menschen in ähnlichen sozialen Lagen versammeln, sowie die Netzwerke verinselter Räume, einander nicht widersprechen müssen«.[21] Je mehr eine Nachbarschaft mit solchen verinselten Räumen durchsetzt war, desto überzeugender wurden Vorstellungen von einem geeinten Kiez als rebellisches Territorium. Dies traf vor allem auf das imaginäre Zentrum der Berliner Hausbesetzungsbewegung zu: Kreuzberg 36.



## Territorien – Sehen – Karte

Am 5. August 1981 veröffentlichte der Kreuzberger Besetzerrat einen Aufruf zum sogenannten *Tuwat*-Spektakel, das ab dem 25. August über einen Zeitraum von vier Wochen stattfinden sollte. Sympathisant_innen aus ganz Westdeutschland wurden nach Berlin eingeladen, um die lokale Besetzer_innenszene angesichts drohender Räumungen durch den Senat aktiv zu unterstützen. Die angekündigte Besucher_innenzahl von 50.000 muss zwar eher als Säbelrasseln in Richtung des Senats verstanden werden – ebenso wie die angekündigten »eine Million [D-Mark] Sachschaden pro Räumung«[22] –, dennoch mussten Vorbereitungen getroffen werden, um zumindest einige Hundert angereiste Unterstützer_innen unterzubringen und ihnen bei der Orientierung in ihrer Gaststadt behilflich zu sein. Sie mussten über die Lage der zu verteidigenden besetzten Häuser ebenso informiert werden wie über die Orte der im Rahmen von *Tuwat* stattfindenden Veranstaltungen und die Routen der geplanten Demonstrationen.

Einer Sonderausgabe der Szenezeitschrift *Instand Besetzer Post* vom August 1981 lag zu diesem Zweck ein Stadtplan von Berlin in Postergröße bei. Unter dem Titel *Berlin is 'ne Bombe. Tuwat-Reiseführer durch's besetzte Berlin* zeigte er die wichtigsten Straßen, Fern- und U-Bahnstrecken, die nach West-Berlin führten. Schwarze Keile benannten die einzelnen Stadtteile, kleine Punkte markierten besetzte Häuser im Stadtgebiet. Aufgrund des geringen Maßstabs war es nicht möglich, den Ort auch nur eines einzigen dieser Häuser exakt zu bestimmen. Mithilfe der Karte konnte man sich jedoch einen ersten Eindruck von den geographischen Zentren der Besetzungsbewegung verschaffen – in einer ähnlichen Weise wie bei der zu Beginn dieses Artikels beschriebenen Karte.[23]

Ebenso wie auf der Übersichtskarte aus der *taz* war die Zielgruppe des Posters in einer der unteren Ecken dargestellt: eine Zeichnung, die zwei junge Anhalter_innen darstellte und die damit auf die gleiche alternative Form des Reisens verwies wie der Text des oben zitierten Programmheftes. Ihre dezidiert friedliche und harmlose Erscheinung fand ihr Gegenstück in der oberen rechten Ecke des Posters in Gestalt von vier behelmten und mit Schlagstöcken ausgerüsteten Polizisten, die die Stadt misstrauisch und aggressiv beäugten. Das Ziel, möglichst viele Menschen nach Berlin zu mobilisieren, bestimmte den Aufbau des Posters. Die sprichwörtliche Bombe wurde von einer Karikatur des Berliner Bären gehalten; die Bedeutung von militanten Auseinandersetzungen, die

20 »Eine metaphorische oder *herumwandernde* Stadt dringt somit in den klaren Text der geplanten und leicht lesbaren Stadt ein.« Ebd., S. 182, Hervorh. i. O.

21 Löw, Raumsoziologie, S. 257.

22 Sontheimer d. J.: ›Eine Kriegserklärung an die besetzten Häuser‹, taz Berlin, 6.8.1981, S. 16.

23 Berlin is 'ne Bombe. Tuwat-Reiseführer durch's besetzte Berlin. Ein Extrablatt der Besetza-Post, Instand Besetzer Post 20 (25.8.1981), Beilage.

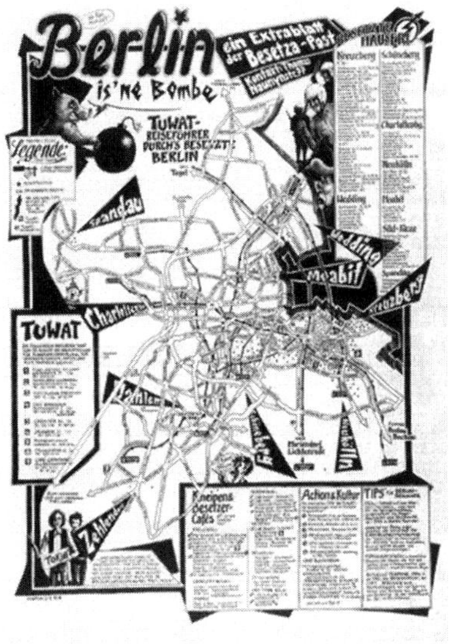


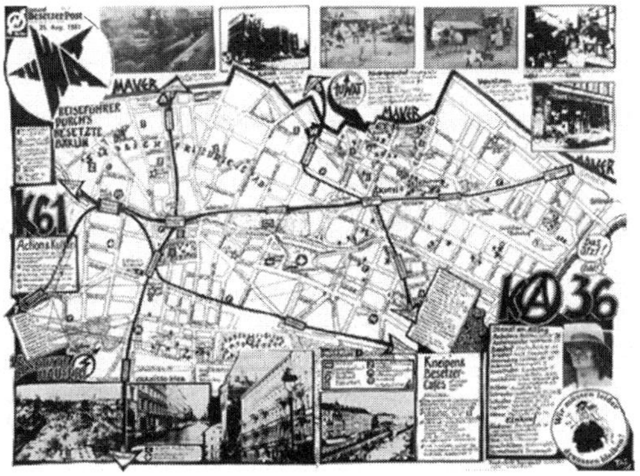


**Abb. 5: Tuwat Reiseführer durch's besetzte Bärlin. Quelle: wie Abb. 4.**

**Abb. 4: Berlin is 'ne Bombe. Tuwat-Reiseführer durch's besetzte Berlin. Ein Extrablatt der Besetza-Post. Quelle: Instand Besetzer Post 20 (25.8.1981), Beilage.**

im Aufruf eine wichtige Rolle gespielt hatten, wurde so heruntergespielt. Die Polizei wurde im Gegenzug zu einer nicht ernstzunehmenden Nebendarstellerin reduziert, halb verborgen hinter einer Liste besetzter Häuser und sicher verwahrt hinter der Berliner Mauer. Für die zwei jungen Tramper_innen bestand demnach keine Gefahr, und sie konnten ohne Furcht in eine Stadt reisen, die wie ein gigantischer Abenteuerspielplatz erschien.[24]

Die Rückseite zeigte einen der lokalen Schwerpunkte der Berliner Besetzungsszene, den Stadtteil Kreuzberg, in größerem Detailreichtum. In einigen Punkten ähnelten sich die beiden Karten, etwa in der Markierung besetzter Häuser, durch hervorgehobene U-Bahnlinien und -Bahnhöfe sowie eine Karikatur von machtlosen Polizisten (»Wir müssen leider draußen bleiben!«). Sie unterschied sich aber in ihrer Rahmung durch verschiedene Fotografien, die sowohl die Zentren des *Tuwat*-Spektakels darstellten als auch allgemeine Stadtansichten Berlin-Kreuzbergs enthielten. Mehrere Legenden informierten die Besucher_innen über die Infrastruktur von *Tuwat*: Zeltplätze, »Kneipen & Besetzer-Cafés«, Bäckereien und Markthallen, aber auch Orte, die im Falle militanter Auseinandersetzungen wichtig werden konnten, wie »Herkömmliches Krankenhaus«, »Eigene Ambulanz« oder schlicht »Zähne« als Hinweis auf eine_n Zahnärzt_in des Vertrauens. Andere Orte erlauben uns einen Einblick in die kulturellen Präferenzen der Berliner Alternativszene: Auto-, Fahrrad- und Motorradwerkstätten, Geschäfte für »Nähzeug, Tee, Kraut+Rüben, Secondhands«, Büchereien, Schwimmbäder, Druckereien und sogar ein »Meditationscenter (Baghwan)« wurden aufgeführt. Im Gegensatz dazu verschwand etwa der Flughafen Tempelhof hinter dem Bild einer Häuserfassade – ein Ort des »normalen« Berlins, der auf keinem regulären Stadtplan dieser Gegend gefehlt hätte.

Der »Reiseführer durchs besetzte Berlin« erlaubt es uns daher, die Wechselwirkung zwischen netzwerkartigen und territorialen Raumvorstellungen innerhalb der Besetzer_innenszene zu begreifen. In der Auflistung der zur Besetzungs- bzw. Alternativszene gehörigen Orte unterschied

24 Ein Abenteuerspielplatz, auf dem jedoch gewisse Regeln einzuhalten waren, von denen einige in der Sektion »›Tips‹ für Berlin-Besucher« aufgeführt wurden: »FOTOGRAFIEREN in besetzten Häusern, bei Demos etc. tun nur Spitzel, Zivis + Denunzianten oder Journalisten … mach Dir keinen Ärger.«

sich der Plan nicht wesentlich von der Darstellung durch die Organisator_innen des »Amsterdam – Berlin«-Festivals. Allerdings war die Konzentration dieser Orte im Bezirk Kreuzberg ungleich höher, nicht zuletzt weil neben Veranstaltungsorten eine Reihe weiterer Orte Aufnahme fanden, die zum Netzwerk der Besetzer_innen gezählt wurden. Je mehr Orte sich jedoch in einem bestimmten Gebiet lokalisieren ließen, desto plausibler wurde es, den gesamten Kiez als einen homogenen Raum wahrzunehmen. Während bei »Amsterdam – Berlin« Wege von Ort zu Ort organisiert wurden, erzeugte *Tuwat* das Bild eines ganzen Territoriums, das den Besetzer_innen offenstand. Unterstützt wurde dies auch durch die Bilder, die den Stadtplan rahmten: Diese zeigten eben nicht nur Orte der Besetzungsszene, sondern wurden durch Ansichten von Straßenzügen oder Parks ergänzt. In diesem Sinne war die Karte tatsächlich kein Reiseführer durch das andere sondern durch das besetzte Berlin. Die ergänzende Beschreibung einer Wegstrecke durch den besetzten Teil Berlins erübrigte sich daher.



Wie sehr Kartierungen an der Produktion von Räumen beteiligt waren, zeigt sich auch an einem anderen zeitgenössischen Poster, welches sich auf den noch kleineren Bereich von Kreuzberg 36 bezog. Dieser Teilbezirk, benannt nach dem entsprechenden Postzustellbezirk SO (Süd-Ost) 36, war das symbolische Zentrum der Berliner Besetzungsszene. Ebenso wie der *Tuwat*-Reiseführer diente das Plakat dazu, Unterstützung für die Bewegung zu mobilisieren, wie die Überschrift »Wenn in Kreuzberg 36 geräumt wird … Kämpft, Freunde!« deutlich macht. Und auch in diesem Fall wurde die Karte des Stadtteils durch eine Reihe Fotografien gerahmt. Jedoch unterschieden sich sowohl Karte als auch Bilder grundsätzlich von denen des oben beschriebenen Reiseführers.

Obwohl die Karten einen fast identischen Bereich abbildeten, handelte es sich in diesem Fall um die bloße Kopie eines offiziellen Stadtplans. Keine zusätzlichen Informationen waren hinzugefügt, keine besetzten Häuser markiert, keine Nahverkehrsrouten ausgezeichnet worden. Keine Legende wies auf wichtige Adressen hin oder hielt »Tips für Berlin-Besucher« bereit. Offensichtlich sollte dieser Kartenausschnitt nicht dazu dienen, sich zu informieren und zu orientieren; sein Wert war ausschließlich symbolischer Natur. Die Karte symbolisierte den sozial-geographischen Raum des vereinten, ja in sich geschlossenen und unabhängigen Kreuzberg 36. Alles jenseits der Berliner Mauer (die den Stadtteil im Norden und Osten begrenzte) war abgeschnitten worden. Und wo der Bezirk an das benachbarte Kreuzberg 61 oder Neukölln grenzte, wurde die Karte größtenteils von Fotografien überdeckt, sodass tatsächlich der Eindruck einer urbanen Insel entstand. Und während alle bisher besprochenen Karten die nach Kreuzberg führenden U-Bahnlinien gesondert hervorhoben, fehlten diese in der Darstellung, was den Eindruck der Isoliertheit noch verstärkte.

Auch die verwendeten Fotografien unterschieden sich in ganz ähnlicher Weise. Denn diese bezogen sich nicht auf konkrete geographische Orte. Stattdessen zeigten sie Gruppen von Menschen:

**Abb. 6: »Wenn in Kreuzberg 36 geräumt wird… Kämpft, Freunde!«, o.J. Quelle: Linkes Plakatarchiv, Abb. 309_06 (http://plakat.nadir.org/plakat_ausgabe.php3?plakat=http://uke.nadir.org/nadir/plakat/cd/film309/309_06.jpg, letzter Zugriff 3.12.2015).**

Besetzer_innen, Punks, eine ältere türkische Frau sowie zwei durch ihre Kleidung als türkisch und deutsch markierte Mädchen beim Spiel.[25] Diese Bilder, in einem Kreis um die Karte des Stadtteils angeordnet und vom Schriftzug »Kreuzberg 36« gekrönt, repräsentierten die Bewohner_innen dieser städtischen Insel, die verbunden schienen durch das von ihnen bewohnte Territorium und die Verteidigung dieses sozial-geographischen Raums gegen äußere Bedrohungen. Es ist gewiss fraglich, inwieweit diese *imagined community*, mit ihrer sehr selektiven Auswahl an repräsentativen Symbolfiguren, eine Entsprechung im sozialen Alltag hatte.[26] Und doch zeigte sich hier die starke Identifizierung mit dem lokalen Nahraum und der Wunsch nach politischen und kulturellen Allianzen über soziale und Herkunftsgrenzen hinweg. Die stärkere geographische Grenzziehung nach außen stand daher in engem Zusammenhang mit einem möglichen Abbau sozialer und kultureller Grenzen innerhalb dieses Identifikationsraumes.



Nun ist der Begriff der Allianz hier insofern besonders zutreffend, weil das Plakat offenbar als Reaktion auf die Bedrohung durch als unmittelbar bevorstehend erlebte Räumungen entstand. Der Aufruf zu kämpfen, dem durch die Bebilderung mit einer Straßenkampfszene Nachdruck verliehen wurde, konnte demnach nicht nur als Aufruf zur Verteidigung einzelner Häuser, sondern zur quasi-militärischen Verteidigung Kreuzbergs gegen äußere Invasoren verstanden werden. Schließlich ist der erhöhte Blick des »Voyeur-Gottes«, wie er in der Karte zum Ausdruck kommt, nicht nur Stadtplaner_innen und Kartograf_innen vorbehalten. Es ist auch der strategische Blick vom Feldherrenhügel auf das Schlachtfeld. In diesem Sinne markierte das Plakat auch einen möglichen Wandel von sozialen zu vornehmlich räumlichen Kämpfen.[27]

Die Idee eines abgeschlossenen, homogenen Territoriums, das militärisch gegen äußere Feinde zu verteidigen wäre, zeigte sich denn auch nicht allein in einem einzelnen Poster, sondern konnte ebenfalls Einfluss auf die tatsächlichen Praxen der Besetzer_innen haben. Dies wird besonders im Zusammenhang mit dem sogenannten Barrikaden-Plan deutlich, einer Episode, die sich kurz nach dem Ende des *Tuwat*-Spektakels zutrug, und die ein Aktivist später wie folgt beschrieb:

> *»Das hintere Kreuzberg ist von der Mauer eingeschlossen, die Polizei hat nur acht Zugänge über Brücken und Hauptverkehrsstraßen in dieses Gebiet. Bei einem ›ganz spontanen und geheimen‹ Treffen mit fast 100 ausgewählten Leuten bilden sich acht Gruppen. [...] Es gibt keine Hierarchien, aber für jede Barrikade finden sich Verantwortliche. Es gibt Kommunikationssysteme zwischen den Gruppen sowie Rückzugspläne. Für jede Barrikade erklären sich mindestens 80 Besetzer bereit, sie nicht nur zu errichten, sondern auch möglichst lange zu verteidigen. Fahrwachen beobachten noch systematischer als vorher die Polizeikasernen, der Polizeifunk wird regelmäßig abgehört.«*[28]

25 Hier scheint auch eine klassische genderspezifische Wahrnehmung durch, die Raum als »weiblich« und beschützenswert identifiziert, die Verteidigung dieses Raums jedoch – in der Form zweier Straßenkämpfer – als eine männliche Aufgabe ausweist. Vgl. Jan-Henrik Friedrichs: Freiräume? Geschlechterkonstruktionen und -konflikte in der westdeutschen Hausbesetzungsbewegung der 1980er Jahre, in: Sonja Lehmann, Karina Müller-Wienbergen, Julia Elena Thiel (Hg.), Neue Muster, alte Maschen? Interdisziplinäre Perspektiven auf die Verschränkungen von Geschlecht und Raum, Bielefeld, S. 181–205.

26 Vgl. hierzu Carla MacDougall, Cold War Capital: Contested Urbanity in West Berlin 1963–1989, Dissertation, New Brunswick 2011, S. 149f.

27 Ob dies gleichbedeutend ist mit einem Rückzug auf Verteidigungspositionen angesichts des sich abzeichnenden Niedergangs der Besetzungsbewegung ab Winter 1981/82, wäre zu diskutieren.

28 A. G. Grauwacke, Autonome (wie Abb. 1), S. 64.

**Abb. 7: Besetzer_innen über den Dächern Westberlins, frühe 1980er Jahre. Quelle: Michael Kipp / Umbruch Bildarchiv.**

Der Plan wurde schließlich nicht in die Tat umgesetzt, da der Senat ein Räumungsmoratorium für die folgenden sechs Monate ankündigte. Er zeigt aber, wie sehr Teile der Besetzungsbewegung hier einem territorialen Verständnis sozialer Kämpfe verhaftet waren. Einem Verständnis, das seinen sinnfälligsten Ausdruck in der Kartierung vermeintlich widerständiger urbaner Viertel fand, das aber an Erfahrungen, die im Raum gemacht werden konnten, anschloss bzw. diese strukturierte. Militante Straßenkämpfe mit der Polizei trugen ebenso dazu bei, wie die Aneignung von Wohnhäusern, die den bei de Certeau erwähnten »Blick eines Gottes« ermöglichten, mit dem sich der Körper »dem mächtigen Zugriff der Stadt«[29] entzog:

> *»Rauchige Ofenluft um die Nase. […] Weite Aussicht auf entfernte Bauwerke, Massive, Gipfelketten, herausragende Kirchtürme, Hochhäuser jenseits der Mauer. […] Wenn die Wannen durch die Straßen jagen, werden die Dächer zur Montaña der Guerilla. Es ist nicht leicht, einen fahrenden Mannschaftswagen von dort oben mit einem Ziegelstein zu treffen. Aber es geht. Mit der Zeit werden die Dächer vertraut […]. Ich liege auf Vorsprüngen und blicke hinab in die Tiefe. Ich sitze auf Schornsteinen und sehe die Sonne neben dem Europa-Center untergehen, weit entfernt, im feindlichen Land.«*[30]

## Fazit

Kartierungen waren und sind von nicht zu unterschätzender Bedeutung für soziale Bewegungen. Dies gilt vor allem für solche, die, wie die Hausbesetzungsbewegung, eine starke politische Identifizierung über geographische Räume herstellten. Ob bei Kämpfen gegen lokale Infrastrukturprojekte (z. B. AKWs) oder anlässlich großer Demonstrationen: Oft wurden Orte und Routen in fotokopierte Pläne übertragen. Diese strukturierten die räumliche Wahrnehmung der Akti-

29 De Certeau, Kunst des Handelns, S. 180.

30 Erinnerungen einer_s ehemaligen Besetzer_in, in: A. G. Grauwacke, Autonome, S. 53.

vist_innen und erlaubten es ihnen, Orte zueinander und sich selbst zu diesen in ein Verhältnis zu setzen. Wie fruchtbar eine raumtheoretische Analyse hier sein kann, hat jüngst Susanne Schregel am Beispiel der bundesdeutschen Friedensbewegung gezeigt.[31] Nicht zuletzt waren sie, wie der *Reiseführer durchs besetzte Berlin* deutlich macht, ein Mittel, um überregionale Verbindungen mit Gleichgesinnten herzustellen.

Karten und Wegbeschreibungen unterschieden sich dabei etwa von Szenezeitschriften, die eine ähnliche Funktion erfüllten, indem sie in einem unmittelbaren Bezug zu räumlichen Praxen standen. Ob Aktivist_innen durch die Stadt gingen oder ihren Blick über Häuserdächer schweifen ließen: Praxen und Repräsentationen, Körper und Räume konnten sinnvoll aufeinander bezogen werden. Die solcherart konstruierten Räume verknüpften verschiedene Zeitschichten miteinander und waren angereichert mit Emotionen, wie das Programmheft des *Amsterdam – Berlin-Festivals* mit seinem Verweis auf »die Schauplätze unserer Geschichte, die Treffpunkte von Frust und Lust« deutlich machte. Nicht zuletzt ermöglichten Karten und Routenbeschreibungen den Zugang zu einem Raumensemble, das von seiner »normalen« Umwelt abgetrennt war. Zwar konnte jede_r eine U-Bahn nach Kreuzberg nehmen; aber für die meisten Menschen blieb das Netzwerk der Besetzungsszene, obgleich am selben geographischen *Ort*, ein unbekannter und unzugänglicher *Raum*.[32] Dies ist die eigentliche Bedeutung der von den Festivalorganisator_innen gestellten Frage: »Wie finden Sie sich hier nur zurecht?« Denn diese Räume fanden sich in keinem normalen Reiseführer, noch wurden sie in offiziellen Stadtplänen verzeichnet.



Die Unterscheidung zwischen den räumlichen Organisationsformen des Netzwerks und des Territoriums und zwischen den Quellengattungen der Wegbeschreibung und der Karte sowie ihre Verknüpfung mit den Praxen des Tuns und des Sehens, wie sie de Certeau vornimmt, erlauben dabei eine differenzierte Analyse dieser Bezugnahmen.[33] Der Fall Kreuzbergs zeigt dabei, wie ein genügend dichtes Netzwerk von Orten (besetzte Häuser, WGs, alternative Infrastruktur) die Vorstellung eines homogenen, rebellischen Territoriums stützen konnte. In einem nächsten Schritt konnte so etwa der Gemüseladen um die Ecke (oder ein Baghwan-Zentrum) ebenfalls als Teil dieses Territoriums begriffen werden, auch wenn dieser in keinerlei Verbindung zur Besetzungsbewegung stand. Zieht man weitere Quellen hinzu – was hier aus Platzgründen nicht geschehen kann – wird deutlich, dass der Fokus auf den Nahraum einherging mit einer Zurückdrängung gesellschaftlicher Aspekte, die nicht in räumlichen Vorstellungen aufgingen. Anders gesagt: Die Idee von gesellschaftlicher Emanzipation durch Revolution, Parteiaufbau oder den Marsch durch die Institutionen wurde durch lokale Autonomie als Mittel und Ziel radikaler Politik abgelöst.

Damit spiegelte die autonome Besetzungsbewegung Entwicklungen, die sich ähnlich auch in anderen gesellschaftlichen Bereichen finden lassen. So wandte sich etwa die Soziologie im selben Zeitraum vom Begriff der Klassengesellschaft ab und fokussierte ihr Interesse auf sogenannte Randgruppen. Auch hier zeigte sich also, in der Metaphorik von Zentrum und Marginalisierung, eine zunehmende Verräumlichung des Sozialen spätestens seit Ende der 1970er Jahre. Und auch die »Gegenseite« adaptierte territoriale Vorstellungen sozialer Konflikte, die sich in einer räumlichen Metaphorik ausdrückte. Der Berliner Innensenator Lummer bemerkte etwa 1982, dass »die Hausbesetzerszene nach wie vor einen starken Anreiz auf soziale Randgruppen ausüb[e],

31 Susanne Schregel, Der Atomkrieg vor der Wohnungstür. Eine Politikgeschichte der neuen Friedensbewegung in der Bundesrepublik 1970–1985, Frankfurt a. M. 2011, v. a. S. 78–122, 150–154.

32 Vgl. dazu auch Foucault, Von anderen Räumen, S. 940: »Heterotopien setzten stets ein System der Öffnung und Abschließung voraus, das sie isoliert und zugleich den Zugang zu ihnen ermöglicht.«

33 Einen anderen Zugang wählt Freia Anders, die sich auf de Certeaus Unterscheidung von Strategie und Taktik stützt. Anders, Wohnraum, S. 477f. Vgl. de Certeau, Kunst des Handelns, S. 23 ff.

besonders auf jene, die keinen ›Bock‹ auf Arbeit haben.« Durch die Assoziierung mit anderen marginalisierten Gruppen wie Drogenkonsument_innen und Homosexuellen, wurden die Gründe für sozialen Protest so auf ein gesellschaftliches Außen projiziert.[34] Und in Zuschreibungen wie dem von einem »Amoklauf der Gosse«, so der *Stern* über die Besetzungsbewegung, wird schließlich eine Furcht vor der gewalttätigen Rückkehr der solcherart Marginalisierten deutlich.[35] Hier scheint schließlich ein weiteres lohnenswertes Objekt der zeithistorischen Forschung auf: der Vergleich der hier vorgestellten Quellen mit den etwa zeitgleich entstehenden Kartierungen der Kriminalgeographie. Auch diese betrieb ein utopisches Projekt – die Verhinderung von Kriminalität durch eine technokratische Erfassung und Verwaltung lokaler Nahräume – und stellt damit so etwas wie einen Kontrapunkt, einen Gegen-Ort zu den Räumen der Hausbesetzungsszene dar.



34 Wohnen zum Nulltarif keine Dauerlösung, Berliner Morgenpost, 03.10.1982, S. 9; Amman, Aufschrei, S. 109, 116.

35 Stern 28 (1981), zitiert nach ebd., S. 111. Vgl. auch Peter Stallybrass/Allon White, The Politics and Poetics of Transgression, Ithaca 1986, besonders das Kapitel »The City: the Sewer, the Gaze and the Contaminating Touch«, S. 125–148.

■ Nur Yasemin Ural

## Die Nation erzählen: *»Cité nationale de l'histoire de l'immigration«*

*Guide de l'exposition permanente, Éd. Cité nationale de l'histoire de l'immigration, Paris (La Cité Nationale de l'Histoire de l'Immigration) 2009, 255 S., zahlreiche Illustrationen, 15,00 €*

Die *Cité nationale de l'histoire de l'immigration* öffnete ihre Türen Ende 2007, 20 Jahre nachdem die Idee zum ersten Mal vom Sohn eines Migranten vorgeschlagen wurde. Obwohl das Museum, das sich im Südosten von Paris im *Palais de la Porte Dorée* befindet, zu den nationalen Museen Frankreichs zählt, nahm die damalige Regierung bei der Inauguration aus politischen Gründen nicht teil, weder der Präsident Sarkozy, noch der Minister Hortefeux des kurzlebigen Ministeriums der Immigration, Integration und nationalen Identität. Die Cité war als umfassender Dokumentationsort für Immigration nach Frankreich gedacht, mit Buchhandlung, Mediathek (die nach dem berühmten Soziologen der Immigration Sayad Abdelmalek benannt wurde) und tropischem Aquarium. Erst sieben Jahre nach der Einweihung der Cité wurde endlich auch das Museum von Präsident Hollande 2014 offiziell eröffnet. Als Soziologin für Immigration und Diversität in Frankreich reizt es mich, das Museum mit einem kritischen Blick zu besuchen. Besonders interessieren mich folgende Fragen: Wie kann man eine mehr oder weniger einheitliche Geschichte erzählen, die Millionen von Menschen eint? Kann man das überhaupt? Und wem gehört diese Geschichte letztendlich? Auf der Suche nach Antworten auf diese Fragen besuchte ich an einem 14. Juli das Museum. Auf dem Weg von zuhause zur Métro Abbesses kann ich immer noch die Kapelle auf der Champs-Elysées und die Knallkörper hören. Das Wetter ist schön und die Leute sind auf den Caféterrassen und auf den Straßen. Als ich mich in der immensen Menschenmenge vor dem *Palais de la Porte Dorée* befinde, bemerke ich aber schnell, dass nicht alle sich dafür entschieden haben, den Feiertag in der Sonne zu verbringen. Vor der Tür sind auch viele Familien mit Kindern und junge Besucher_innen.

### Entrée

Das Gebäude verdient den Namen »Palast«. Das riesige Eingangsportal, die klassizistischen Säulen, sehr hohe Decken und der glänzende Boden sind beeindruckend und führen dazu, mich klein zu fühlen. Schon bevor man sich ein Ticket kauft, sieht man das erste Werk, eine große Installation, »Road to exile«, des Künstlers Barthélémy Toguo aus dem Jahr 2008. Das Kunstwerk ist ein Boot aus Holz über grünen, leeren Weinflaschen als Meer. Im Boot ist niemand, es ist aber überflutet mit Bündeln aus unterschiedlichen afrikanischen Tüchern. Dazu sagt er: »Als Migrant, insbesondere nach dem Mauerfall in Berlin, ist mir klar geworden, wie tief die Lust ist, weg zu gehen, zu reisen, zu entdecken. Exil ist eine inhärente Vorstellung des menschlichen Befindens unabhängig von Rasse oder kulturellen Ursprüngen.« Obwohl nicht deutlich ist, was der Künstler genau im Kopf hatte, als er das Werk geschaffen hat, bin ich doch sehr erstaunt zu sehen, wie passend das Bild zur heutigen Immigrationspolitik Europas und zu dem, was fast jeden Tag im Mittelmeer passiert, ist. Ich kaufe mein Ticket und fange an zu beobachten.

Gleich nach der Kontrolle des Tickets beginnt schon im Treppenhaus die Geschichte der Immigration nach Frankreich, mit groß geschriebenen Jahreszahlen und Texten über Immigration nach Frankreich, über wichtige Persönlichkeiten, Zeitperioden, mit Bildern an den Treppenwänden. Man befindet sich in einem Zeittunnel, der einer chronologischen Ordnung folgt. Die Ausstellung startet offiziell im Jahr 1789 mit der Französischen Revolution. Da wird mir klar, dass es hier nicht nur um Migration geht, sondern besonders um die Nation. Man braucht erst ein Frankreich, um dahin immigrieren zu können. In den folgenden Erklärungen über einige berühmte Einwanderer, etwa Chopin, erscheinen auch Informationen zur *Affaire Dreyfus* und wie Juden das Recht bekommen haben, Bürger_innen zu werden [*Émancipation des Juifs*]. Was mich irritiert, ist die Assoziation zwischen Judentum und Immigration. Juden sind schon länger in Frankreich, als es als Nation überhaupt existiert. Nach dieser Einführung folgt die Information über den in Italien geborenen *poilu* Lazare Poticelli, den letzten überlebenden französischen Veteran des Ersten Weltkrieges. Mit Erklärungen über Einwanderungen aus Europa bis zum Ersten Weltkrieg, besonders aus Polen, Portugal, Italien, Ungarn, der Türkei (hauptsächlich Armenier), der Tschechoslowakei und Spanien, in einer chronologischen Reihenfolge angeordnet, ist die These intendiert, dass historische Ereignisse wie antidemokratische Regierungen, Massaker und Kriege in diesen Ländern ursächlich für Migration sind. »1945 sind 178 000 Afrikaner und Malgassen, 20 000 Indochinesen in Frankreich«, sagt die folgenden Tafel. Ab den 1950er Jahren, während und nach dem Algerienkrieg, so zeigen uns die Bilder, beginnen auch Gastarbeiter aus den Ländern des Maghreb nach Frankreich zu kommen. Politische Flüchtlinge aus Südamerika und den ehemaligen asiatischen Kolonien in Indochina folgen zwischen 1970 und 1975. Hier wird auch erwähnt, dass Portugiesen die größte Ausländergruppe in Frankreich bilden. Danach sehen wir die sozialen Bewegungen mit ihren Forderungen nach Akzeptanz von Migranten und deren Kindern in der französischen Gesellschaft in den 1980er Jahren, insbesondere »La marche des Beurs«, die größte Mobilisierung für Gleichheit und gegen Diskriminierung und Rassismus von 1983, geprägt hauptsächlich von Migrantenkindern aus dem Maghreb. Zum Jahr 1999 werden wir erneut daran erinnert, dass die größte Zahl der Migranten in Frankreich Portugiesen sind. Auf der einen Seite dient diese Betonung vielleicht dazu, die extreme Sichtbarkeit von »Arabern« oder »Afrikanern« in den Medien als »zahlreiche Problemgruppen« zu zerstören. Auf der anderen Seite entsteht dadurch aber auch der Eindruck, als ob Immigration nach Frankreich sehr wenig mit der französischen Kolonialgeschichte zu tun hatte. Mit der Eröffnung der Cité 2007 endet dieser Einführungsbereich.

## Dauerausstellung

Die Ausstellung *Répères* [Orientierungspunkte] ist thematisch in zehn Bereiche unterteilt, die nicht deutlich voneinander getrennt sind. Es ist natürlich unmöglich, hier eine detaillierte Beschreibung für jeden Teil vorzulegen, ich werde aber versuchen, zumindest einen Eindruck davon zu geben. In der ersten Abteilung, *Emigrer* [Emigrieren], sind mehrere Videoinstallationen mit Schwarz-Weiß-Fotografien von Migranten in Frankreich aus unterschiedlichen Jahrzehnten zu sehen. Die weißen Tücher, auf denen die Bilder erscheinen, sind durchsichtig und von beiden Seiten zu betrachten. In bunten und beleuchteten Vitrinen liegen Objekte und Dokumente von Migranten: Koffer, Teekannen und Teller aus Porzellan, Teppiche, Kleidungsstücke, Musikinstrumente, Radios, Krimskrams (*bibelots*). Im Gegensatz zur chronologischen Einführung stellt die Ausstellung in dieser Abteilung keine zeitliche Abfolge oder räumliche Einheit dar.

Der zweite Teil, *Face à l'État* [Vor dem Staat], zeigt eine Sammlung persönlicher Archivmaterialien von Migranten, wie Bilddokumente, Pässe, Aufenthaltserlaubnisse, Geburts- und Einbürgerungsurkunden, zudem sind Dokumente und Objekte aus staatlichen Archiven wie Stempelmaschinen, Dokumente mit Statistiken, amtliche Listen von Ausländern, Dekrete für Gastarbeiter zu sehen. Gleichzeitig werden zahlreiche aktuelle Medienberichte über Migranten, Gastarbeiter, deren Kinder sowie über die Solidarität zwischen »Arbeiterklasse« und Migranten vorgestellt. Dazu sind auch viele Kunstwerke, Karikaturen, Installationen, Videos zu sehen. Die Spannung zwischen der offiziellen Geschichtsschreibung des Staates und den Erinnerungen und Erlebnissen von Migrant_innen steht durchgehend im Mittelpunkt der Ausstellung. Was in diesem Teil mein Interesse besonders geweckt hat, ist das Kunstwerk *Urgent* [Dringend] der iranischen Künstlerin Gahzel. Sie realisierte dieses Projekt, nachdem sie einen Brief von der französischen Ausländerbehörde bekam, der besagte, dass ihre Aufenthaltserlaubnis nicht erneuert und sie abgeschoben werde. Das Werk enthält zwei große Schwarz-Weiß-Bilder von ihr selbst, eines mit Verschleierung, das nur die Augen sichtbar lässt und ein anderes, bei dem die Augen von einem schwarzen Balken verdeckt sind. Darunter sind zwei kurze Texte zu lesen. Unter dem ersten Bild erklärt sie, dass sie auf der Suche nach einem Scheinehepartner ist. In dem zweiten Bild, in dem nur die Augen unsichtbar sind, bietet sie sich als Ehepartnerin für einen Asylsuchenden an. Alle Religionen und Ursprünge seien ihr willkommen. Wie viele Künstler_innen, die sich mit Migration beschäftigen, verwendet sie ihre eigene Migrationsgeschichte, Selbsterfahrungen und ihren eigenen Körper für ihr Kunstwerk. Die Selbstdarstellung als Kunstsubjekt und -objekt zugleich ist repräsentativ für viele andere Künstler_innen in der Ausstellung.

Im dritten Teil, *Terre d'acceuil, France hostile* [Gastfreundschaftliches Land, feindliches Frankreich], habe ich viel über die Zunahme von Antisemitismus und Rassismus am Ende des 19. und Anfang des 20. Jahrhunderts gelesen. Zu sehen ist unter anderem eine Ausstellung von Puppen mit stereotyp rassistischen Darstellungen verschiedener Völker aus den Marionettentheatern dieser Zeit. Hier sehen wir auch antisemitistische Karikaturen in Zeitungen vom Ende des 19. Jahrhunderts. In der Ausstellung wird gezeigt, wie ein Fremdmachen von Juden durch die Medien erfolgte und wie Juden ohne Differenzierung zwischen jüdischen Franzosen und jüdischen Migranten ihre Nationalität verlieren, bis hin zu den Deportationen nach 1940. Dem gegenüber stehen Karikaturen von Georges Wolinski, die kritisch gegenüber der Immigrationspolitik Frankreichs sind. Unter den Karikaturen von Wolinski, der 1934 von jüdischen Eltern in Tunis, damals Französisches Protektorat, geboren wurde, steht der nachträgliche Hinweis, dass er am 7. Januar 2015 beim Charlie-Hebdo-Attentat starb.

In den folgenden Bereichen, *Ici et là-bas* [Hier und dort] und *Lieux de vie* [Wohnräume], sehen wir Bilder unterschiedlicher Wohnheime für Migranten und die Lage dieser Orte, hauptsächlich in Paris. Während ich die Bilder anschaue, höre ich drei junge Besucherinnen miteinander sprechen:

A: »Meine Mama erzählt mir, wie schwierig es damals war, als ihre Mutter hierhergekommen war. Die mussten was weiß ich wie viele Meter jedes Mal laufen um Wasser zu holen.«

B: »Aber jetzt ist alles anders. Meine Mama ist jetzt wieder in Lomé. Sie sagt, das Leben und alles sei jetzt auch einfacher da. Sie hat sogar in New York gelebt, sie sagt, dass Togo besser als alle anderen Länder ist. Kannst Du Dir das vorstellen? New York? Ich könnte nicht dort leben. Ich würde Frankreich vermissen.«

In der Abteilung *Lieux de vie*, die sich mit dem Bereich *Au Travail* [Bei der Arbeit] überschneidet, finden sich wiederum persönliche Objekte von Migrant_innen, die in den Arbeitsmigrantenheimen in Lyon wohnten. Dazu gehört ein grüner Kleiderschrank aus Metall mit Spielkarten, Tellern, einem Kalender und Kassetten mit arabischer Musik. Neben diesen Objekten steht eine weitere Installation von Barthélémy Toguo, über fünf Meter hoch, die *Climbing down* heißt, und offensichtlich zeigt, wie Gastarbeiter schliefen. Sechs Holzbetten sind übereinander gestapelt, die miteinander durch fünf Leitern verbunden sind. An die Ecken aller Betten sind bunte Einkaufstüten aus Plastik gehängt.

Ich laufe weiter durch die Ausstellung, ich schaue mir die Bilder, Videos und Interviews von berühmten Persönlichkeiten an, Fußballspieler und Schriftsteller »mit Migrationhintergrund« aus den Abteilungen Sport, Kultur und Religion. Ich sehe auf dem Weg auch viele Objekte aus unterschiedlichen »Kulturen«, die an die Decke gehängt wurden, eine Zusammenstellung aus Reiskochern, chinesischen Lampen, Couscouskochern und so weiter. Ich werde langsam müde und bekomme schon den Eindruck, wirklich alles über »Immigration«, »Fremde« und »Ausländer« in Frankreich gesehen zu haben. Die Dauerausstellung ist zu Ende.

Ich muss jetzt eine Rezension schreiben für eine Zeitschrift, die Kolonisation und Dekolonisation thematisiert. Da ist mir zum ersten Mal die Frage gekommen, warum man überhaupt dieses Museum besucht, um über Kolonisation oder Dekolonisation Frankreichs zu schreiben. Was findet man hier über Kolonisation, was man im Louvre, im historischen Museum in Versailles oder im *Musée du quai Branly* nicht findet? Es gab sehr wenig Informationen über das Thema, die Geschichte oder eine kausale Beziehung zwischen Kolonialismus und Immigration. Der Zusammenhang zwischen beiden Themen wurde nur angedeutet, Information über das Territorium des kolonialen Frankreich außerhalb der heutigen Grenzen gab es keine, nichts über die Frage, ob Einwanderer aus der Kolonie Algerien in den 30er Jahren Migranten im heutigen Sinne waren, nichts über die Migration aus den heutigen Überseedepartements Réunion und Martinique. Die Geschichte der Immigration nach Frankreich wurde nur innerhalb des französischen Hexagons, das heißt des »Mutterlandes« wahrgenommen und so weitergegeben, als ob die Geschichte der Kolonialmacht Frankreich zur heutigen nicht gehörte.

### Koloniale Geschichte als Rahmen

Ein wenig frustriert laufe ich mit diesen Fragen im Kopf die Treppen hinunter. In der ersten Etage sehe ich eine Tür, durch die ich hindurchgehe. Dort gibt es eine kleine Tafelausstellung über die Geschichte des *Palais de la Porte Dorée*. Hier finde ich tatsächlich die Informationen, die in der Dauerausstellung nicht deutlich gemacht wurden. Die koloniale Geschichte lag nämlich bereits in der Luft, in der Architektur und in den Wänden des Gebäudes. Genau hier wurde das erste Museum der Kolonien 1931 eröffnet. Man sieht ein Plakat aus diesem Jahr mit einer Darstellung von Köpfen dreier Personen, eine aus Asien mit einem Kegelhut, eine aus Afrika mit einem Fes und Narben im Gesicht und einer Dritten mit Schnauzbart und einem weißen Turban, betitelt »Koloniale Ausstellung«. Aus den Plakaten und Erläuterungstexten lernt man, dass das Museum den Namen *Museé de la France d'Outre-Mer* [Museum der Französischen Überseegebiete] bekam – und ihn bis 1960 behielt. Erst 1961 wurde es zu einem Museum der afrikanischen und ozeanischen Kunst. Das *Palais de la Porte Dorée* und die Ausstellungen an diesem Ort selbst waren Zeugnisse der Kolonisation und ihrer Effekte im »Mutterland«. Frankreich erzählt nicht nur sich selbst, sondern auch der Welt offensichtlich eine Geschichte der Nation mittels eines Museums über Immigration, in der man nichts über Sklaverei und nur sehr wenig über Kolonisation erfährt. Wem gehört die Geschichte? Wem gehört die Nation? Es bleibt den Besucher_innen der *Cité national de l'histoire de l'immigration* selbst überlassen, nach Antworten auf diese Fragen zu suchen.

## ■ Kulturgeschichte des Sports

*Wolfgang Behringer, Kulturgeschichte des Sports. Vom antiken Olympia bis ins 21. Jahrhundert, München (C. H. Beck) 2012, 494 S., 62 Abb., 24,95 €*

Im vorliegenden Band geht Wolfgang Behringer nicht nur als einer der Ersten das Wagnis ein, eine Geschichte des Sports über drei Jahrtausende hinweg zu schreiben. Er unterlegt seine Gesamtdarstellung auch mit einer provokanten These: Der Vorgang der »Sportifizierung« sei zu den Fundamentalprozessen der Moderne zu rechnen und deshalb auf eine Stufe mit Disziplinierung, Verrechtlichung oder Säkularisierung zu stellen.

Vor der Auseinandersetzung mit Behringers Hauptthese sei auf zwei grundlegende Stärken des Bandes hingewiesen. Als Frühneuzeithistoriker erschließt er dem Leser eine Fülle erzählender und ansprechend reproduzierter Bildquellen, die eindrücklich das Vorurteil der älteren Sportgeschichtsschreibung widerlegen, in der Frühen Neuzeit habe der Sport seinen historischen Tiefpunkt erlebt. Positiv hervorzuheben ist außerdem, dass der Autor dank seines gut lesbaren Stils das Ziel einlöst, nicht nur zu informieren, sondern auch zu unterhalten. Dazu tragen nicht zuletzt markante Urteile wie die Bewertung des Body-Mass-Indexes als einer »esoterischen Kategorie« und die Rede von einer »Fitnesskirche« sowie die ironische Annäherung an den Boulevardjournalismus bei, wenn etwa unmittelbar unter dem Titel »Gipfelglück« ein Unterabschnitt mit »Sport und Sex« überschrieben oder wenn das hohe Verletzungsrisiko bei Extremsportarten unter dem Aspekt der Kosten für die allgemeine Krankenversicherung abgehandelt wird.

Da Behringer mit seinem Versuch, »Sportifizierung« als Paradigma zu etablieren, zweifellos eine Debatte anstoßen wollte, sei diese Hauptthese des Buches hier ausführlicher aufgegriffen. Das grundlegende Problem, das eine neutrale Zusammenfassung der Kernthese des Bandes erschwert, besteht darin, dass es Behringers Argumentation insgesamt an Kohärenz mangelt. Behringer verwirft zunächst die Vorstellung der jüngeren sozialhistorisch orientierten Sportgeschichtsschreibung, die den Sport als spezifisch modernes Phänomen definiert. Gemäß dieser Interpretation hat sich der Sport im 19. Jahrhundert herausgebildet und unterscheidet sich klar von den früher existierenden Formen des Spiels, der Bewegungskultur und des körperlichen Wettkampfs, unter anderem durch Säkularisierung, Rationalisierung, Bürokratisierung und Quantifizierung. Dem hält Behringer einen Ansatz entgegen, der davon ausgeht, dass der Sport als »anthropologische Konstante« in verschiedenen Kulturen seine jeweils eigene Ausprägung erfährt. Allerdings ist seine These von der »Sportifizierung« als Fundamentalprozess der Moderne gerade darauf angewiesen, dass zu Beginn der Neuzeit ein grundlegender Wandel einsetzt. Um dies plausibel zu machen, übernimmt Behringer im Wesentlichen den Kriterienkatalog der soziologisch inspirierten Sporthistoriographie und argumentiert, dass ein hoher Institutionalisierungsgrad und damit die Charakteristika, die den »modernen Sport« nach verbreiteter Auffassung erst seit dem 19. Jahrhundert auszeichnen, in Wirklichkeit bereits im 16. Jahrhundert nachzuweisen seien. Wenn der Bruch aber nicht geleugnet, sondern bloß um drei Jahrhunderte verlegt wird, bedeutet dies, wenn man sich von definitorisch-terminologischen Spitzfindigkeiten frei macht, indirekt die Bestätigung der Ergebnisse der Sozialhistoriker und Soziologen, gegen die Behringer polemisiert.

Problematisch ist auch der Umgang mit dem Wort »Sport«. Einleitend hält Behringer unter Berufung auf einen der Väter der Begriffsgeschichte, Otto Brunner, zu Recht fest, dass Sachverhalte in der Vergangenheit existieren konnten, selbst wenn es dafür noch keine Begriffe gab. Das Argument geht freilich ins Leere, denn »Sport«, legt Behringer überzeugend dar, existierte als Begriff mit der Bedeutung »Kurzweil«, »Vergnügung« ohnehin seit Beginn der Neuzeit. Umso interessanter wäre es daher gewesen, er hätte den Umkehrschluss nicht unreflektiert gezogen, sondern sich mit der Möglichkeit des Begriffswandels ausdrücklich auseinandergesetzt. Denn »durchgehaltene Begriffe« sind, so Reinhart Koselleck, »kein hinreichendes Indiz für gleichbleibende Sachverhalte«.

Mit einem breiten Sportbegriff im Sinne von Kurzweil widersetzt sich Behringer immer wieder einer Verengung des Sports auf den Leistungssport in derjenigen Gestalt, die er seit dem 19. Jahrhundert angenommen hat. Der Breitensport nimmt in der als Alltagsgeschichte des Sports konzipierten Monographie und in der Beweisführung, dass in der Frühen Neuzeit die »Sportifizierung« der Gesellschaft einsetzte, beträchtlichen Raum ein. Umso größer ist die Überraschung, gegen Ende des Bandes auf den Satz »Wenigen Lesern wird erinnerlich sein, dass die Versportlichung unserer Alltagskultur noch nicht so lange zurückliegt« zu stoßen und festzustellen, dass damit eher das 20. als das 19. Jahrhundert gemeint zu sein scheint.

Es fällt auch deshalb schwer, sich von der Hauptthese des Bandes überzeugen zu lassen, weil es Behringer in den Details nicht immer genau nimmt. Mehrfach grenzt er sich dagegen ab, die »Rekordsucht« als spezifisches Charakteristikum des modernen Sports anzuerkennen. Nun spricht aber Allen Guttmann in *From Ritual to Record* gar nicht von »Rekordsucht«, sondern von »quest for records«, was nicht nur in Guttmanns eigenhändiger Übersetzung seines Klassikers als »Suche nach Rekorden« wiedergegeben wird und den durch Reglementierung und Quantifizierung möglich gewordenen Wettkampf mit räumlich oder zeitlich entfernten Gegnern meint. Im Lichte dieser Polemik Behringers bekommt es eine ironische Note, dass das Kapitel über das 20. Jahrhundert von Rekordlisten – die größten Stadien, die meisten Goldmedaillen, die SportlerInnen mit den höchsten Einkommen usw. – nur so strotzt. Zu den Ungenauigkeiten, die ohne großen Aufwand hätten beseitigt werden können, gehört, dass Behringer die Historikerin Christiane Eisenberg zu einer Anglistin macht und dass er in eine Auflistung der Schweizer Kantone die Stadt Chur aufnimmt. Von eigenwilligen Schwerpunktsetzungen zeugt schließlich, dass in einer als Globalgeschichte des Sports angelegten Monographie der FC Bayern München mehr als zehn Seiten einnimmt.

Bei aller Kritik gilt es abschließend noch einmal zu betonen, dass Behringer einen lesenswerten Überblick über die letzten 3.000 Jahre Sportgeschichte vorgelegt hat, der von den Spielen der Antike über die Turniere des Mittelalters und die im frühneuzeitlichen England veranstalteten *Olympick Games* bis hin zum heutigen Leistungs-, Breiten-, Fun- und Trendsport reicht. Indem er bestimmte Themenkomplexe, z. B. Frauensport, Wintersport, Sportbauten, Sportarten, in allen behandelten Epochen nah an den Quellen aufgreift und Seitenblicke über Deutschland und Europa hinaus wirft, führt er Kontinuitäten und Unterschiede eindrücklich vor Augen. Und auf die Idee, in der Frühen Neuzeit ein »dunkles Zeitalter« des Sports zu sehen, wird nach der Lektüre dieses Bandes niemand mehr kommen.

Stefan Wiederkehr (Zürich)

## ■ Oberdeutsche Kaufleute in Genua

*Marco Veronesi, Oberdeutsche Kaufleute in Genua, 1350–1490. Institutionen, Strategien, Kollektive (Veröffentlichungen der Kommission für Geschichtliche Landeskunde in Baden-Württemberg, Reihe B; Bd. 199), Stuttgart (W. Kohlhammer Verlag) 2014, 347 S., 8 Abb., 32,00 €*

Seit dem Hochmittelalter bestanden transalpine Handelskontakte oberdeutscher Kaufleute zu italienischen Märkten, die mit zu den wichtigsten Handelsströmen im europäischen Fernhandel zählten, bevor die transozeanischen Schifffahrtsrouten der frühen Neuzeit ihren Anfang nahmen. Umso erstaunlicher ist daher der Umstand, dass Genua zumindest im deutschsprachigen Raum als ein Knotenpunkt der bereits im Mittelalter bestehenden internationalen Handelsverbindungen bisher wenig Beachtung geschenkt wurde, zumal Venedig in der wirtschaftshistorischen Forschung seinen festen Platz hat. Das vorliegende Buch füllt diese Lücke in eindrucksvoller Weise.

Vor allem die Sichtung und systematische Auswertung der in Genueser Archivbeständen erhaltenen notariellen Beurkundungen und Prokuren in Hinblick auf die längerfristig in Genua weilenden Kaufleute aus den Regionen Oberdeutschlands ist eine Leistung, die dem Autor hoch anzurechnen ist. Die Fülle des neuerschlossenen Quellenmaterials erlaubt es ihm, nicht nur Auskünfte über deren Handelsstrategien zu geben, sondern darüber hinaus auch Aussagen über ihre soziale Verankerung innerhalb der Genueser Handelsmetropole zu treffen. Damit reiht er sich in die aktuelle Forschung ein, die seit einiger Zeit vermehrt entweder einzelne Handelsunternehmen oder einzelne Kaufmannspersönlichkeiten und deren Geschäftspraktiken in den Blick nimmt.

Das Hauptanliegen des Autors besteht in dem Versuch, oberdeutsche Kaufleute in Genua zu identifizieren und ihre Organisationsstrukturen und Handelsstrategien darzustellen. Dadurch soll ein Gesamtbild der oberdeutschen Fernhändlerschicht in der *Superba* gezeichnet werden, welches das in der Geschichtsschreibung dominierende Bilder der Vormachtstellung der bekannten, finanzkräftigen Nürnberger Kaufleute und deren Handelsaktivitäten in Venedig ergänzt. Veronesi gibt zunächst einen Überblick über die Entwicklung des oberdeutschen Genuahandels bis zum 15. Jahrhundert. In einem zweiten Schritt widmet er sich ausführlich den Rahmenbedingungen, denen alle der *natio alemannorum* angehörenden Kaufleute unterworfen waren, bzw. von denen sie in großem Maß profitierten. Neben der Beschreibung bereits bekannter Unternehmen, wie der Großen Ravensburger Handelsgesellschaft oder auch der St. Gallener Diesbach-Watt-Gesellschaft, ist der große Verdienst des dritten Buchabschnittes die Vorstellung zum Teil schillernder Kaufmannspersönlichkeiten, die bisher kaum oder überhaupt nicht bekannt waren. Beispielhaft seien hier nur Ulrich Zeringer (gestorben nach 1490/91) und Georg Sur (gestorben 1474) erwähnt. Ersterer wurde vom Pech verfolgt: Nachdem seine Geschäfte in Krakau und Breslau bankrottgingen, scheiterte auch sein Versuch, sich mit dem Verkauf von auf der Krim angekauften Sklaven zu sanieren, da die Karawane auf ihrem Weg nach Genua ausgeraubt wurde. Das Handelsgeschick Georg Surs, über dessen Herkunft nur spekuliert werden kann, muss dagegen besser ausgeprägt gewesen sein, konnte er doch offensichtlich hinreichend Reichtum akkumulieren, um die Entführung seiner Tochter als ein lohnendes Unterfangen erscheinen zu lassen. Diese Fallbeispiele, aber auch die im zweiten Kapitel beschriebenen Vorgänge zum Erwerb von Privilegien, zur Wahl eines Konsuls und zur Aneignung von Wohn- und Lagerraum, zeigen in bemerkenswerter Weise, zu welchen beachtlichen neuen Erkenntnissen akribisches Quellenstudium führen kann.



Der Autor begreift die in Genua weilenden *mercatores alemanni* dabei als lockeren Personenverband und grenzt sie so von den »Venedigfahrern« ab, deren Handeln auf einander abgestimmt gewesen sei, um sich gemeinsam gegen die monopolistisch geprägte Handelspolitik Venedigs durchsetzen zu können. In Genua dagegen errichteten die deutschen Kaufleute lediglich ein Konsulat, das als rechtliche Interessensvertretung gegenüber Genueser Behörden fungierte, die einzelnen Kaufleute in ihren persönlichen Handelstätigkeiten aber nicht bevormundete. Aus diesem Grund schränkt der Autor am Ende seiner Ausführungen die Verwendbarkeit des Kollektivbegriffs für diese Personengruppe stark ein, so dass die Frage erlaubt sein darf, warum der Begriff im Untertitel mit angeführt wurde. Gelungen sind die Darstellung der unterschiedlichen Formen der Kooperation und Vergesellschaftung sowie die Schilderung der Handelsstrategien des oberdeutschen Unternehmertums in Genua und die Beschreibung der durch sie geschaffenen und ihren Interessen entsprechenden »weichen« institutionellen Rahmenbedingungen, wie die Errichtung eines temporären *Fondaco* oder die offizielle Wahl eines Konsuls. Die Errichtung von dauerhaften Niederlassungen oder das Eingehen von strategischen Partnerschaften zählten neben der beachtlichen Durchdringung mediterraner Handelsplätze zu den wichtigsten Strategien von Jos Humpis (gestorben vor 1455), Georg Sur oder auch Johannes Breunlin (gestorben nach 1490) – um nur einige wenige beim Namen zu nennen – um ihre Unternehmungen zum Erfolg zu führen. Die geschickte Verknüpfung dieser Untersuchungsschwerpunkte ergibt ein fundiertes und detailliertes Bild einer bislang wenig beachteten Personengruppe und ihres kommerziellen Beziehungsgeflechtes.

Auch revidieren die Ausführungen die allzu schematische Vorstellung von einem bilateralen Handelsstrom zwischen Oberdeutschland und den italienischen Märkten, in dem Leinenstoffe und Metallwaren aus dem Norden in den Süden verbracht wurden, wo sie – wie im Falle Venedigs – gegen Levantinische Luxusgüter eingetauscht wurden. Erst die Berücksichtigung der katalonischen und lombardischen Märkte und deren Verknüpfung über den Seeweg machte Genua zu einem attraktiven Umschlagplatz für oberdeutsche Kaufleute, die, ausgestattet mit einer gewissen Risikobereitschaft, die Handelsrestriktionen, wie sie in Venedig herrschten, zu umgehen geneigt waren.

Damit legt Veronesi ein in sich kohärentes Buch vor, das Forschungslücken der älteren Literatur zum Thema schließt, neue Erkenntnisse präsentiert und aktuellen Forschungsansätzen Rechnung trägt. Zum einen verfolgt er mit der prosopographischen Herangehensweise ein noch recht junges Verfahren in der wirtschaftshistorischen Forschung und ihm gelingen damit die Offenlegung der Beziehungsnetze einzelner Kaufleute oder auch Kaufmannsfamilien und deren oftmals große geographische Entfernungen überspannende Handelsverbindungen. Zum anderen wendet er sich explizit den handelnden Akteuren zu, indem er von ihren Interessen ausgeht und die dadurch entstandenen Strukturen als Folge dieser Handlungen begreift. Der Aufbau von entweder langjährigen Geschäftspartnerschaften oder kurzfristigen klientelären Abhängigkeitsverhältnissen, der Austausch von relevanten Geschäftsinformationen mittels Briefverkehr sowie die vor den politisch-wirtschaftlichen Hintergründen abgefassten Korrespondenzen können in ihrer Genese und ihrer Realisierung nachvollzogen werden. Die oberdeutschen Kaufleute werden damit als innovative Gruppe verstanden, da sie von sich aus neue Möglichkeiten im Gütertransfer suchten und erkannten, tatkräftig neue Märkte erschlossen und den Handelsstandort Genua gewinnbringend in ihre Handelstätigkeiten einbauten. Die drei kleineren Kritikpunkte, die den inhaltlichen Gehalt des Buches keinesfalls schmälern und aus diesem Grund erst zum Schluss zur Sprache gebracht werden, betreffen das Fehlen einer Übersichtskarte mit den Haupthandelsrouten und den erwähnten Handelsstationen, die für den Fachfremden, dessen Interesse Veronesi ebenfalls zu wecken hofft, sicherlich hilfreich gewesen wäre. Auch die angebrachten, unstreitbar mühsam entzifferten Zitate aus den Quellen in »Originalsprache«, erschließen sich zwar immer aus dem Kontext, könnten für den Laien aber eine Hürde im Lesefluss darstellen. Schließlich ist nicht ganz klar, warum von der sonst konsequent plausiblen inhaltlichen Gliederung des gesamten Buches im zweiten Teil abgewichen wird und die Betrachtung der Gesellschaft des Jos Humpis in der ersten Hälfte des 15. Jahrhunderts von der der *magna societas* sowie der Humpisgesellschaft in der zweiten Jahrhunderthälfte getrennt wird.

Anka Steffen (Frankfurt (Oder))

## ■ Die Aktualität der Vormoderne

*Klaus Ridder/Steffen Patzold (Hg.), Die Aktualität der Vormoderne. Epochenentwürfe zwischen Alterität und Kontinuität (Europa im Mittelalter; Bd. 23), Berlin (Akademie Verlag) 2013, 383 S., 18 Abb., 99,80 €*

Der vorliegende Band geht auf die erste Tagung des 2009 an der Tübinger Eberhard-Karls-Universität gegründeten »Zentrums Vormodernes Europa« zurück, das sich zum Ziel gesetzt hat, die gängigen Epochenmodelle kritisch zu reflektieren. Mittels interdisziplinärer und diachron konzipierter Verbundforschung soll die auf den Humanismus zurückgehende und das heutige akademische Arbeiten bestimmende Epocheneinteilung in Antike, Mittelalter und Neuzeit und die seit der Aufklärung entwickelten Modernisierungstheorien hinterfragt werden. Zentrum und Tagungsband stellen damit eine weitere Reaktion auf den Einbruch der Postmoderne in die Geistes- und Kulturwissenschaften, die wachsende Verunsicherung über das Wesen der Moderne und den schwindenden Fortschrittsoptimismus dar. Nach den Bestrebungen, die Raumkonzepte, mit denen wir traditionell arbeiten, zu dekonstruieren, sind nun die zeitlichen Kategorien an der Reihe: Wie im Zeichen des Postkolonialismus die Welt jenseits von Europa nicht mehr als das archaische und statische Andere zum modernen Europa begriffen werden soll, so soll dies nun auch für »fernere Jahrhunderte« in der europäischen Vergangenheit gelten. Die Moderne ist, wie Ewald Frie im forschungsgeschichtlichen Teil seines Beitrags erläutert, nicht nur ein chronologischer, sondern auch ein geographischer Begriff (dazu bereits: Johannes Fabian, *Time and the Other. How Anthropology Makes Its Object,* New York 1983) und ein Instrument qualitativer Wertung, da er bestimmte Eigenschaften impliziert. – Wir stehen also in Bezug auf frühere Zeiten vor denselben im Spannungsfeld zwischen Universalismus und Kulturalismus angesiedelten Problemen wie im Hinblick auf andere Weltgegenden.

Von den 14 durchgehend deutschsprachigen Beiträgen will ich nur jene besprechen, die sich mit diesen Problemen auseinandersetzen. Der Kunsthistoriker Jeffrey Hamburger und die Literaturwissenschaftlerin Hildegard Keller erinnern zunächst daran, dass Epochengrenzen stets künstlich und in gewissem Maße beliebig sind und Dichotomien des Vorher-Nachher produzieren, in denen das Vorher häufig genug als Gegenentwurf zur jeweiligen Gegenwart fungiert. Im Anschluss forschen sie mit Blick auf Konzepte von Innerlichkeit nach Brüchen und Kontinuitäten zwischen Mittelalter und Neuzeit, die sich nicht mit der traditionell als Epochengrenze wahrgenommenen Zeit der Reformation decken. Der Germanist Martin Baisch schlägt vor, das Paradigma der kulturellen Alterität der Vormoderne im Allgemeinen und des Mittelalters im Speziellen aufzugeben, da es essentialistische Zeitblöcke konstruiere und wissenschaftlichem Exotismus das Wort rede.

Frank Rexroth veranschaulicht anhand der Rezeption der mittelalterlichen Scholastik, wie Epochenentwürfe und die Meistererzählungen von der Geschichte, deren Bestandteil sie sind, Sinn in der Gegenwart stiften und zur Formierung kollektiver Identitäten beitragen. Aufklärer und Romantiker sahen in der scholastischen Wissenschaft im Besonderen und dem Mittelalter im Allgemeinen den Gegenentwurf zur Gegenwart und gingen davon aus, dass zwischen Mittelalter und Moderne keinerlei Kontinuitäten bestanden; seit 1945 jedoch werden zunehmend Gemeinsamkeiten zwischen mittelalterlicher Scholastik und postmoderner Jetztzeit entdeckt. Dem Elitendiskurs der »Sattelzeit« widmet sich Wilfried Nippel. Er unterstreicht, dass die Protagonisten der Französischen Revolution den radikalen Neubeginn und den Bruch mit allem Vorherigen angestrebt hätten und daher auch antike Gesellschaftsordnungen kein Vorbild für die Republik hätten sein können – die antiken demographischen, wirtschaftlichen, politischen und sozialen Verhältnisse seien als zu verschieden wahrgenommen worden.

Die Dichotomien, die aus dem Modernisierungsparadigma resultieren, versucht Andreas Holzem im Hinblick auf die Kategorie des religiösen Wissens zu dekonstruieren: Keineswegs sei religiöses Wissen in der Vormoderne statisch, unproduktiv und ob dogmatischer Beschränkungen nicht erneuerbar gewesen; Dynamik sei auch auf diesem Gebiet kein Alleinstellungsmerkmal der »Sattelzeit« und der aus ihr folgenden Moderne. Holzem warnt davor, die Selbstwahrnehmung und -darstellung der Bildungseliten der Zeit um 1800, die sich als die Protagonisten eines epochalen Bruchs mit dem Vergangenen verstanden, unkritisch zu übernehmen, und ruft die historische Forschung auf, stattdessen nach Kontinuitäten und dem Weiterleben »vormoderner« Strukturen und Konzepte in der »Moderne« zu fahnden. Auf Kontinuitäten statt auf Brüche in der Geschichte zu fokussieren, hat ja bereits in Bezug auf Spätmittelalter und Spätantike zu neuen Perspektiven auf diese früher als Epochenscheiden, heute eher als Phasen tiefgreifender Transformationsprozesse verstandenen Zeiträume geführt. Damit es gelingen kann, die Epochengrenze 1800 zu relativieren, müssten, so Holzem, zudem jene Zäsuren und Wandlungsprozesse, die sich zwischen 800 und 1800 ereignet haben, verstärkt unter die Lupe genommen werden. In dieselbe Richtung weist Ewald Fries Beitrag, der für das Vorhaben wirbt, Ordnungen in Zeiten der Krise und des beschleunigten Wandels zu untersuchen und die Meistererzählungen vom historischen Fortschritt und den großen Epochenwenden durch die Darstellung kleinschrittiger Veränderungen zu ersetzen. Unter der Prämisse, dass stets verschiedene Ordnungen neben- und miteinander existierten, könne das Zusammenspiel von Elementen studiert werden, die traditionell als vormodern oder modern definiert werden: »Vormoderne Gesellschaften müssen moderne Ordnungselemente enthalten haben. Mit Statik, Holistik, Gewohnheit und Vergangenheitsorientierung allein wird es nicht gegangen sein.« Burghart Wachinger und Dietmar Mieth suchen in ihren Beiträgen denn auch nach scheinbar Modernem im Mittelalter und finden Konzepte von Menschenwürde und Menschenrechten und der Respektierung Andersgläubiger in christlichen Darstellungen von Religionsdebatten und im Diskurs über die Kriege des Deutschen Ordens an der südlichen Ostseeküste. Eine Hinwendung zu Zeiten verdichteter Quellenüberlieferung fordert der Archäologe Ulrich Müller und schlägt eine »Historische Archäologie« vor, die durch inter- und transdisziplinäres Arbeiten neben den im Boden konservierten, archäologischen Quellen auch oberirdisch erhaltene Strukturen (die gemeinhin in die Zuständigkeit der Denkmalpflege und der Kunstgeschichte fallen) und schriftliche Quellen einbeziehen solle. Er betont zudem, dass die Archäologie aufgrund ihrer Methoden eine Disziplin sei, die sich gut für die Untersuchung von Prozessen der *longue durée* eigne und daher Kontinuität und Wandel über lange Zeiträume erfassen helfen könne. Müller stellt darüber hinaus die traditionelle Epocheneinteilung der sich mit West- und Mitteleuropa befassenden archäologischen Forschung vor, in der das Hochmittelalter (in der Nachfolge von Ideen der Renaissance) als Epochengrenze zwischen paganem gentilen und christlichem monarchischen Europa firmiert und damit auch als disziplinäre Scheidelinie zwischen Ur- und Frühgeschichte sowie Klassischer Archäologie auf der einen und Mittelalter- und Neuzeitarchäologie auf der anderen Seite.

Michael Borgolte und Klaus Oschema befassen sich mit dem Europa-Begriff, der ebenfalls Gegenstand der kritischen Reflexionen des Tübinger Zentrums sein soll. Borgolte fragt nach dem Nutzen der Analysekategorie Europa für heutige Forschungen zur Vormoderne, ohne zu einer endgültigen Antwort zu gelangen, und plädiert dafür, beziehungs- und verflechtungshistorische und komparatistische Arbeiten anzugehen und verstärkt globalgeschichtliche Ansätze auf die mittelalterliche Geschichte anzuwenden. Die Globalgeschichte, so Borgolte, werfe auch die Frage nach sinnvollen Periodisierungen auf, denn universal anwendbare Epochenentwürfe dürften vor allem für die Zeit vor 1800 schwer zu formulieren sein. Oschema diskutiert das Europakonzept als Alternative zum nationalen Paradigma, warnt jedoch davor, den Europabegriff genauso essentialistisch zu gebrauchen, wie dies lange Zeit mit der Nation geschehen ist. In einer begriffs- und ideengeschichtlichen Studie zur mittelalterlichen Bedeutung des Europa-Begriffs zeigt er auf, dass der Terminus seit dem ausgehenden 15. Jahrhundert im Fahrwasser der humanistischen Antikenrezeption und vermittelt über griechische Schriften zunehmend Verwendung im lateinischen Europa fand, während in der Zeit zuvor die Einteilung der Menschheit entlang religiöser Grenzen dominiert hatte.

Am Ende bleibt unklar, ob der Band die zulasten der Trias Antike – Mittelalter – Neuzeit zunehmend in Mode kommende Epochengliederung Vormoderne – Moderne – Postmoderne bewerben oder sie dekonstruieren will. Hier scheinen die Beiträger_innen unterschiedliche Ziele zu verfolgen. Überraschend ist auch, dass jene Diskussion, die in den letzten Jahren den meisten Schwung in die Debatte um sinnvolle historische Periodisierungen für die hier behandelte Zeit gebracht hat – die Auseinandersetzung um die *Great Divergence*, den Aufstieg des Westens zur globalen Vormachtstellung, und die Frage, ob sich diese Entwicklung bereits im 16. oder erst im 18. oder 19. Jahrhundert vollzogen hat – gar nicht angeschnitten wird. Dieser Umstand reflektiert die große Schwäche des Sammelwerkes: seinen Eurozentrismus. Wenn die seit dem 15. Jahrhundert in West- und Mitteleuropa ersonnenen Epochenmodelle, Modernisierungstheorien und Europakonzepte kritisch beleuchtet und relativiert werden sollen, dann verspricht eine Konfrontation mit anderen Forschungstraditionen und -gegenständen, die andere Raumbegriffe und divergierende Periodisierungen hervorgebracht haben, fruchtbare Ergebnisse. Räume und Themen, die jenseits des lateinisch-christlichen Europa angesiedelt sind, werden im vorliegenden Werk aber nur in den Passagen zur Forschungsgeschichte überhaupt erwähnt, Vertreter_innen der Byzantinistik oder Judaistik, der Osmanistik oder der Area Studies sind keine unter den Beitragenden, und lediglich die beiden Aufsätze von Müller und Borgolte stellen abweichende Periodisierungsschemata anderer Fächer vor. Ein Anfang ist also getan; ein verstärkter Austausch mit anderen Disziplinen dürfte weitere Anregungen zur Relativierung und Pluralisierung historischer Epochenentwürfe liefern.

Undine Ott (Jerusalem/Göttingen)

## ■ Wirtschaftliches Scheitern in St. Gallen in der Frühen Neuzeit

*Dorothee Guggenheimer, Kredite, Krisen und Konkurse. Wirtschaftliches Scheitern in der Stadt St. Gallen im 17. und 18. Jahrhundert (St. Galler Kultur und Geschichte; Bd. 39), Zürich (Chronos) 2014, 275 S., 25 Abb., 48,00 CHF/43,00 €*

Sowohl die sozial- als auch die wirtschaftsgeschichtliche Forschung beschäftigt sich seit längerem mit dem Kreditwesen von Privat- und Geschäftsleuten in der Frühen Neuzeit. Im Fokus der Untersuchungen stehen dabei insbesondere das französische, englische und deutsche Kreditwesen sowohl im städtischen als auch im ländlichen Raum. Das Gebiet der heutigen Deutschschweiz ist bisher nicht eingehend untersucht worden. Dorothee Guggenheimer hat sich zum Ziel gesetzt, mit ihrer Dissertation diese Lücke zu schließen. Sie legt mit ihrer Arbeit zu Ursachen und Folgen wirtschaftlichen Scheiterns eine umfassende Mikrostudie zur Stadt St. Gallen für den Untersuchungszeitraum 1600 bis 1798 vor.

Guggenheimer untersucht in ihrer Studie *Falliten* (Konkursiten, die sich einem Schuldprozess stellen mussten) und *Akkorditen* (Konkursiten, die sich mit ihren Gläubigern außergerichtlich einigten). Die beiden Fachtermini werden zwar hinreichend erläutert, unklar bleibt jedoch, welche Konsequenzen sich aus der Tatsache ergeben, dass Schuldner häufig zahlreiche unterschiedliche Kreditbeziehungen pflegten und sowohl als Fallit als auch als Akkordit in Erscheinung traten. Die Wahl des Untersuchungszeitraums erscheint sinnvoll vor dem Hintergrund, dass einerseits die Rechtsinstrumente Falliment und Akkord bis 1600 nicht eindeutig definiert waren und andererseits die Umwälzungen der Helvetischen Revolution von 1798 auf der Ebene der Verwaltung eine Fortsetzung des quantitativen Ansatzes der Studie verhindern.

Guggenheimer stellt eingangs die These der historischen Forschung in Frage, dass eine Häufung von Konkursen grundsätzlich als Phänomen einer Krise interpretiert werden kann. Sie untersucht wirtschaftliches Scheitern auf der normativen Ebene (Grundlagen und Veränderungen des frühneuzeitlichen Konkursrechts), der quantitativ-strukturellen Ebene (Konkurse im größeren Zusammenhang der Konjunkturgeschichte) sowie der individuell-konkreten Ebene (Fallstudien wirtschaftlichen Scheiterns) und widmet sich anschließend kulturellen Deutungsmustern von wirtschaftlichem Scheitern.

Ihre Untersuchung basiert im Wesentlichen auf amtlicher Überlieferung der Stadt St. Gallen sowie auf Rechtsquellen. Die Autorin kann damit auf eine breite Quellenbasis zurückgreifen. Private Quellen (z. B. Geschäftsbücher, Korrespondenz, Testamente) wurden nicht ausgewertet. Diesbezüglich wäre es wünschenswert gewesen, den LeserInnen mit auf den Weg zu geben, welche Motivation der Quellenauswahl zugrunde lag und ob gegebenenfalls andere Quellengattungen ebenfalls zur Verfügung gestanden hätten bzw. warum diese nicht ausgewertet wurden.

Die eingangs gestellten erkenntnisleitenden Fragen werden konsequent und nachvollziehbar bearbeitet und die jeweiligen Forschungsergebnisse hinreichend diskutiert. Insbesondere aber der Abschnitt zur anfänglich besonders hervorgehobenen Fragestellung, ob Konkurse als Barometer für die wirtschaftliche Entwicklung gewertet werden könnten, erweist sich dabei jedoch als methodisch problematischer Teil. Dies liegt darin begründet, dass zahlreiche Indikatoren für die wirtschaftliche Entwicklung St. Gallens (z. B. Preise, Löhne, Anteil der am Kreditwesen teilnehmenden Bevölkerung) fehlen. So werden etwa Auswertungen von Datenmaterial vorgenommen, die von der Autorin selbst zu recht in Frage gestellt werden (beispielsweise die Aufschlüsselung von Akkorditen und Falliten anhand von Berufsgruppen trotz fehlender Informationen darüber, wie viele Personen einer Berufsgruppe überhaupt angehörten). Auch die der Untersuchung zugrunde liegende Zusammenfassung der Konkurse in Zehnjahresschritten, die ausschließlich die Skizzierung von Langzeitentwicklungen ermöglicht, erweist sich hier als nicht zielführend. So kommt die Autorin hinsichtlich der Frage, ob Konkurse Barometer für die wirtschaftliche Entwicklung waren, zu widersprüchlichen Ergebnissen. Sie leitet daraus das Bestehen unterschiedlicher Phasen ab, in denen hohe Konkurszahlen entweder Merkmal von guter oder von schlechter Konjunktur waren. Darüber hinaus verweist sie darauf, dass nicht nur strukturell bedingte Gründe, sondern auch individuelle Ursachen zu finanziellem Scheitern führen konnten. Eine Auseinandersetzung mit der einschlägigen Forschung hätte hier sicherlich zu einer Schärfung der Forschungsergebnisse geführt. Trotz dieser methodischen Probleme kommt Guggenheimer dennoch zu interessanten Befunden, die sie in aufschlussreichen Grafiken visualisiert.

Die im Anschluss zahlreich angeführten und analysierten Fallbeispiele dokumentieren detailreich das wirtschaftliche Scheitern der St. Gallener im Untersuchungszeitraum. Guggenheimer kommt hier zu aussagekräftigen Thesen hinsichtlich der Rückforderung der Schulden bei einzelnen Berufsgruppen, der Bedeutung des Aufbaus eines Netzwerkes bei der Aufnahme und Beitreibung von Schulden, des großen Stellenwerts langjähriger Geschäftsbeziehungen, der unterschiedlichen Kreditgeschäfte (Natural-, Hypothekar-, Umschuldungs- und Investitionskredit), des Kredits bei der städtischen Obrigkeit sowie hinsichtlich den Taktiken zur Risikominimierung, um nur einige Beispiele zu nennen. Sie zeichnet damit ein umfassendes Bild des St. Gallener Kreditwesens und bestätigt die einschlägige Forschung darin, dass ein großer Teil der Bevölkerung über Jahre oder sogar Jahrzehnte immer wieder verschuldet und der Gang vor das Schuldgericht fester Bestandteil in ihrem Leben war.

Hinsichtlich des Umgangs der städtischen Bevölkerung und der Obrigkeit mit Überschuldung zeigt Guggenheimer die große Bandbreite der Strafarten auf (Todesstrafe, Stadtverweis, Zuchthaus, Ehrenstrafen sowie Abbitte) sowie die Veränderungen, denen diese im 17. und 18. Jahrhundert unterlagen. Zuweilen arbeitet sie hier jedoch mit eher vagen Angaben: Finden sich noch genaue Hinweise zur Vollstreckung der Todesstrafe (zwei Fälle im Untersuchungszeitraum), so war der Stadtverweis die »häufigste Sanktionierung«, das Zuchthaus »allerdings generell selten«. Genauere, gar statistisch belastbare Angaben fehlen. Auch hier wären Grafiken sinnvoll gewesen, um die Häufigkeit und zeitliche Streuung der einzelnen Strafen zu visualisieren. Die anschließend dargestellten Selbsthilfestrategien, die Unterstützung von außen sowie die beruflichen Perspektiven der Schuldner nach dem Konkurs, werden umfassend erläutert. Jedoch erschließt sich den LeserInnen nicht, welchen genauen Zeitraum nach dem Konkurs die Autorin beleuchtet. Auch bei der Erläuterung der Frage, wie die Chancen des Schuldners auf finanzielle Erholung nach einem Falliment standen, werden diesbezüglich lediglich vage Äußerungen gemacht.

Angesichts der breiten Forschungslage zu anderen Regionen muss konstatiert werden, dass die Autorin ihre Thesen nicht hinreichend vor dem Hintergrund bereits vorliegender Ergebnisse diskutiert. Dies ist bedauerlich, denn eine tiefergehende Einordnung der Studie in den Forschungskontext hätte die Befunde der vorliegenden Arbeit geschärft und die Arbeit aufgewertet. Auch fehlt eine eingehende Diskussion der Auswirkungen der Quellenauswahl auf die Forschungsergebnisse: Inwieweit müssen Aussagen zum wirtschaftlichen Scheitern gegebenenfalls relativiert werden, wenn das wirtschaftliche »Gelingen«, eine durch regelmäßige Zahlungen einvernehmlich beendete Kreditbeziehung, nicht abgebildet wurde? Diese Kritik soll die Qualität der Arbeit jedoch nicht in Frage stellen: *Kredite, Krisen und Konkurse* enthält zahlreiche neue Erkenntnisse und wird sicherlich Anregung für weitere Forschungen zum Kreditwesen in der deutschsprachigen Schweiz sowie auch für die St. Gallener Stadtgeschichte sein.

Beate Sturm (Kleve)

## ■ Wissen und nach-industrielle Produktion: Niederschlesien 1936–1956

*Yaman Kouli, Wissen und nach-industrielle Produktion: Das Beispiel der gescheiterten Rekonstruktion Niederschlesiens 1936–1956 (Vierteljahrschrift für Sozial- und Wirtschaftsgeschichte – Beihefte; Bd. 319), Stuttgart (Franz Steiner Verlag) 2014, 320 S., 11 Abb., 19 Tab., 54,00 €*

Die Geschichte von Flucht und Vertreibung der Deutschen aus Ostmitteleuropa sowie diejenige des Wiederaufbaus der von den Deutschen bis 1947 bewohnten Gebiete werden meistens jeweils als ein Kapitel für sich erforscht. Obwohl Vertreibung und Wiederaufbau zur selben Zeit stattfanden, wurden sie von Historikerinnen und Historikern selten zusammengedacht. Das 2014 erschienene Buch von Yaman Kouli füllt somit eine Lücke: Es erforscht die wirtschaftlichen Folgen der Vertreibung der Deutschen für den Nachkriegswiederaufbau des nun polnischen Niederschlesien. Kouli fragt danach, was mit einer industrialisierten Region passiert, wenn deren Produktionsstätten von den Arbeitskräften getrennt werden. Um diese Frage zu beantworten, untersucht er den Zeitraum zwischen 1936 und 1956.

Die Studie besteht aus fünf Teilen. Kouli bespricht am Anfang die Rolle des Wissens für die industrielle Produktion. Zentral für seine Fragestellung sind die wirtschaftlichen Folgen der Nicht-Speicherbarkeit von Ausbildungs- und Erfahrungswissen sowie von Wissensnetzwerken. Die theoretische Einführung wird mit der Diskussion von zwei Erklärungen des europäischen Nachkriegswiederaufbaus abgerundet: Während die Rekonstruktionsthese das Wirtschaftswunder durch die Stetigkeit der wirtschaftlichen Entwicklung erklärt, werden die hohen Wachstumsraten in der Catch-up-Hypothese als eine Aufholung des Rückstandes interpretiert. Dies bietet den Hintergrund für die Diskussion der makroökonomischen Entwicklungen Niederschlesiens während der Vor-, Kriegs- und Nachkriegszeit in den folgenden drei empirischen Teilen der Studie. Der Autor widerlegt zunächst die in der polnischen Historiografie verbreitete Auffassung vom wirtschaftlichen Niedergang der Region vor 1945. Kouli weist nach, dass sich die niederschlesische Wirtschaft bis Kriegsende dynamisch entwickelte und die Zerstörungen der industriellen Anlagen nicht auf Kriegshandlungen, sondern auf sowjetische Demontagen zurückzuführen sind. Seine Aufmerksamkeit gilt jedoch vor allem der Übernahme der niederschlesischen Industrie von den polnischen Behörden ab Frühjahr 1945. Besprochen werden der Aufbau der polnischen Verwaltung, die Arbeit spezieller Einheiten des Industrieministeriums sowie die Folgen des Drei- und des Sechs-Jahre-Planes. Der Fokus auf makroökonomische Prozesse und die Rolle der Behörden führt dazu, dass die Übernahme des deutschen Eigentums, die *jenseits* der Institutionen erfolgte, nicht besprochen wird – insbesondere die Plünderungen durch sowjetische Soldaten, auf der Heimkehr befindliche Zwangsarbeiter und zwischenzeitlich hier angesiedelte Juden, vor allem aber durch neue polnische Bewohner dieser Gebiete. Die Dimension dieser Plünderungswellen lässt sich zwar nicht genau quantifizieren. Das Polnische Komitee der Nationalen Befreiung schätzte aber bereits im Oktober 1944 für Ostpolen, dass »die Verluste, die die Industrie direkt nach den Kriegshandlungen infolge von Plünderung und Zerstörung« erlitt, oft »genauso verheerend, wenn nicht gar größer als Kriegszerstörungen« waren. Angesichts des politischen Vakuums und der Rechtlosigkeit konnte die Situation in den einst deutschen Gebieten am Kriegsende nicht viel besser sein. Polnischen Quellen zur frühen Nachkriegsgeschichte von Niederschlesien kann man entnehmen, dass eben die Plünderung für die neuen Behörden eine der größten Herausforderungen darstellte (worüber u. a. Elżbieta Kaszuba, Piotr Madajczyk, Marek Ordyłowski, Tomasz Szarota, Philipp Ther, Gregor Thum und kürzlich auch Marcin Zaremba geschrieben haben).

In einem separaten fünften Teil über die »Erblast« der Vertreibung analysiert Kouli unterschiedliche, nicht immer miteinander verbundene Themen. Es bleibt zum Beispiel offen, warum ein Unterkapitel über den Forschungsstand zur Vertreibung oder ein anderes über die Rolle der Vertriebenen in der Bundesrepublik eingebaut wurden. Abschließend fasst der Autor die Ergebnisse seiner Untersuchung zusammen, indem er auf kurz- und langfristige Folgen der Vertreibung für die industrielle Entwicklung der Region verweist: Durch Zwangsmigrationen wurden gewachsene wirtschaftliche Strukturen und für die industrielle Produktion relevante Wissensnetzwerke zerstört; die polnischen Behörden unterschätzten die Bedeutung des Wissens für den Aufbau der Region; die wichtigsten Industriesektoren wurden anschließend nicht immer zum Wohl der wirtschaftlichen Entwicklung verstaatlicht. Das einst deutsche Eigentum konnte folglich nur teilweise übernommen werden, was der Autor in dem Satz zusammenfasst: »Eine erfolgreiche Übernahme war unter den historischen Bedingungen nicht möglich.« Folglich wurde Niederschlesien – im Gegensatz zu den meisten westeuropäischen und sowjetischen Regionen – vom europäischen Wirtschaftswunder abgekoppelt. Die Veränderungen, die 1956 mit der Übernahme der Parteiführung durch Władysław Gomułka einsetzten, behandelt Kouli lediglich anhand von Sekundärliteratur. Das ist bedauerlich, denn eben ein genauerer Blick auf diese Zäsur und ein Ausblick über das Jahr 1956 hinaus hätten die These von »Gomułkas kleinem Wirtschaftswunder« verifizieren können.

Das Buch von Kouli basiert auf qualitativen und statistischen Quellen, die von deutschen und polnischen Behörden erstellt wurden. Unberücksichtigt bleiben Erinnerungen und Presseartikel, die die Möglichkeit eröffnen würden, die analysierten Prozesse in einem anderen Licht zu sehen. Das Fehlen der ersteren ist besonders schade, denn gerade zu Niederschlesien liegt eine Fülle faszinierender Ego-Dokumente von Menschen vor, die für die Übernahme der deutschen Industrie verantwortlich waren (zum Beispiel die Anfang der 1960er Jahre gesammelten und 1966 edierten Erinnerungen polnischer Ingenieure); auch von Deutschen, die über das Jahr 1947 hinaus in Niederschlesien arbeiteten sind solche Dokumente zu finden (zum Beispiel die Erinnerungen von Georg Reitor von 2001). Derartige Quellen könnten die untersuchten wirtschaftlichen Entwicklungen weniger abstrakt machen und das Defizit kompensieren, auf das Kouli an mehreren Stellen selbst verweist – die für den erforschten Zeitraum in der Tat quellentechnisch schwer zu erschließende Betriebsgeschichte Niederschlesiens.

Die Lektüre des Buches wird leider von vielen Tippfehlern und einigen Ungenauigkeiten gestört, etwa wenn behauptet wird: »Verschiedene Akteure – und hier in erster Linie das Ministerium für die Wiedergewonnenen Gebiete unter Gomułka – strebten an, vor Beginn der Konferenz vollendete Tatsachen zu schaffen und so die eigene Verhandlungsposition während der Potsdamer Konferenz entscheidend zu verbessern.« Tatsächlich ist das besagte Ministerium erst im November 1945, also einige Monate nach der Potsdamer Konferenz, entstanden. Man hätte ebenfalls an einigen Stellen kürzen und leserunfreundliche Formulierungen vermeiden können. Doch wird der Hauptwert der Studie – die Einladung dazu, die wirtschaftliche Entwicklung von Regionen zu untersuchen, die Mitte des 20. Jahrhunderts von einem fast kompletten Bevölkerungsaustausch geprägt wurden – deshalb nicht gemindert.

Kornelia Kończal (Florenz)

## HipHop in der DDR

*Leonard Schmieding, »Das ist unsere Party«. HipHop in der DDR (Transatlantische historische Studien; Bd. 51), Stuttgart (Franz Steiner Verlag) 2014, 267 S., 38 Abb., 49,00 €*

Leonard Schmieding schreibt die Geschichte des HipHop in der DDR als Erfolgsgeschichte, die mit dem Mauerfall endete. Er versteht – offensichtlich von Jean Baudrillards Analysen postindustrieller Zeichenökonomien inspiriert – HipHop als Aufstand der Zeichen und Bilder, deren Schöpfer sich als Sieger über den Staatssozialismus feiern konnten, weil dessen Vertreter die Zeichen nicht verstanden.

Schmieding, der erstmals 2003 als 25jähriger mit der HipHop-Szene in der DDR in Berührung kam, führt auf Grundlage staatlicher Archivquellen, privater Dokumente und Zeitzeugeninterviews eine historische Diskursanalyse durch. Er analysiert den Kulturtransfer von HipHop aus den New Yorker Ghettos in die DDR als »Afroamerikanisierung« der Populärkultur und beleuchtet die eigensinnigen Aneignungsweisen von HipHop, das heißt von Rap, DJing, B-Boying (Breakdance) und Graffiti, zwischen staatlicher Steuerung und jugendlicher Selbstinszenierung, Vereinnahmung und Autonomiestreben.

Im ersten Kapitel seiner Studie analysiert Schmieding zentrale Werte und Praktiken in der US-amerikanischen HipHop-Kultur und ihre offizielle Aneignung in der DDR. Darauf widmet er sich dem »Umgang der staatlichen Akteure mit HipHop als Jugendkultur«. Daran schließen sich fünf Fallbeispiele unterschiedlicher HipHop-Szenen und -Praktiken an. Die staatliche Förderung von HipHop deutet Schmieding als Versuch, die Kontrolle über die »Bilderproduktion« westlicher Populärkultur zu bewahren, die, so DDR-Wissenschaftler, den Sozialismus in seiner Existenz bedrohe. Mit der Zulassung des »Millionenfilms« *Beat Street* von 1984 trugen staatliche Institutionen maßgeblich zur Popularisierung von HipHop bei. Die Musiksendung »Vibrationen« im staatlichen Jugendradio DT64 machte die Musik bekannt, vermittelte praktisch-technisches und kulturgeschichtliches Wissen, stellte DDR-HipHop vor und kündigte Veranstaltungen an. Schmieding weist nach, dass Staat und Szene eine »Afroamerikanophilie« (Moritz Ege) einte, eine imaginäre oder symbolische Identifikation mit Schwarzen als Opfern des US-Kapitalismus. Die offizielle Kulturtheorie deutete HipHop als eine im Widerspruch zur herrschenden Kultur entwickelte »zweite Kultur« der afroamerikanischen Arbeiterklasse und legitimierte ihre Aneignung als Ausdruck der internationalen Solidarität und des Antikapitalismus. Diese kulturpolitische Aneignung einer Jugendkultur identifiziert Schmieding als selektiv: Nur Breakdance erfuhr eine massive staatliche Förderung, die übrigen Ausdrucksformen – Rap, DJing und Graffiti – blieben unbeachtet, da sie nicht im Sinne der dominanten Kulturtheorie gedeutet (»gelesen«) werden konnten. Die Jugendlichen dagegen eigneten sich HipHop als Schwarz codierten Protest und kulturellen Ausdruck des eigenen »Leidens« an. Die Verarbeitung der »Bilder einer fremden Kultur« ermöglichte ihnen die Selbstinszenierung als schwarze Bewohner der Bronx und eine »imaginäre Ausbruchsbewegung aus der DDR«, die Schmieding als Kritik am Sozialismus per se versteht.

Die informellen Handlungsspielräume von Mitarbeitern der unteren Verwaltungsebene beschreibt er als Gratwanderung zwischen Erziehungsauftrag und dem Eingehen auf jugendliche Bedürfnisse, die die Entfaltung von »Eigensinn« (Alf Lüdtke) ermöglichte und zu einem uneinheitlichen Umgang mit der Jugendkultur führte. Die kulturpolitische Unsicherheit mit der Polysemie des HipHop ließ den Jugendlichen Schlupflöcher eigensinniger Praxis. Fünf Fallstudien, zum Leipziger Breakdance-Workshop, zu Breakdance-Crews, Mode und Graffiti, Rap und DJing, beleuchten Ambivalenzen im Umgang mit der HipHop-Szene und zeigen, wie sich die Jugendlichen »im, mit und gegen den Sozialismus arrangierten«.

Im Mainstream einer »Entwicklung und Förderung des künstlerischen Volksschaffens« wurde Breakdance als »akrobatische Volkstanzkunst« in gängige Unterhaltungsformate eingebettet. Einstufungen in Leistungsgruppen und die starke Nachfrage sicherten den Crews eine gute Verhandlungsbasis gegenüber Veranstaltern. Seit 1985 wurden Wettbewerbe und Workshops auf nationaler Ebene durchgeführt. Die »Vereinnahmung« durch den etablierten Kulturbetrieb wurde von den meisten Breakdance-Gruppen bereitwillig in Kauf genommen. Zu einer Veränderung des Selbstverhältnisses scheint die Vereinnahmung nicht geführt zu haben. Auch auf der FDJ-Bühne fühlten sie sich als Rebellen, so vermutet Schmieding.

Mit Graffiti auf Kleidungsstücken und Wänden griffen die Jugendlichen in die »Bilderordnung« des öffentlichen Raums ein. Volkspolizei und Staatssicherheit begegneten dem mit Misstrauen und versuchten, die Anbindung der Jugendlichen an kulturelle Institutionen in die Wege zu leiten. Aus der Darstellung Schmiedings ergibt sich der Eindruck, dass Zersetzungen und Gewalt eher Ausnahmen waren. Die Erfolglosigkeit des Unterfangens, die Inszenierung von HipHop im öffentlichen Raum zu unterbinden und damit zu verhindern, dass sich Jugendliche »in einen Kontext der Bronx, New York oder Amerika hinein-imaginierten« und ikonographische Republikflucht begingen, führt Schmieding darauf zurück, dass dem Staatsschutz »die Lesbarkeit der Zeichen verwehrt blieb«. Da die Staatssicherheit »in strafrechtlichen und nicht in kulturellen Kategorien« gedacht und sich nicht anhand von Musikzeitschriften über HipHop informiert habe, habe sie Graffiti als harmlose »Phantasiebilder« abgetan und ihren politischen Charakter verkannt. Die Vertreter sozialistischer Obrigkeit, so eine Erkenntnis des Buchs, hätten »nie wirklich verstanden, dass es beim HipHop um individuelle Selbstmodellierung [...] in Kombination mit sowohl Party als auch Protest geht«. Die Tragik dieses Missverständnisses läge also, etwas zugespitzt, darin, dass der symbolischen Selbstreferentialität der Jugendkultur von den staatlichen Akteuren keine politische Bedeutung zugeschrieben wurde und der semiotische Angriff daher unbemerkt an den Repressionsorganen vorüberging.

Die Vergeblichkeit, Jugendliche der Straftat der »inneren Rebellion« zu überführen, ist nach Schmieding ein Indiz dafür, dass die »Maßnahmen zur Ausübung von Herrschaft« zum Ende der DDR hin immer weniger griffen. »Das ist unsere Party«, den Schlachtruf der Szene, begreift er als HipHop-Version des »Wir sind das Volk« der Friedlichen Revolution und folgt damit dem offiziellen geschichtspolitischen Narrativ der BRD, nach dem das »Volk« sich mit Mitteln der westlichen Populärkultur von einer totalitären »SED-Diktatur« befreit habe.

Schmiedings Beschreibung einer engen »Kollaboration« von Szene und Staat, die Breakdance auf die großen Bühnen brachte, nimmt seiner These einer wachsenden »Entfremdung zwischen dem SED-Staat und seiner Jugend« einiges an Überzeugungskraft. Fragen wirft auf, dass der »Aufstand der Zeichen« als radikaler Bruch mit lebensweltlichen Erfahrungen des Aufwachsens in Familie, Schule, Betrieb, Wohnviertel gedeutet wird, über die man aber, ebenso wie über die Szenepräsenz junger Frauen, kaum etwas erfährt. Auch die inhaltliche Seite der jugendlichen »Kritik am Staatssozialismus« bleibt unklar. Aspekte der Performance und Inszenierung, die städtische Erfahrungsqualitäten hervorhob, öffentliche Räume entstehen ließ und von Publikumsreaktionen lebte, stehen in der Studie im Hintergrund.

Dass die Rekonstruktion der jugendlichen Praxis in fünf Fallbeispielen erst nach einer Darstellung des Umgangs der staatlichen Akteure mit der Szene erfolgt, erschwert das Verständnis der Argumentation erheblich. Erst in Schmiedings Interpretation der Graffiti als Angriff auf die »Herrschaft der Zeichen«, die »Semiokratie« der Medien und der herrschenden Kultur wird deutlich, dass seine zentrale These einer semiotischen Auseinandersetzung um popkulturelle Bilderproduktion und staatlicher Kontrolle Jean Baudrillards Zeitdiagnose aus *Kool Killer oder Der Aufstand der Zeichen (1978)* aufgreift. Dieser deutet New Yorker Graffiti im Kontext der postindustriellen Transformation des Städtischen, der Ablösung industrieller Warenproduktion durch eine urbane Zeichenökonomie. Dass der Angriff der Zeichen in DDR-Städten auch deswegen scheitern musste, weil diese weder die »Semiokratie« bunter Werbeflächen noch De-Industrialisierung und Segregation kannten, thematisiert Schmieding leider nicht. Dies jedoch macht das eigentlich Bizarre dieser Aneignung aus: Die Jugendlichen malten, am Ende der DDR, unverständliche Zeichen aus der kapitalistischen Zukunft an die Wand. Dass sie, wie Schmieding abschließend feststellt, mit HipHop kapitalistische Kernkompetenzen der »Darstellung, Aufführung und Vermarktung des Selbst« erwerben konnten, die in der Zukunft lebensnotwendig werden sollten, war nicht zuletzt der großzügigen Förderung im Staatssozialismus zu verdanken.

Thomas P. Funk (Berlin)

## ■ Das sozialistische Rumänien im biographisch-zeitgeschichtlichen Gedächtnis

*Valeska Bopp-Filimonov, Erinnerungen an die »Nicht-Zeit«. Das sozialistische Rumänien im biographisch-zeitgeschichtlichen Gedächtnis (1989–2007) (Balkanologische Veröffentlichungen. Geschichte, Gesellschaft und Kultur in Südosteuropa; Bd. 61), Wiesbaden (Harrassowitz Verlag) 2014, 350 S., 54,00 €*

Two and a half decades after the fall of the communist regimes in Central and Eastern Europe, public and academic calendars still converge, at least occasionally, in asking what of communism is being remembered, how, and by whom. Romania, oftentimes singled out for having had one of the most oppressive communist regimes in the Eastern Bloc, has also been receiving considerable scholarly attention for its unusual engagement with the past. The title of Valeska Bopp-Filimonov's book is a case in point. »Nontime«, the designation coined by the Romanian historian Sorin Antohi with reference to the communist period, is a good illustration of the paradoxical public discourse promoted by politicians, intellectuals, and scholars in the recent past. Communism is being remembered, argues Bopp-Filimonov, as an aberration in the course of Romanian history, the responsibility for which is often externalized. But how are individual memories articulated within or against this interpretation of the past that effectively brackets communism out of the country's history? In what language would they be conveyed? And what are the limits of the sayable in postsocialist Romania? These are the questions at the core of Valeska Bopp-Filimonov's study of contemporary biographical memories of socialism.

To the existing literature on the formulation and widespread political appeal of the public anticommunist discourse in Romania after 1989, this study adds the much-needed dimension of family and individual recollections. It asks how state socialism, its demise, and the postsocialist transformations are processed through life stories. Between 2005 and 2007, Bopp-Filimonov conducted 45 oral history interviews in 18 families from Bucharest, Alexandria, and Timişoara. In each family she spoke with members of at least two different generations. As a mediator between individual and society, the family appears as a privileged site to investigate the interplay between personal and public memory.

Apart from the introductory chapter, the book is structured in three parts. The first is a survey of the ways in which the communist past has been framed in public discourse between 1989 and 2007. It seeks to reconstruct the range of available narrative and interpretative frameworks that would inform or organize individual biographies, and asks specifically what were the rules of the sayable about the recent past in the Romanian postsocialist public space? Using the combined methodologies of discourse analysis and *Begriffsgeschichte*, and choosing as sources media »interdiscourses« rather than specialized knowledge circulated among small professional groups (e.g., history writing), Bopp-Filimonov offers a diachronic analysis of the postcommunist, neonationalist, and anticommunist discursive strands after 1989. While this provides a useful overview of the changing political landscape with its coupled politics of memory, the overreliance on »professional politics« misses the crucial point that in postsocialist Romania the most heated, publicized, and consequential debates on the meaning of recent history were carried out in cultural, rather than overtly political terms. In

Bopp-Filimonov's interpretation, the political statements of President Traian Băsescu cut across the existing discursive positions. Together with the wholesale condemnation of communism through the Tismăneanu Report, they inaugurated a new brand of memory politics. A broader focus would have probably made clearer for the reader that they in effect secured the hegemony of anticommunism. That being said, Bopp-Filimonov nevertheless skillfully diagnoses anticommunism as ultimately unable to produce a historical narrative that could integrate on equal footing a variety of life stories.

The main section of the book is an in-depth analysis of a small number of selected oral history interviews, conducted in three Bucharest families. They are presented as a corrective to the little differentiated and overwhelmingly negative public discourse on communism. Each case study replicates the overall structure of the book: first, there is a reconstruction of the historical framework in which the life story unravels; second, the individual biographical narrative is recounted with a focus on the personal experiences shaping the way in which the past is being remembered; finally, the interplay between the individual biography and public discourse is analyzed, through sources such as statements made in parliament by the interviewee, published articles or interviews, penned literature, etc. The subchapter on Dan and his son Dominic will appeal to the reader interested in the life trajectories, experiences, and ideological commitments of the descendants of the interwar intelligentsia. Born in the 1940s to a family of liberal-conservative elites, Dan saw many of his close relatives imprisoned in the 1950s, but lived a relatively peaceful and protected existence as a literary scholar in the 1970s and 1980s. Although a member of the Communist Party before 1989, he actively engaged in politics only following the regime change, within one of the newly reinstated interwar »historical parties« and as a member of the parliament. However, he saw his strand of anticommunism increasingly marginalized. Bopp-Filimonov illuminates the extent to which Dan conceives of his life story as part of the family history. For him, his actions and meaning-making follow in the spirit of his family's democratic tradition. By contrast, for his son Dominic anticommunism is not a potent or integrative interpretative pattern anymore.

The second case study details the biographical narratives and recollections of Cornel and his daughter Ana. The same generation as Dan, Cornel was born to a poor peasant family from Bukovina but enjoyed a success story of upper mobility. He graduated from Bucharest University and became an inspector in the Ministry of Education. In the early 1970s, he decided to study theology, became a priest, and also began writing literature. Bopp-Filimonov's analysis of Cornel's recollections hinges on the inexplicable career switch, on his general unwillingness to discuss his political past, and on the impersonal narrative style, prone to reproduce tropes of the communist discourse rather than evoke personal experiences. In the case of his daughter Ana, who is trying to harmonize her family history and her leftist sympathies with the moralizing anticommunist public discourse, silences are not so much signs of an unwillingness to communicate, but of the lack of discursive modes on which to pattern one's understanding of the past. In this line of reasoning, the final case study, that of a family of formerly high-ranking communist officials who recanted the consent for their story to be published, is an extreme illustration of the limits of the sayable in postsocialist Romania.

The final chapter distills from the 45 oral history interviews conducted supra-individual features of the processes of remembering and interpreting the past in Romania. It addresses regional and generational differences as well as the absence of an engagement with the issue of fascism from public and private discourses. Bopp-Filimonov concludes that the absence of a master narrative of the socialist past able to integrate the life stories of individuals with different social, ethnic, and generational backgrounds precludes the citizens' identification with the postsocialist state and its political decisions. The lesson is sound but raises the crucial question of its relevance for the present situation in Romania. Close to a decade has passed since Bopp-Filimonov conducted her research. Reflection on the intervening timespan and especially on the vigorous afterlife of the anticommunist discourse is sorely missed from this insightful account of the memory of the recent past in postsocialist Romania.

ADELA HÎNCU (BUDAPEST)

## ■ Feminismus in historischer Perspektive

*Feminismus Seminar (Hg.), Feminismus in historischer Perspektive. Eine Reaktualisierung (Gender Studies), Bielefeld (transcript) 2014, 418 S., 29,99 €*

Der Band *Feminismus in historischer Perspektive* positioniert sich schon über sein Cover deutlich. Darauf befindet sich das Bild einer Frau mit Sonnenbrille, in der sich eine Landschaft spiegelt, die dem Betrachtenden verborgen bleibt. Es wirft auf, was in den einleitenden Texten formuliert wird und sich beim Lesen der versammelten Aufsätze entfaltet: Der Band richtet seinen Fokus nicht nur auf die Vielzahl historischer Feminismen, sondern widmet sich auch der Frage der Perspektive auf diese, reflektiert den eigenen Blick und das Bild, das durch diesen entsteht. Denn, das deutet die Darstellung der Sonnenbrillenschönen an, das Objekt wird ohnehin nur durch die Reflexion der Brillengläser sichtbar.

Statt einer herkömmlichen Hinführung sind den Aufsätzen des Bandes drei Texte vorangestellt: Neben einem Vorwort aus studentischer Perspektive, welche die Herausgebenden vorstellt, sowie einer Einleitung mit Hinweisen zum Aufbau des Bandes und den einzelnen Beiträgen findet sich zudem ein Gespräch zum Thema »Über Feminismus sprechen«. Zu Wort kommen hier die InitiatorInnen des besagten Seminars an der Universität Köln, in dessen Rahmen eine studentische Konferenz mit dem Titel «Radikal, sexy, aktuell: Feminismus in historischer Perspektive» durchgeführt wurde. Beiträge der Konferenz und ergänzende Aufsätze sind im vorliegenden Band versammelt.

Hinsichtlich der Konzeption des Bandes argumentieren die GesprächsteilnehmerInnen in verschiedene Richtungen und auf unterschiedlichen Ebenen: So geht es darum, den Feminismus, in Abgrenzung zur Tradition einer Frauengeschichtsschreibung, neu zu erzählen: als einen Kontext sehr unterschiedlicher Theoriebildungen, als heterogene soziale Bewegung, als Rahmen entgegengesetzter politischer und gesellschaftskritischer Positionen, getragen von unterschiedlichen Gruppierungen mit ihren spezifischen Zielsetzungen. Verbindend sei ausschließlich, so Christiane König, »das Begehren, […] an gegebenen Machtverhältnissen etwas zu ändern.«



Mit dieser Perspektive einer kritischen Geschlechtergeschichte geht eine veränderte Form der Darstellung von Wissen einher. Diese besteht darin, der Einstimmigkeit einer Einleitung die Vielstimmigkeit mehrerer Texte mit einem höheren Maß an Kontroversität und Diskursivität entgegenzustellen. Weitere programmatische Setzungen wie die kollektive Herausgeberschaft und der nicht-chronologische Aufbau des Bandes sind darauf ebenfalls zurückzuführen.

Der Band weist eine dezidiert politische Dimension auf: Über die Auseinandersetzung mit feministischer Gesellschaftskritik und subversiver Praxis könnten und sollten kritische Positionen zurück an die Hochschule geholt werden. Veränderte hochschuldidaktische Formate ermöglichen die Entwicklung und Entfaltung solcher kritischen Standpunkte und zeigen, dass Veränderungspotentiale existieren, die genutzt werden können.

Anknüpfend an diese Positionen fächert der Band die thematisierten historischen Feminismen, ausgehend vom 19. Jahrhundert bis in die Gegenwart, anhand inhaltlicher Schwerpunkte auf, statt die chronologische und teleologische Idee von Wellen des Feminismus als Erzählstruktur zu nutzen. Sie werden als »hegemoniales Narrativ der Frauengeschichtsschreibung« kritisiert und abgelehnt, dennoch, das sei kritisch vermerkt, schwappen sie als beständige Vergangenheitsversion und epistemologische Kategorie in nahezu alle Aufsätze wieder hinein.

Die erste Sektion des Bandes widmet sich feministisch-politischer Praxis im Spannungsfeld von *race* und *class*, verfolgt die Argumentationsweise einer »counter-hegemonialen Geschichtsschreibung« und nähert sich der historiographischen Konstruktion eines weißen und bürgerlichen Feminismus kritisch an. Die Sektion stellt die Heterogenität und Ambivalenz des *First-Wave*-Feminismus aus, unterwandert ein beständiges Narrativ der Frauengeschichtsschreibung und trägt damit zur beabsichtigen Verkomplizierung feministischer Geschichtsschreibung bei. Während das Fallbeispiel der *Philadelphia Female Anti-Slavery Society* zeigt, dass die Verbindung von feministischer und anti-rassistischer Politik in den USA im 19. Jahrhundert denkbar und umsetzbar war, weist der Aufsatz zu den Argumentationslinien weißer Suffragetten im ausgehenden 19. Jahrhundert darauf hin, dass sich der politische Erfolg dieser Frauenbewegung auch über die dezidierte Teilhabe am zeitgenössischen biopolitischen Diskurs einstellte, der die Kategorien von Weiblichkeit und *whiteness* verknüpfte. Hier wird ein zentraler Beitrag deutlich, den der Band zu leisten vermag: Historische Feminismen weisen mitunter eine Nähe zu »eugenischen und faschistischen Logiken auf«, was dem tendenziell identifikatorischen Impetus einer Frauengeschichtsschreibung entgegensteht.

Dem Wunsch, in der Historiographie bislang unbeachtete feministische Praxis in den Fokus zu nehmen, um auf diese Weise tradierte Erzählungen zu hinterfragen, nähert sich die zweite Sektion des Bandes zum Zusammenhang von Konsumkultur und Feminismus an. Der Aufsatz zu den *Flapper girls* der 1920er Jahre zeigt, dass gerade die vermeintlich apolitische Praxis einer Partizipation an der kapitalistischen Konsumgesellschaft und Freizeitkultur letztendlich Emanzipationspotentiale im Hinblick auf eine Teilhabe am bislang vornehmlich männlich besetzten öffentlichen Leben freisetzte und damit eine Veränderung bestehender Geschlechterverhältnisse anstieß.

Dass die innerhalb der feministischen Praxis und Theorienbildung essenziell gedachte Weiblichkeit nicht erst mit dem sogenannten *Third-Wave*-Feminismus der 1990er Jahren irritiert und kritisch reflektiert wurde, zeigt sich in der Sektion zu Bewegung und Identität. So beleuchtet der Aufsatz zur Frauenbewegung im *New Age* die Debatten um den Stellenwert einer spezifisch weiblichen Spiritualität und ihres politischen Potentials für die Bewegung. Während einige FeministInnen für eine Befreiung aus patriarchalen Strukturen über eine weiblich gedachte Spiritualität plädierten, erkannten andere darin eine Tendenz der Festschreibung der bipolaren Geschlechterordnung.

Die Bedeutung identitätspolitischer Prämissen und deren Kritik aus der feministischen Bewegung heraus zeigt sich ebenfalls am Beispiel der *Third World Women*: Überzeugend wird gezeigt, wie die Denkfigur der Intersektionalität in diesem Kontext feministischer Theorienbildung und künstlerischer Praxis entsteht und damit eine mögliche Grundlage darstellt, die gängige Periodisierung feministischer Wellen in Frage zu stellen.

Die letzte Sektion des Bandes, die unter dem Titel *Medien und Repräsentationen* neben verschiedenen Werken des afroamerikanisch-feministischen Kinos sowie dem kontroversen feministischen Pornografiediskurs das Phänomen der *riot grrrls* thematisiert, zielt in eine ähnliche Richtung. Letztendlich zeigt sich gerade am Beispiel der Subkultur der *riot grrrls*, wie sich identitätspolitische Strategien eines *Second-Wave*-Feminismus (Schaffung von Freiräumen und unabhängigen Strukturen sowie Bildung von Netzwerken) mit in den 1990er Jahren entstehenden, veränderten Vorstellungen und Theoremen von Geschlechtsidentität produktiv kreuzen.

In diesem letzten Aspekt liegt ein großer Verdienst des Bandes: Der Hinweis auf die »Dialektik von Identität und Konstruktion«, der sich, das zeigen die Aufsätze, in den Feminismen unterschiedlicher historischer Zeiten erkennen lässt, stellt tatsächlich die Periodisierung in Wellen in Frage, wenn auch der Band dieses Konstrukt strategisch immer wieder nutzt, um gegen eine Ordnung anschreiben zu können. Der Titel des Bandes bezieht sich auf eben jenes Verständnis des Begriffes »Feminismus«, das nicht allein auf Authentizität und Essentialität beruht, sondern besagte Dialektik und Brüchigkeit des Konzeptes in verschiedenen historischen Zeiten immer schon transportiert hat.

Katharina Brechensbauer (Berlin)

# Abstracts


## Christine Hartig
## Drawing Borders through Professional Relief? Exploring the Transnational Rescue of Children through the Example of *German Jewish Children's Aid*, 1934–1941

This article explores the process by which agencies responsible for rescuing Jewish children made their decisions as to which children should be supported in their attempt to escape Nazi persecution. Using the correspondence between the *German Jewish Children's Aid* (GJCA) in New York and the *Abteilung Kinderauswanderung* in Berlin, it reconstructs the history from the perspective of the daily life of institutions in terms of the daily routines of humanitarian relief as well as the role that social workers played in establishing new distinctions. Rescue workers struggled to decide whether they should help those who were in greatest need or those who seemed more likely to adapt best to the new world – a question that is still debated today. This article focuses especially on those children who were rejected in order to emphasize the challenges in making such determinations. The biographies of the female social workers in these institutions can shed light on their transatlantic efforts since the 1920s to set shared standards for foster care; but their efforts did not always lead to actual cooperation in providing aid during the Nazi Era. Instead their interactions resulted in a sharp break thanks to the forceful imposition of formal rules on the part of the GJCA.

## Alexandra Oeser
## (Trans-)National Images of Work. Fighting for Work and Power as a Transformation of Masculinities in North-America and Southern France in the 21st Century

In 2009 the multinational firm Connect, based in Chicago, second biggest producer of car-electronical connections, closed its local firm in Saint Jean de la Rivière, a small town in southern France. 289 people were made redundant. The closure was accompanied by a year of worker's protest against it. Workers and managers, opposed to each other, mobilized images of work, of the factory, and of one another which they used in the media in order to fight for their goals (closure of the factory vs. keeping it open). This paper will explore the processes of transformation which accompany the loss of work in the transnational delocalization of work. Of what kind are the images of work and of oneself that are mobilized in this process? Which images of masculinity and virility are put up during the fight for work in a masculine dominated industry? How do they also tell a story of the loss of roles in a global movement of financialization of the markets and the global economy? What is behind the oppositions of global vs. local, mobile vs. stable, modern vs. traditional?

## Leonard Schmieding
## »Daily Specials« in the *Heidelberg Inn* and *Bismarck Café*: German Gastronomy and Cultural Work in Early Twentieth-Century San Francisco

The essay focuses on two restaurants which were operated by German immigrants, marketed as German, and perceived as German in San Francisco during the period between the earthquake in 1906 and the United States' entry into the First World War in 1917. The *Heidelberg Inn* and the *Bismarck Café* served as contact zones where actors of different regional and social backgrounds encountered each other on the basis of preparing, representing, and consuming food. In this space, they not only carried out culinary labor – in the case of the proprietors, chefs, and waiters – but also performed cultural work in that they negotiated the ethnic marker »German,« a process which included the consumers. A comparison of the two restaurants details the different meanings this marker came to signify for the different actors, as they appropriated this transnational space and continuously worked on the elusive border between »German« and »non-German.«

### Tilmann Siebeneichner
### Unlimited Violence. British Mercenaries in the Angolan Civil War



A job ad, issued in the *Daily Mirror* in May 1975, promised »interesting work abroad« to »Ex-Commandos, paratroopers, SAS troopers.« A few months later, a number of ex-soldiers, formerly associated with these elite fighting units of the British Army, went to civil war-torn Angola to take up this »interesting work.« Their engagement on behalf of the pro-western FLNA resulted in one of the most notorious mercenary actions after 1945 with all the ruthlessness and brutality that is commonly ascribed to this kind of warrior. Analyzing ego-documents from various mercenaries involved in this engagement, this article problematizes individual modes of adopting and interpreting everyday violence in war und pays specific attention to the transnational implications of the mercenary's trade. Defying both internationally accepted laws of war and moral standards, the mercenaries' ways of explaining and justifying their excessive use of violence – which at a later point even targeted their own comrades – as »true« professional necessity highlight how (self-)perceptions about their trade changed »abroad.« In this respect, however, dynamics within the group of British mercenaries were as important as exoticizing perceptions of their African allies and their theater of operations.

### Jan Taubitz
### The Emplotment of the Holocaust in Survivors' Testimonies before and after 1978/1979

The essay discusses the inevitable interlacement of fictionalized and non-fictional narratives about the past. It focuses on the relations between NBC's miniseries *Holocaust* and oral history interviews of the Holocaust. By comparing oral histories conducted before and after 1978/1979, the essay shows how significantly these interviews differ in their emplotment (narrative structure) and their ideological and scholarly objectives. It becomes obvious how socio-cultural processes and media events influence the representation of the Holocaust, i.e. the form and content of the interviews as well as the individual memories of the survivors. By employing Hayden White's »Metahistory« the article argues that television and eyewitness accounts mirror each other's narrative – although they reveal a strong inclination to distance themselves from one another.

### Jan-Henrik Friedrichs
### Mapping Kreuzberg – Maps as Sources for the History of Social Movements

During the last twenty years historians have turned their attention towards the organization and representation of socio-geographical spaces. Processes of mapping by activists of social movements, however, have not yet come into focus. Informed by the theoretical works of Foucault and de Certeau, the author distinguishes between networks and territories, and their respective categories of sources, namely the tour and the map. While the tour, in the form of travel stories, organizes the movement of bodies in space, the map structures the gaze on urban spaces. Taking the Berlin squatters movement of the 1980s as an example, it becomes clear how these spatial representations and their respective bodily practices helped to organize spaces and to shape the identity of the squatters themselves. The author argues for (street) maps as a valuable primary source in researching the history of social movements in general.

# Ausschreibung zum 3. Essaypreis der WERKSTATTGESCHICHTE

## Thema: Wie viel Selbstdarstellung braucht Geschichte?

Die Zeitschrift WerkstattGeschichte hat sich stets als ein Forum verstanden, das für Experimente offen ist. Sie will ein Ort sein, an dem über Geschichte ebenso reflektiert wird wie über historisches Forschen und Schreiben.

Gutes Schreiben hat es schwer in Zeiten, in denen der Zwang zum raschen Publizieren Voraussetzung für die Karriere ist. Oft ist die Form kein maßgebliches Kriterium. Um dem etwas entgegenzusetzen, haben der Klartext Verlag und WerkstattGeschichte 2012 den Essaypreis WerkstattGeschichte ins Leben gerufen. Nach der erfreulichen Resonanz der ersten beiden Wettbewerbe laden wir erneut dazu ein, die Auseinandersetzung um Rahmenbedingungen, Ziele und Selbstverständnis der Geschichtsschreibung fortzusetzen. Gerade die Form des Essays erlaubt intellektuelle und stilistische Zuspitzungen, gibt Raum für Gedankenexperimente und kann Perspektiven auf unseren Alltag eröffnen, die sonst zu kurz kommen.



## Der dritte Essaypreis WerkstattGeschichte ist der Frage gewidmet: „Wie viel Selbstdarstellung braucht Geschichte?"

Mit fleißigem Aktenstudium allein ist es heute nicht getan. Auch das Klischee des in die einsame Studierstube zurückgezogenen Gelehrten trifft den gegenwärtigen Alltag von Forschung und Lehre kaum. Im Kampf um Stellen und Drittmittel sind Historiker/innen gezwungen, sich und ihre Themen auf dem Markt der Möglichkeiten zu präsentieren und damit um begrenzte Ressourcen zu werben.

Müssen wir also unsere Haut zu Markte tragen, uns als smarte Plauderer in Talkshows und emsige Schreiber/innen in sozialen Netzwerken präsentieren, den Spielregeln des Büchermarktes und dem Hype der Jubiläen unterwerfen, damit unsere Arbeit Beachtung findet? Kommen dabei kritische Perspektiven und gesellschaftspolitische Fragen jenseits des Mainstreams unter die Räder? Oder gehört die Rede vom bedrohten kritischen Geist ebenfalls zur Eigeninszenierung? Und ist die öffentliche Präsentation nicht eine Selbstverständlichkeit?

Hinter unserer Preisfrage verbirgt sich nicht zuletzt selbstkritische Neugier – und vor allem der Wunsch, eine durch pointierte Beiträge ausgelöste Debatte zu initiieren, in der das Verborgene dies- und jenseits der Akademie zur Sprache kommt. Eingeladen sind ausdrücklich alle, die sich mit Geschichte in darstellerischer und analytischer Absicht beschäftigen.

Der (unveröffentlichte) Essay soll 12 bis 15 Seiten umfassen (max. 27.000 Zeichen inkl. Leerzeichen), auf Deutsch abgefasst sein und bis zum **30. Juni 2016** an den Klartext Verlag – Stichwort: Essaypreis – gesandt werden.

Eine Jury, bestehend aus der Preisträgerin von 2014, Aleksandra Pawliczek, dem Publizisten Nils Minkmar sowie den Mitherausgeber/innen von WerkstattGeschichte Doris Bulach, Siegfried Heimann, Karsten Holste, Katharina Kreuder-Sonnen, Inge Marßolek, Karina Müller-Wienbergen und Eckart Schörle wird die (anonymisierten) Texte begutachten und den/die Gewinner/in benennen.

Der/die Preisträger/in erhält ein Preisgeld von **500 Euro**. Der Essay wird auf dem Historiker/innentag 2016 in Hamburg präsentiert und in WerkstattGeschichte veröffentlicht. Die Jury behält sich vor, weitere Essays zur Veröffentlichung vorzuschlagen.

**Ansprechpartner** Eckart Schörle (eckart.schoerle@web.de)
**Einsendungen** per Mail an den Klartext Verlag (info@klartext-verlag.de)
**Einsendeschluss** 30. Juni 2016

## AUTORINNEN UND AUTOREN

**Dr. Jan-Henrik Friedrichs**
ist Historiker und arbeitet zurzeit als wissenschaftlicher Mitarbeiter am Institut für Erziehungswissenschaften der Universität Hildesheim.
*E-mail: jhfriedrichs@web.de*

**Dr. des. Christine Hartig**
Historikerin; Postdoc am Institut für Erziehungswissenschaft der Universität Innsbruck im interdisziplinären Forschungsprojekt zur Kinderbeobachtungsstation der Maria Nowak-Vogl (1954–1987).
*E-mail: christine.hartig@uibk.ac.at*



**Dr. Sebastian Jobs**
Historiker, Juniorprofessor, Abteilung Geschichte am John-F.-Kennedy-Institut für Nordamerikastudien, Freie Universität Berlin
*E-mail: sebastian.jobs@fu-berlin.de*

**Dr. Elissa Mailänder**
Historikerin; Associate Professor am Institut d'études politiques de Paris und Forscherin am Centre d'Histoire de Sciences Po.
*E-mail: elissa.mailander@sciencespo.fr*

**Dr. Alexandra Oeser**
Soziologin; Professorin für Soziologie an der Universität Paris Ouest-Nanterre La Défense und aktuell (2014–2019) bei dem Institut Universitaire de France.
*E-mail: alexandra.oeser@u-paris10.fr*

**Dr. Leonard Schmieding**
Historiker; Visiting Researcher im DAAD Postdoc-Programm am BMW Center for German and European Studies, Georgetown University.
*E-mail: lks41@georgetown.edu*

**Dr. Tilmann Siebeneichner**
Historiker; wissenschaftlicher Mitarbeiter in der Emmy-Noether-Forschergruppe »Die Zukunft in den Sternen: Europäischer Astrofuturismus und außerirdisches Leben im 20. Jahrhundert«, Friedrich-Meinecke-Institut, Freie Universität Berlin.
*E-mail: tilmann.siebeneichner@fu-berlin.de*

**Dr. Jan Taubitz**
Historiker; seit 2015 Referendar an der Staatsbibliothek zu Berlin. Der Artikel in diesem Heft basiert auf Forschungen zu seiner Dissertation »Holocaust Oral History und das lange Ende der Zeitzeugenschaft« (Wallstein 2016).
*E-mail: jantaubitz@gmx.de*

**Nur Yasemin Ural**
ist Wissenschaftliche Mitarbeiterin im SFB Projekt Affective Societies an der Freien Universität Berlin.
*E-mail: nur-yasemin.ural@ehess.fr*